Beck'sche Reihe
BsR 1009

Im Zeitalter der Spezialisten ist eine große, zusammenhängende Darstellung der deutschen Geschichte von ihren römisch-germanischen Anfängen bis zu den dramatischen Monaten der Wiedervereinigung Deutschlands im Jahr 1990 zweifellos ein Wagnis. Der Historiker Michael Salewski stellt sich dieser Herausforderung und legt eine politische Geschichte Deutschlands vor, die sozusagen in einem Atemzug geschrieben ist. Sein Buch wendet sich vor allem an den historisch interessierten Laien, der nach einer gut lesbaren und sachlich kompetenten Einführung in die deutsche Geschichte sucht.

Schwerpunkt der Darstellung Salewskis ist die politische Geschichte, die insbesondere in ihren europäischen Dimensionen zur Sprache kommt: Deutschland war quer durch die Epochen seiner Geschichte mit den allgemeinen Geschicken seiner europäischen Nachbarn verbunden, und seine Geschichte läßt sich als Nationalgeschichte allein nicht mehr angemessen verstehen.

Salewski zeigt deshalb, daß die deutsche Geschichte nicht nur – im Guten wie im Bösen – ein Teilaspekt der europäischen Geschichte war und ist, sondern sich wesentlich aus dem Geist ganz Europas bestimmt – den des Ostens eingeschlossen. Wenn Deutschland heute einen großen, vielleicht entscheidenden Schritt hin auf die Europäische Union tut, dann möchte dieses Buch Perspektiven bieten, die aus der deutschen Vergangenheit in eine europäische Zukunft weisen. Band 1 behandelt den Zeitraum von den Merowingern bis zum Wiener Kongreß.

Michael Salewski, geb. 1938, ist Professor für mittelalterliche und neuere Geschichte an der Universität Kiel. Er ist Vorsitzender der Rankegesellschaft und Herausgeber der Zeitschrift „Das historisch-politische Buch". Zahlreiche Veröffentlichungen zur neueren deutschen Geschichte.

MICHAEL SALEWSKI

Deutschland
Eine politische Geschichte

Von den Anfängen
bis zur Gegenwart

Band 1
800–1815

VERLAG C.H.BECK MÜNCHEN

Mit 5 Karten im Text

Für Velma

Die Deutsche Bibliothek – CIP-Einheitsaufnahme

Salewski, Michael:
Deutschland : eine politische Geschichte ; von den Anfängen bis zur Gegenwart / Michael Salewski. – Orig.-Ausg. – München : Beck.

Orig.-Ausg.
Bd. 1. 800–1815. – 1993
(Beck'sche Reihe ; 1009)
ISBN 3 406 37399 2
NE: GT

Originalausgabe
ISBN 3 406 37399 2

Umschlagentwurf von Uwe Göbel, München,

Satz: Appl, Wemding
Druck und Bindung: C. H. Beck'sche Buchdruckerei, Nördlingen
Gedruckt auf säurefreiem, aus chlorfrei gebleichtem Zellstoff hergestelltem Papier
Printed in Germany

Inhalt

Vorwort

Es mag sein, daß der Vertrag von Maastricht scheitert. Dennoch werden die Staaten und Völker Europas enger aneinanderrücken, da mag der Bürgerkrieg im ehemaligen Jugoslawien so lange toben wie er will. Quer durch die zehn, zwölf Jahrhunderte der Vergangenheit ziehen sich Idee und Wirklichkeit Europas wie ein roter, oft blutig-roter Faden, und es lag oft gar nicht am Willen und Wollen der Europäer, eben dies zu sein: Europäer. Das galt für die Völker und Länder an der Peripherie des Kontinents, wie in seinem Zentrum. Der Ural im Osten, der Atlantik im Westen, das Mittelmeer im Süden, Island und Grönland im Norden: man konnte und kann Europa immer auch geographisch definieren, immer aber war Europa mehr als ein geographischer Begriff.

Ende des 20. Jahrhunderts christlicher Zeitrechnung ist Europa so lebendig, bunt und vielfältig wie nur je in seiner Geschichte. Triumphierend geradezu hat es die Trübnisse und Wirren der vergangenen hundert Jahre durchschritten, nichts ist da von „Eurosklerose“, nichts auch vom „Untergang des Abendlandes“ zu spüren. Europa, das ist ein ewig junger Kontinent – sieht die gerade 1992 ob der magischen Zahl 500 beschworene „Neue Welt“ oft nicht viel älter aus?

Und was ist mit Asien, mit Afrika, Australien, den anderen Kontinenten? Nord-Süd-Konflikte, „gelbe Gefahren“, nun im Gewand der Ökonomie, lassen die Europäer enger aneinanderrücken – sie tun dies, cum grano salis, seit einem halben Jahrhundert in friedlicher Weise. Selbst wenn Maastricht scheitert: daran, daß die materiellen und geistigen Ressourcen Europas die der USA, Japans oder auch Chinas allemal aufwiegen – wer wollte daran zweifeln?

Wenn die Europäer sich dennoch so wenig „ihres“ Europas freuen, wenn Zweifel, Ängste, Unsicherheiten allenthalben das

Bild Europas in den Medien und in der Öffentlichkeit bestimmen, so hat dies seine Gründe, man muß sie nicht erläutern. Europa ist nämlich nicht nur ein „junger" Kontinent, er ist auch ein sehr alter, und die Sage von Atlas, der sie tragen muß, die Bürde der Welt, ist nicht von ungefähr eine gemeinsame Sage Europas. Von daher rührt mancherlei Resignation und Zynismus. Alle politische und historische Naivität ist uns Europäern abhanden gekommen, wir haben zuviel gesehen und erlebt, um der Idee des ewigen Fortschritts nicht mit Skepsis zu begegnen.

Dennoch hängen wir ihr nach, da mögen nach dem spektakulären Zusammenbruch der faschistischen und der kommunistischen Utopien noch so beeindruckende „utopiefreie" Räume in Europa entstanden sein. Der Mensch braucht sie eben, die Utopie, die Idee von morgen. Die ganze Europapolitik, wie sie seit dem Ende des Zweiten Weltkrieges auf den Weg gebracht wurde, ist ja nichts anderes als Verheißung, Utopie – wird sie je Realität gewinnen?

Und mitten in Europa – Deutschland. Auch das ist, dem famosen Wort von Joseph Stalin zum Trotz kein „geographischer Begriff". Deutschland liegt nicht nur mitten in Europa, es ist dessen Herzstück.

Es kennzeichnet die Tragödie unserer deutschen Geschichte bis tief hinein ins zwanzigste Jahrhundert, daß sie sich dieses Umstandes nicht oder nur allzusehr bewußt war. Zwischen den Extremen des „Machtvakuums" und der „Hegemonie" in und über Europa schwankte diese Geschichte in oft fürchterlicher Dynamik. Kein anderes Land und kein anderes Volk waren Gesamteuropa – also dem Europa des Westens, des Ostens, des Südens und des Nordens – enger verpflichtet als das deutsche, eben das machte seine Eigentümlichkeit im Sinne Rankes aus.

Es dauerte freilich elend lang, bis die Deutschen begriffen, daß sie deutsch nur im europäischen Kontext sein und bleiben konnten. Immer wieder wurde unsere Geschichte von ebenso blutigen wie fruchtlosen Bemühungen bestimmt, das „Deutsche" – was immer das sein mochte – einzig aus sich selbst heraus bestimmen zu wollen. Deutsch sein, so hat es einmal einer jener terribles simplificateurs ausgedrückt, an denen die deutsche Geschichte nicht arm war, heiße eine Sache um ihrer selbst willen zu machen – solche Torheiten haben den Blick auf das freie Panorama Europas den Deutschen mehr als einmal verstellt. Nie war es ja richtig, daß am deutschen Wesen die Welt genesen sollte – gerade dieses Geschwätz aber ließ die Ängste vor Deutschland, das Mißtrauen wachsen, deswegen fiel es den „eigentlichen" Deutschen immer so schwer, sich auch nur verständlich zu machen. Das war kein Problem der Sprache, sondern eines des Denkens, der Vernunft.

„Deutschland in Europa" – unter diesem Titel sind die ersten Teile dieses Buches folglich als Handreichung für die politische Bildung in Schleswig-Holstein erschienen. Dabei ging es nicht um die Auflistung und Interpretation aller Einflüsse der übrigen europäischen Nationen, Länder und Staaten auf Deutschland oder umgekehrt. Viel wichtiger schien es, etwas von dem die deutsche Geschichte prägenden dialektischen Zusammenhang zwischen Deutschland und Europa ahnen zu lassen. Deutschland und Europa sind mehr als Gegensätze, Gemeinsamkeiten, Summen.

Dieses „mehr" aber läßt sich nur schwerlich sezieren, in Kapitel und Paragraphen fassen. Deswegen ist diese Geschichte Deutschlands nichts als ein großer Essay, in einem Atemzug gedacht und geschrieben – ein Wagnis, ganz gewiß. Dennoch scheint es mir, als könne man am Ende unseres Jahrtausends diesen Versuch wagen. Sammelbände zur Geschichte Deutschlands und Europas, von hervorragenden Spezialistenteams zusammengestellt, gibt es wie Sand am Meer – damit darf dieses Buch nicht verglichen werden. „Über die Epochen der neueren Geschichte" – mit diesem Titel hat einst Leopold von Ranke seine Vorträge versehen, die er in der Berchtesgadener Bergeinsamkeit dem bayerischen König hielt. Da ging es vornehmlich um die „Haupt- und Staatsaktionen", wie man es heute eher despektierlich nennen würde. Ist aber die große politische Geschichte trotz aller wissenschaftlicher Fortschritte Clios nicht noch immer der sinnenden Betrachtung und des Nach-Denkens „höchst würdig"?

Eckernförde, Dezember 1992 — Michael Salewski

I. Spuren ins Mittelalter

1. Die Erben: Merowinger und Karolinger

Nur noch wenige Jahre, und die Weltgeschichte wird in das dritte Jahrtausend der christlichen Zeitrechnung eintreten. Wie am Ende des ersten Jahrtausends nach Christus, als der deutsche Kaiser Otto III. das Ende der Welt und das Himmlische Jerusalem halb ersehnt und halb befürchtet haben soll, werden wir auch heute uns darüber Rechenschaft abzulegen haben, ob die tausend Jahre von Otto dem Großen bis zu Hitler, Adenauer und Kohl eher Glück oder Unglück, eher Hoffnung oder Verzweiflung waren; die Tore in den zeitlichen Abgrund eines neuen Milleniums öffnen sich, das Panorama der Vergangenheit gewinnt neue Distanz. Wir stehen auf einer Schwelle: Vor uns das Dunkel unbekannter Zukunft, hinter uns die bunte Fülle der Vergangenheit. Dem Zukünftigen sind wir verantwortlich als gegenwärtig Handelnde; aus dem Vergangenen aber müssen wir die Maßstäbe dieses Handelns gewinnen – wie anders könnten Politik und Gesellschaft sich zum Guten fortentwickeln? Je weiter aber die Perspektiven des Handelns gewählt werden, je kühner der Griff in die Zukunft gehen soll, je unbedingter die Politik dem Idealen nachjagt, desto tiefer muß alles Denken und Tun im Einst verankert sein, desto weiter muß der Blick zurückgehen, desto dringlicher wird die Ausschöpfung der vergangenen Erfahrungen, vor allem der eigenen Geschichte. Man soll sich nicht täuschen: so hektisch und kurzlebig die alltägliche Politik uns erscheinen mag, so klein die Zeiträume sind, in denen ein einzelner Mensch handeln kann: der politische Wille hat einen langen Atem, Völker denken nicht wie Individuen bloß von Geburt zum Tod, sondern über die Generationen hinweg in säkularen Dimensionen. Geschichte ist deswegen niemals aus und vorbei. Geschichte webt in jedem gegenwärtigen Moment und bestimmt die zukünftigen, das gilt ganz besonders für die deutsche Geschichte, deren Ende in einer „Stunde Null“ schon viele leichtfertig und voreilig behauptet haben. Aber sie geht doch weiter, wie es der Bundespräsident Richard von Weizäcker schlicht und richtig ausgedrückt hat.

Wer die Geschichte unseres Staates verstehen will, wird wissen müssen, aus welchen Wurzeln er entstand; das sogenannte „Dritte Reich“ war unmittelbarer Vorläufer der Geschichte „der beiden deutschen Staaten“ und jener Gebiete, die seit 1945 von Deutschland abgetrennt waren. Aber es liegt auf der Hand, daß gerade dieses verbrecherische Regime alleiniges Vermächtnis des Heute nicht sein kann, und so wird der Blick gleichsam von selbst in jene Jahre zurückgelenkt, in denen der erste ernsthafte Versuch mit einer parlamentarischen Demokratie gewagt wurde: in der Republik von Weimar. Wieviel wir aber darüber hinaus dem Bismarckreich, der Paulskirchenbewegung, dem Deutschen Bund von 1815, dem Wirken von Staatsmännern und Herrschern wie dem Freiherrn vom Stein, Friedrich dem Großen, Maria Theresia, dem Großen Kurfürsten, Prinz Eugen, Wallenstein und Karl V., den mittelalterlichen Kaisern und Kirchenfürsten, den Traditionen aus Antike und Christentum bis heute zu verdanken haben – das macht jeder Besuch in einem Museum, jeder Gang durch eine mittelalterlich geprägte Stadt deutlich. Nichts wäre so, wie es ist, und nichts könnte sich so entwickeln, wie es sich entwickeln wird, wenn wir auch nur eine Epoche aus der deutschen und europäischen Geschichte streichen würden; alles was war, wirkt im Heute weiter; die Geschichte ist ein schier unendliches und unendlich komplexes Kontinuum. Deswegen ist es notwendig, sich über jene Elemente und Momente der Vergangenheit klar zu werden, die besonders deutlich und eindringlich das Heute bestimmen und das Morgen mitformen. Der Blick in die Geschichte ist nicht rückwärtsgewandte Nostalgie, sondern zwingende Notwendigkeit zur Bewältigung der Gegenwart als Voraussetzung zur Gewinnung von Zukunft, die nicht bloße Katastrophe ist.

Man kann gewiß darüber streiten, ob das Bewußtsein von Katastrophen schon am Anfang unserer Geschichte stand und die

Geschichte der Deutschen nicht auf dem Unglück und dem Untergang älterer Kulturen gegründet war. Hatte doch der Glanz des üppigen Römischen Reiches, die warme Wunderwelt der mittelmeerischen Zivilisation schon immer jene Völkerschaften des Nordens angezogen, die die Römer recht pauschal und ungenau als „Germanen" zu bezeichnen pflegten.

Was wir von den germanischen Vorfahren wissen, verdanken wir zum größten Teil gelehrten und welterfahrenen Römern; es genügt, an Cäsars „Gallischen Krieg" oder Tacitus „Germania" zu erinnern.

Die Germanen zerstörten, veränderten und übernahmen zugleich die griechisch-römische Kultur der Antike; dem Christentum öffneten sie sich eher widerwillig, um schließlich gerade aus ihm den mächtigsten historischen Antrieb zu gewinnen. In der jahrhundertelang währenden Auseinandersetzung der germanischen Stämme mit der römischen Welt wurde jener Wurzelboden bereitet, aus dem schließlich das mittelalterliche Europa hervorgehen sollte. In dessen geographischem Zentrum aber entstanden Vision und Wirklichkeit eines erneuten Römischen Reiches – „deutscher Nation", wie man zu sagen pflegte –, als dieses Reich fast schon wieder zertrümmert war. Ohnehin haben die Menschen zwischen Maas, Rhein, Elbe und Oder bis hin schließlich zu Weichsel und Memel immer erst spät, nie ohne Zögern und Zweifel sich als bloß „Deutsche" empfunden; das Bewußtsein, als Franke dem neuen Reichsvolk anzugehören, als Sachse eine charismatische Persönlichkeit wie Widukind hervorbringen zu können, als Bayer fränkischen und awarischen Ansprüchen unter der Führung eines Heroen wie Tassilo zu trotzen, als Schwabe das römische Erbe zu verwalten, hat das Gefühl einer deutsch-germanischen Gemeinsamkeit immer nur zeit- und teilweise, oft gar nicht entstehen lassen. Allein die Gefährdung von außen, durch das zutiefst andersartige, seien es die römischen Legionen etwa eines Varus oder Germanicus, die Horden der Hunnen und Awaren, schließlich der Magyaren, Normannen und Slaven haben das eher provinzielle Stammesdenken nach und nach überlagert; nicht eine einheitliche „deutsche Nation" war das Ideal langer Jahrhunderte, sondern die Universalität eines europäisch-christlichen Kaisertums, dessen Ansprüche aus dem römischen und byzantinischen Erbe ebenso wie aus der weltumspannenden christlichen Missionsidee abgeleitet wurden. Deutsche Geschichte des frühen und hohen Mittelalters war immer europäische, ja Weltgeschichte – das entband ihre Faszination, ihre Weltläufigkeit, aber auch alle Gefahren historischer Überheblichkeit, fanatischen Sendungsbewußtseins, kaum verhüllter Machtgier.

All dieses war zugleich unvermeidlich und gewollt, schicksalhaft und Ergebnis zweckgerichteten politischen Handelns; nie kam die Geschichte wie eine Nemesis über die Deutschen, die Menschen gestalteten sie selbst. Aber nur, wenn die Herrschenden sich der unvermeidlichen Abhängigkeiten von Natur und Geographie, Wirtschaft und Religion, nicht zuletzt dem außenpolitischen Umfeld bewußt blieben, ließ sich Frieden gewinnen und erhalten, konnten Handel und Kultur aufblühen. Blickt man aufs Ganze der deutschen Vergangenheit, überwiegen aber die Zeiten der Wirrnis und des Krieges; anders als vielen anderen Nationen war den Deutschen im Zentrum des Kontinents nur selten „halkyonische Stille“ vergönnt; die deutsche Geschichte wird von Anbeginn von ungeheuren Spannungen bestimmt, Dynamik ist ihr Prinzip.

Das gilt schon für die Anfänge, muß die Zeit der „Völkerwanderung“ doch als entscheidende Formationsphase wie der gesamteuropäischen, so vor allem der deutschen Geschichte angesehen werden. Verlust der Heimat, Eroberung und Ansiedlung in fremdem Land, Aufblühen und Untergang ganzer Völkerschaften an fernen Gestaden, in Griechenland, Spanien, Italien, Nordafrika – ein Blick auf das Schicksal von Kimbern und Teutonen, Wandalen, Ost- und Westgoten, Langobarden, Normannen und Warägern macht dies nur zu deutlich. Nicht erst unsere Generationen haben das erfahren: Vertreibung, Hunger und Not, Hybris und Verhängnis gehören zum Grundmuster unserer Geschichte von Anfang an.

Wann und wo fängt „unsere“ Geschichte eigentlich an? Es gibt keine eindeutigen Gründungssagen wie bei Griechen und Römern, und jene Herrschergestalten, die chauvinistisches Denken im 19. und frühen 20. Jahrhundert zu gleichsam reinrassischen germanischen Ahnen der Deutschen hat machen wollen, waren doch alles andere als das : Theoderich der Große und Dietrich von Bern, Odoaker oder Alarich, ja selbst die früheste Heldenfigur der Deutschen, Hermann der Cherusker waren bloße Stammesfürsten, denen allein das Heil ihrer Sippe am Herzen lag, Offiziere und Beamte in Diensten Roms, viel eher dem römischen Mythos als der germanischen Sage verpflichtet.

Wenn der Merowingerfürst Chlodwig (482–511) den römischen Statthalter Syagrius schlug und auf gallischem Boden ein fränkisches Reich errichtete, Karl Martell (714–741) der „Hausmeier", die Grundlagen der karolingischen Herrschaft schuf, Pippin (751–768) die Grenzen dieses Reiches nach Süden bis über Rom hinaus erweiterte, die Ansprüche des byzantinischen Basileus in Italien erfolgreich abwehrte, dem Papst das „Patrimonium Petri" überantwortete, ohne zu ahnen, was aus alledem werden sollte – so gehören diese Persönlichkeiten sowohl in die deutsche und französische als auch in die italienische Geschichte, ganz zu schweigen von der aller anderen kleineren Nationen in Mitteleuropa.

Den großen Reichsgründern stand als Vorbild aber immer das Imperium Romanum vor Augen, und es kommt ja nicht von ungefähr, daß die ersten Regungen geordneten staatlichen und wirtschaftlichen Lebens sich vorzüglich auf provinzialrömischem Boden entfalten konnten. Überregionales Selbstbewußtsein verband sich hier zwanglos mit spätrömischer Verwaltungserfahrung und Infrastruktur; die alten Römerstädte an Donau, Rhein und Mosel, die Reichshauptstadt Trier, die großen römischen Garnisonen wie bei Mainz, Bonn, Köln und Xanten, die erprobten Heerstraßen längs der Lippe hinein nach Westfalen, hinüber nach Thüringen oder über Donau und Main hinein nach Alemannien und Bayern gaben Handel und Wandel Halt, bildeten Kristallisationskerne urbanen Lebens, einer sich nach Dienstfunktionen gliedernden Gesellschaft. Von nicht minderer Bedeutung war freilich das Missionswerk, und dies war nicht allein römisch, sondern wahrhaft international. Wenn das Hauptmoment der deutschen Geschichte im Hohen Mittelalter das

Mit- und Gegeneinander von Kaiser und Papst sein wird, so fängt all dies in Rom und St. Denis, in Corbie und Irland, in Montecassino und Fulda an: das Mönchswesen und die irische Mission, das Wirken Pirmins und Wynfrieds, der vom Papst den Namen Bonifatius und schier unbegrenzte Vollmachten erhält; die vom göttlichen Atem wahrhaft beflügelte Energie, mit der Stamm um Stamm, Landstrich um Landstrich durch geistliche Lehre und Überredung, flammenden Appell und blanke Gewalt christianisiert werden, hat wie nichts sonst zur Grundlegung der mittelalterlichen Welt beigetragen; einer Welt, die nicht von dieser Welt sein wollte, in der das Spirituelle alles Vergänglich-Irdische immer zu überwinden trachtete, sich an ihm aufrieb bis hinein in die finstersten, blutigsten Kämpfe zwischen den beiden Prinzipien, die Kaiser und Papst vertraten: jenes der ecclesia triumphans und das des Heiligen Reiches. Die deutsche Geschichte ist in all dies eingekettet, hineingezogen; in unendlicher Vielfältigkeit vermischen sich heidnisch-germanische, antik-klassische und religiös-christliche Vorstellungen zur großartigen Idee des christlichen Abendlandes. Deutschland war ein Teil davon, genauer: das Herzstück. Es ist es wohl wert, daß man sich auch heute seiner erinnere, die deutsche Geschichte ist abendländisch.

Nachdem das französische und das deutsche Volk ihre unselige „Erbfeindschaft", ein reines Produkt fehlgeleiteten politischen Denkens, endgültig überwunden haben, sind die gemeinsamen Wurzeln der „Gallier" und der „Germanen" deutlicher denn je ins allgemeine Bewußtsein gerückt, und am Anfang der gemeinsamen deutsch-französischen Geschichte steht eine wahrhaftige Symbolfigur der europäischen Völkergemeinschaft: Karl der Große (762–814). In seiner Persönlichkeit vollendete sich zum ersten Mal in der Geschichte die so lange von so vielen angestrebte Synthese zwischen Antike, Christentum und Germanentum; als ihn der Papst am Weihnachtstag des Jahres 800 krönt, sind es die Römer, die ihm akklamieren; zu diesem Zeitpunkt aber empfinden sich die Franken schon längst als das auserwählte „Reichsvolk", und als die Zeremonie in Aachen wiederholt wird, legt Karl größten Wert darauf, daß nunmehr sein eigenes Volk den Akt der Akklamation vollzieht.

Zu diesem Zeitpunkt hat der abendländische Herrscher, so scheint es, alle Probleme fest im Griff – dennoch läßt bereits die Geschichte dieser Krönung etwas von jenen unerhörten Spannungen und Kämpfen ahnen, die Karls Nachfolger mit dem zu immer selbstbewußterer Stärke erwachenden Papsttum ausfechten sollten. Noch war der Papst ein Gejagter, demütig bat er im Jahr vor der Krönung den Frankenkönig um Hilfe, und Karl führte den Papst Leo siegreich nach Rom zurück.

Nachdem schon Pippin das Langobardenreich in Italien erobert hatte, schien es durchaus möglich, das fränkische Reich erneut von Rom aus zu leiten, und um das Jahr 800 ahnte niemand wohl, in welche Verstrickungen die deutsche Geschichte gerade in Italien geraten sollte: das römische Erbe war Verheißung und Auftrag, zugleich jedoch immer Verführung, Illusion und Belastung. Bewahrung und Erneuerung des Vergangenen, die „Renaissance" der klassischen antiken Kultur war für Karl den Großen ein Stück seines herrscherlichen Selbstverständnisses; es machte aber gerade seine Größe aus, daß er sich nicht in den römischen Erinnerungen verlor, sondern das Weltganze sicher im Blick behielt, dem Alten nicht das Neue opferte, das Geistlich-Geistige mit dem real Machtpolitischen zu verbinden wußte – was seinem Sohn Ludwig dem Frommen schon nicht mehr gelingen sollte – und so sein Reich nach innen wie nach außen festigte, damit es die Stürme der Zukunft besser überstehen sollte.

Und diese drohten im 9. Jahrhundert von allen Seiten, noch hatte Europa nicht zu einheitlicher Kraft gefunden, und die Ausläufer der Völkerwanderungszeit verbanden sich mit neuen Gefährdungen an den Grenzen des Reiches; Jahr für Jahr zog Karl zu Felde, getrieben von der Sorge um den Erhalt des Bestehenden, aber auch vom Ehrgeiz eines Cäsar oder Alexander; legitim waren für ihn beide politische Haltungen, auch wenn die Heere des Frankenkönigs über unzählige Menschen Tod und Verderben brachten – man denke nur an das schreckliche Blutbad an der Aller bei Verden, wo der König 4500 aufständische Sachsen erbarmungslos niedermachen ließ.

Und doch gelang es dem König, gerade Sachsen in überraschend kurzer Zeit zu einem christlichen, dem Kernreich eng verbundenen Land zu machen, das fortan eine prominente Rolle in der deutschen Geschichte spielen sollte, ja eigentlich erst die wesentlichen Elemente der eigentümlichen deutschen Geschichte beisteuerte. Wenn sich das Frankenreich nach Karls Tod langsam in zwei, drei verschiedene „Regna" gliederte, so lag dies nicht zuletzt an den sächsischen Erfolgen des Königs.

Gewiß hätte zu diesem Zeitpunkt niemand ahnen können, daß der Aufstieg des Deutschen Reiches wenig mehr als hundert Jahre später mit der Erhebung Herzog Heinrichs gerade von Sachsen aus erfolgen würde; daß das ostfränkische Reich Ergebnis recht eigentlich der Sachsenpolitik Karls des Großen war, erwies sich zuerst im Jahr 843, als das großfränkische Reich, altem karolingischen Brauch folgend, zwischen den Brüdern Karl (dem Kahlen), Lothar und Ludwig (dem Deutschen) aufgeteilt wurde. Denn war das Herrschaftsgebiet Ludwigs auch das kleinste, so macht ein Blick auf die Karte deutlich, daß es gewiß nicht das geringste war – die Grenzen Ostfrankens ähnelten in geradezu verblüffender Weise den Grenzen der alten Bundesrepublik Deutschland!

Und doch war das Teilreich Ludwigs kein „Deutschland". Immer noch herrschte die Idee der großfränkischen Einheit, die vorübergehend sogar tatsächlich noch einmal hergestellt werden konnte, immer noch begriffen sich die Karolinger als Sachwalter des ganzen Reiches, und wenn in den nachfolgenden Jahrzehnten die Entwicklung in den Teilreichen auch immer unterschiedlicher verlief: das Bewußtsein von der Zusammengehörigkeit in der Tradition des karolingischen Erbes blieb lange erhalten, ja ging eigentlich niemals ganz verloren – Charlemagne und Charles de Gaulle: wer entsänne sich nicht jener eindeutigen Karikaturen aus den sechziger Jahren unseres Jahrhunderts? Wenn in den Hegemoniekämpfen des 9. Jahrhunderts zum ersten Mal auch die sprachlichen Unterschiede zwischen West- und Ostfrankenreich deutlich werden, so können die „Straßburger Eide" von 842 doch keineswegs als Ausdruck erwachenden nationalen Bewußtseins gedeutet werden; die längs durch das Lotharingische Mittelreich verlaufende Sprachgrenze war keine Vorform einer deutsch-französischen Staatsgrenze, die unterschiedlichen

Sprachen wurden niemals als trennend empfunden, denn das Denken blieb universal und das sprachliche Instrument der Mächtigen, der Hofbeamten und Gelehrten das Lateinische.

Mag uns heutigen Europäern, denen gerade „Straßburg" zu Hoffnung und Symbol geworden ist, vieles von dem, was sich nach 843 vollzog, seltsam vertraut anmuten – das Europa Großfrankens hatte keinen Bestand. Mit unwiderstehlicher Kraft fanden die Teilreiche zu ihrer eigenen Räson, ihrer eigenen Geschichte.

Das nächste halbe Jahrtausend nach dem Erlöschen der Karolingerherrschaft im Ostfrankenreich mit dem Tod Ludwigs IV., des Kindes, im Jahr 911 sieht den raschen und imponierenden Aufstieg des jungen Deutschen Reichs zu imperialer Größe, dem der langsame, aber schmerzliche Abstieg zur europäischen Normalität folgen sollte.

2. Größe und Elend: Das Kaisertum im Hohen Mittelalter

Freilich: Als die ostfränkischen Stämme im Jahr 911 den Frankenherzog Konrad zum König wählen, ist das noch keineswegs abzusehen. Dennoch zeigt gerade diese Wahl, wie das Bewußtsein von der Einheit des Ostreichs wächst, denn anders als die lothringischen Stämme unterstellen sich die ostfränkischen dem westfränkischen Karolinger Karl dem Einfältigen nicht. Dabei ist das, was schließlich zu „Deutschland" wird, von Anbeginn aus dem ewigen Mit- und Gegeneinander der deutschen Stämme im Spannungsfeld zwischen Einheitswunsch und Trennungsabsicht entstanden, und nicht nur die Epochen des Mittelalters werden von den vier großen Fürstenhäusern bestimmt: denen der Sachsen, der Franken, der Schwaben, der Bayern. Deren Herzöge, zumeist aus erbitterten Adelsfehden der großen Familien untereinander am Ende siegreich hervorgegangen, wurden nicht allein zu den „Großen" des Reiches – sie waren das Reich, und nie konnte ein deutscher König seine Macht behaupten, wenn er nicht selbst in einem Stammesherzogtum verwurzelt durch geschickte Macht- und Heiratspolitik die Mehrzahl der anderen Herzogtümer an sich zu binden verstand. So wurde für die gesamte deutsche Geschichte bis hin zur Gegenwart das eigentümliche föderative Moment bestimmend; dessen Wurzeln aber finden sich im 9./11. Jahrhundert. Wohl und Wehe des Reiches hingen niemals allein von der Zentralgewalt ab, sondern von der eigenständigen Geschichte der großen Herzogtümer, die in jahrhundertelangem Prozeß zu Territorialfürstentümern, schließlich zu Reichs- und Bundesländern werden sollten.

Konrad I. (911–918) war schwach: seine stärkste Leistung bestand in der Designierung seines mächtigsten Rivalen, des sächsischen Herzogs, zum Nachfolger, und für die deutsche Geschichte wurde es schicksalhaft, daß alle deutschen Stämme Heinrich anerkannten: man kann sagen, das Deutsche Reich war 919 gegründet, „regnum teutonicum" heißt es nun immer öfters in den Quellen, „theodisk" bedeutet fortan nicht mehr bloß „volkssprachlich", es verbindet sich damit politischer Sinn, auch wenn das Denken in national-staatlichen Kategorien noch fast neunhundert Jahre entfernt ist.

Dieses neue, junge Reich aber begriff sich selbst immer auch als Erbe des fränkischen, ja des Römischen Reiches; Aufbruch ins Neue und Bewahrung des Alten: diese Mischung im politischen Denken sowohl Heinrichs I. wie seines Sohnes, Ottos I., machte die Bedeutung dieser Herrscher aus, und es kommt ja nicht von ungefähr, daß nicht allein die Sachsen, sondern das ganze „deutsche" Volk den Ehrentitel „groß" nach Karl eben Otto verlieh.

Ottos Größe ruhte auf den Erfolgen seines Vaters; beide waren wahrhafte Mehrer des Reiches: Im Westen gewann Heinrich als fünftes Stammesherzogtum Lothringen, das in den nachfolgenden Jahrhunderten freilich immer wieder Ursache deutsch-französischen Streits werden sollte; mit seinem glänzenden Sieg über die Slawen an der Unstrut (933) und der Eroberung der slawischen Hochburg Brennabor, dem späteren Brandenburg, stieß er das Tor des Reiches weit nach Osten auf. Eine wohlorganisierte, kluge Markenpolitik projizierte die Macht des Reiches weit über die alte Elbe- und Saalegrenze hinaus. Erst diese Erfolge erlaubten Otto dem Großen die Gründung des Erzbistums Magdeburg, von dem strahlengleich der politische und christliche Einfluß über die westslawischen Stämme hinaus bis in jene Gebiete reichte, die sich zu einem neuen großen polnischen Gemeinwesen zu formieren begannen. Es war eine großartige militärische, kolonisatorische und kulturelle Leistung der beiden sächsischen Herrscher, aber sie erforderte doch die Anstrengung aller Kräfte, den Mut und das Genie eines Hermann Billung, eines Gero und bedurfte des Glücks des Tüchtigen. Denn was im Zeitalter Heinrichs und Ottos I. aufblühte, zu immer neuen Hoffnungen beflügelte – schon wagten sich deutsche Geistliche, von Otto geschützt und gefördert, bis nach Posen, ja bis zum Kiewer Reich vor – ging unter Ottos Sohn im großen Slawensturm von 982/83 in einem Jahr nahezu völlig verloren. Slawische Heerscharen plünderten Hamburg, mit Mühe nur konnten die Marken Lausitz und Meißen, vor allem aber Magdeburg gehalten werden.

Was blieb, war das Bewußtsein von der dauernden Gefährdung der deutschen Stellung im Osten und die Option auf eine zweite Chance.

Vielleicht aber bestand die größte Leistung Heinrichs in der Verankerung eines entscheidenden verfassungsrechtlichen Grundsatzes: Als es ihm nämlich 929 gelang, seinen zweiten Sohn Otto als einzigen Nachfolger im Königsamt von den Großen des Reiches designieren zu lassen, war das weit mehr als die bloße Machtsicherung für sein Haus; hier zum ersten Mal wurde das folgenschwere Prinzip der Unteilbarkeit des Reiches festgelegt, und das war, erinnert man an die karolingischen Zeiten, etwas durchaus Neues. Zwar bedurfte es harter Auseinandersetzungen Ottos mit den übergangenen und zukurzgekommenen Brüdern, am Ende triumphierte diese Idee und niemals wohl glanzvoller als bei der Königskrönung Ottos in Aachen am 7. August 936. Das Zeremoniell, ganz in den Traditionen Karls des Großen, auf dessen marmornen Thron im oberen Umgang des Münsters der Gekrönte sich niederließ, und die Übernahme der symbolischen Hofdienste von Kämmerer, Truchseß, Mundschenk und Marschall durch die Stammesherzöge brachten die Einheit des Reiches eindrucksvoll zur Geltung.

Nur der Eintracht und der gemeinsamen Anstrengungen aller deutschen Stämme auch war der endgültige Sieg Ottos des Großen über die Ungarn auf dem Lechfeld im Jahr 955 zu verdanken. Zugleich war dieser Erfolg weit über Deutschland hinausweisend von gesamteuropäischer Bedeutung, seitdem blühte die Reichsidee mächtig empor, und die Erhebung Ottos zum Römischen Kaiser am 2. Februar 962 lag in der Konsequenz des abendländischen Sieges. Als es dem Kaiser dann noch gelang, seinen Sohn mit einer hochgeborenen Prinzessin aus dem byzantinischen Kaiserhaus zu vermählen, der schönen, klugen, weltgewandten Theophanu, hatte sich Otto zur Höhe Karls des Großen emporgeschwungen, und von nun an gingen das Deutsche Königreich, wie man es nun mit Fug und Recht nennen kann, und die Idee eines erneuten Römischen Kaisertums eine untrennbare Synthese miteinander ein.

Vor allem Otto III., ein genialer, in seinen Vorstellungen gelegentlich das Phantastische streifender Jüngling, als Enkel Ottos I. und Sohn der griechischen Kaisertochter die Verkörperung des denkbar weitesten Herrschaftsbewußtseins, kam mit keinem geringeren Anspruch als der „Renovatio Imperii Romanorum" daher. Getragen von der Würde der eigenen Kaiserstellung, zutiefst Persönlichkeit und Taten Karls des Großen verpflichtet, dessen Grab er heimlich öffnen ließ, um vor dem toten Kaiser in die Knie zu sinken, strebte der Zwanzigjährige die Wiederherstellung eines universalen Gesamtreiches an und schien dieser Idee bedenkenlos auch die viel erdgebundeneren Interessen der deutschen Nation zu opfern, wenn er im Jahr 1000 mit der Gründung des Erzbistums Gnesen und wenig später der Schaffung der ungarischen Eigenkirche zwei kaum noch geformten europäischen Staaten recht eigentlich erst zur Unabhängigkeit vom mächtigen Deutschen Reich verhalf. Otto III. kam es aber nicht auf die territoriale Vergrößerung des Deutschen Reiches an; nicht der bloße Ausgriff nach Osten, Südosten und Süden, der noch die Politik Heinrichs I. und Ottos I. bestimmt hatte, interessierte ihn, sondern ihm ging es darum, wie einst Konstantin von Rom, der „caput mundi", wie er die Ewige Stadt nannte, eine Vielzahl, ja möglichst alle christlichen Völker als

„Römischer Kaiser“ zu lenken und zu beherrschen, immer zur höheren Ehre Gottes und in bewußter Anknüpfung an das karolingische Beispiel.

Wenn Ottos III. allzu kühne Visionen letztlich auch Schemen bleiben sollten, (er starb mit 22 Jahren) – daß Polen und Ungarn nicht dem machtvoll nach Westen ausgreifenden byzantinisch-orthodoxen, sondern dem westlich-katholischen Einfluß sich öffneten, fügte diese Länder für alle Zeiten in die abendländische Staatengemeinschaft. So sehr die kleindeutsch-nationale Geschichtsschreibung Otto III. kritisiert hat: Im Zeichen eines neu werdenden Europa des 3. Jahrtausends wird Otto III. zu einem frühen Ahn der europäischen Idee. Vielleicht war er seiner Zeit wirklich um tausend Jahre voraus; der Geist des 11. und 12. Jahrhunderts sollte andere Wege beschreiten, dennoch gingen die Ideale des letzten der Ottonen nie mehr völlig verloren.

Fortan lebte die deutsche Geschichte mit dieser stolzen Idee, die im Lauf der Zeit in immer neuen Gewandungen einherkam, sei sie demütig-christlich oder herrisch-imperial, sei es, daß sie im Dienst für Europa stand oder Geißel des Kontinents wurde. Diese Besonderheit wurde unsere Geschichte niemals mehr los.

Auch unter Ottos III. Nachfolgern Heinrich II. (1002–1024), Konrad II. (1024–1039), dem ersten Herrscher aus salischem Haus, vor allem aber Heinrich III. (1039–1056) verband die Würde des Kaisertums sich mit den Erfordernissen der Macht in glänzender Weise; unter Konrad wurde der Begriff des „Imperium Romanum“ für das ganze Reich die gewöhnliche Bezeichnung, und nach der Gewinnung Burgunds (1034) gebot der Römische König über drei Kronen: jene des Reiches, und die von Italien und Burgund. Als zudem Heinrich III. von den Römern den Titel des „Patricius Romanorum“ erhält, scheint das deutsche Kaisertum erhabener denn je, und die denkwürdige Synode von Sutri (1046), auf der der Kaiser drei miteinander rivalisierende Päpste absetzt, um aus eigener Machtfülle einen Papst seiner Wahl, den Deutschen Suidger von Bamberg, auf den Stuhl Petri zu erheben, bestätigt vor aller Welt die Synthese aus weltlicher und geistlicher Herrschaft in der Person des Kaisers, den eine wahrhaft sakrale, theokratische Aura umhüllt. Und doch war all dies nichts als Illusion, die bloße Vision einer möglichen anderen Geschichte als der realen: Vielleicht waren es gerade die Momente höchsten kaiserlichen Triumphs, die den Absturz des Kaisertums und die Erschütterung der Reichsidee späteren Geschlechtern als Katastrophe erscheinen ließen. Die von den Kaisern als Verpflichtung empfundene Verantwortung für das Wohl der Kirche hatte sie gleichsam automatisch zu Verfechtern auch jener Mönche und Diakone machen müssen, die vornehmlich von den Klöstern Gorze und Cluny ausgehend nichts weniger als eine gründliche Erneuerung der Kirche an Haupt und Gliedern forderten – wer anders als der Kaiser wäre berufen gewesen, diesen Eifer zu fördern, selbst dafür zu sorgen, daß Mißstände wie Ämterkäuflichkeit, Simonie, und Verweltlichung des Klerus verschwanden?

Aber indem der weltliche Arm das moralische Ansehen der Kirche erneut festigte, entband er schließlich jenes Machtbewußtsein des Papsttums, das am Ende Kaiser und Reich und den Deutschen zum Verhängnis werden sollte.

Dabei hatte ursprünglich Otto der Große mit tatkräftiger Hilfe seines erzbischöflichen Bruders Brun von Köln die ihm durch die Kirche gebotenen Chancen voll genutzt; die Einsetzung und Belohnung der Bischöfe durch den König hatte nach und nach die geistlichen Pfründen und Ländereien so eng an das Königshaus gebunden, daß man von einem „Reichskirchensystem“ hatte sprechen können, und indem der König über die Kirche fast nach Belieben verfügte, schuf er eine wichtige Voraussetzung für den Griff nach Italien, bis hin zum Patrimonium Petri. Die schwachen Päpste wußten sehr wohl, daß sie letztlich von den römischen Königen abhingen, die sie immer wieder mit mehr oder weniger Erfolg durch Angebot und Vollzug der Kaiserkrönung an sich binden, dem Papsttum verpflichten wollten.

Das Elend des Heiligen Stuhls, die Verkommenheit weiter Teile des Klerus, die Ohnmacht der kirchlichen Würdenträger dem Kaiser gegenüber mußten, wenn das Christentum noch irgend lebendig war, gewiß irgendwann einmal zur Reaktion führen, aber daß der Umschwung von tiefster Schmach zum höchsten

Triumph des Papsttums binnen dreißig Jahren möglich wurde – das verlieh der deutschen Geschichte im Zeitalter Heinrichs IV. (1056–1106) und Heinrichs V. (1106–1125) eine schon die Zeitgenossen tief erschreckende Dynamik, die wohl zum ersten Mal in unserer Geschichte die Furcht vor einer apokalyptischen Endzeit hochschwappen ließ.

Das Erbe, das Heinrich IV. antrat, war groß und schwer, nach dem allzu frühen Tod des Vaters geriet der elfjährige König in die ersten Windstöße des sich ankündigenden Unwetters, als er vom Kölner Erzbischof Anno II. rüde entführt und nach dem Bilde der kirchlichen Reformanhänger erzogen werden sollte. Dieser „Staatsstreich" von Kaiserswerth verletzte die Unantastbarkeit des Königs; die sakrale Aura des Gekrönten zerbrach, die Szene zum Kampf mit dem Papst wurde schon damals gerichtet.

Formal ging es „nur" um das Recht der Investitur der Bischöfe; auf dem Gipfelpunkt der Auseinandersetzung ringen Imperium und Sacerdotium um ihre Existenz selbst. Nicht mehr die ineinander verwobene geistliche und weltliche Macht, das Eigentliche des frühen Mittelalters, bestimmt Denken und Tun; im erbarmungslosen Kampf beider Prinzipien zerreißt die Einheit des Abendlandes, weicht die Idee der gemeinsamen Universalität von Kaiser und Papst kaltem Hegemonial- und Rivalitätsstreben beider. Das Reich verkommt, am Ende steht der Kaiser wie im Märchen ohne Kleider da. Aber der Sieg des Papsttums wird ein Pyrrhussieg sein, denn als alle Argumente verbraucht, alles Leid ausgekostet ist, triumphiert doch nicht das Sacerdotium, sondern der rücksichtslose weltliche Territorialfürst, dem der Florentiner Niccolò Macchiavelli fortan das eigene Gesetz schreibt: Das Tor zur säkularisierten Neuzeit ist aufgestoßen, Kaiser und Papst sinken zu bloßen Schemen herab.

Auf dem ersten Höhepunkt des Investiturstreits ist es soweit freilich noch lange nicht. Wie anders als herrscherlich und selbstbewußt hätte Heinrich IV. auf das unerhörte Ansinnen des fanatisch-gläubigen Reformpapstes Gregors VII. reagieren sollen, öffentlich Buße zu tun, dem Stuhl Petri zu gehorchen, das Erzbistum Mailand durch den Papst besetzen zu lassen? Um ihren König geschart wiesen Kaiser und Reich am Neujahrstag des

Jahres 1076 in Worms das Ansinnen zurück – welch stolzes Bild! Heinrich IV. verlangte seinerseits die Abdankung des Papstes – so ungewöhnlich war das nicht, denkt man an Sutri, aber die Zeiten hatten sich gewandelt, und dies nicht zu erkennen, war ein schwerer politischer Fehler des Königs. Dennoch sind die Reaktionen Hildebrands, wie der Kaiser den Papst nun nennt, höchst ungewöhnlich: Er bannt den Kaiser, entbindet die Untertanen vom Eid – das hatte die Welt noch nicht erlebt. Welche unerhörte Macht dem geistlichen Prinzip innewohnte, wurde Heinrich bald schmerzlich bewußt: Er verliert seine Anhänger, die meisten Großen wenden sich ab, der König ist heillos. Binnen eines Jahres, so wird ihm bedeutet, müsse er vom Bann gelöst sein, wolle er anders seiner Herrschaft nicht verlustig gehen.

Der Gang nach Canossa. Canossa als Wende? Staatsräson contra politische Moral: In diesen Januartagen des Jahres 1077 liefert unsere Geschichte das erste eindrucksvolle Beispiel für eine nie mehr verstummende historische Frage. Wie weit darf, kann oder muß „der Staat" seine „Interessen" verfolgen? Wo liegen die Grenzen des Zumutbaren: für die Untertanen, die Bürger, aber auch die Herrschenden?

Canossa ist keine Antwort; der taktische Sieg des Kaisers, der den Papst durch demonstrative Buße zur Lösung des Bannes zwingt, wird mit der dauernden Ramponierung des kaiserlichen Ansehens überhaupt erkauft; erst seit Canossa ist der Römische Kaiser nicht mehr höchste Autorität, von nun an konnte ihm alles geschehen. In schier endlosen Kämpfen mußte Heinrich auch nach Canossa seine Macht behaupten; hatte man sich an Gegenpäpste in den letzten fünfzig Jahren füglich gewöhnt – daß es fortan auch Gegen-Könige und -Kaiser geben würde, war auch eine Folge von Canossa. Beide Söhne des Kaisers laufen zu seinen Gegnern über, mit Mühe nur gelingt es dem Kaiser, einen allgemeinen Reichsfrieden zustandezubringen – nicht aber zum Wohl des Reiches, sondern um einem päpstlichen Ansinnen entsprechen zu können, einem Kreuzzug, der dann doch nicht zustandekommt. Als Heinrich IV., ein Getriebener und Gezeichneter, von seinem Sohn Heinrich 1105 gezwungen wird, auf den Thron zu verzichten, ist er auf dem Tiefpunkt seines Lebens angelangt, zugleich aber gewinnen seine Züge Menschlichkeit. Sein Unglück verweist darauf, daß auch der Kaiser nicht mehr erhaben über die Geschichte thront, sondern in ihre Niederungen persönlich hineingerät – wie andere Menschen auch.

Heinrich V. (1106–1125) war freilich nicht allein der undankbare, verräterische Sohn, er wurde vielmehr von der Sorge getrieben, das Verhältnis zwischen Reich und römischer Kurie könnte auf immer unheilbar bleiben. Er besaß die Fähigkeit zum Kompromiß, zu dem der Sohn Heinrichs III., des Heiliggesprochenen, vielleicht unvermeidlich unfähig war. Heinrich V. setzte sich in Deutschland durch und verschaffte dem unruhigen fehdezerrissenen Reich mit dem Wormser Konkordat vom 23. September 1122 eine Atempause.

Fortan wurden die Bischöfe vom Papst eingesetzt, aber in Anwesenheit des Königs; dieser verlieh die Regalien; je größer seine Macht war, desto sicherer konnte er auf die Investitur Einfluß nehmen. Wieder hatte die deutsche Geschichte eine neue Ebene erreicht, und das Wormser Konkordat fügt sich als wichtiger Grundsatz in den Kranz der ungeschriebenen deutschen Verfassung.

Mit Lothar III. (1125–1137), dem Stammesherzog der Sachsen, und dem ersten Staufer, Konrad III. (1138–1152), richten die beiden Nachfolger des letzten Saliers die Bühne für das historische Spektakel eines ganzen Jahrhunderts her. Es sollte nicht allein höfischen Dichtern, wie Walther von der Vogelweide, wie ein grandioses Ritterepos vorkommen. Der säkulare Kampf zwischen Kaiser und Papst verknüpfte sich mit dem atemlosen Ringen der beiden führenden Geschlechter der Welfen und Staufer um die Macht im Reich, und nach und nach gerieten fast alle großen europäischen Mächte in seinen Sog. Im Zentrum Europas ballte sich unerhörte Macht, der abrupt gähnende Machtleere folgte. Das Reich erhob sich unter Friedrich I. und Heinrich VI. zum „sacrum imperium", einer Weltmacht ohnegleichen, um wenig später heillos zerrissen in einer „kaiserlosen, schrecklichen Zeit" zu versinken. Jenen historischen Bögen, die von der Höhe Karls des Großen zum Jammer Ludwigs des Kindes, von der Größe Ottos I. zur Katastrophe Heinrichs IV. sich schlagen lassen, wurde ein dritter hinzugefügt: ungleich gewaltiger, dramatischer, dem Gedächtnis der Deutschen so unauslöschlich eingeprägt, daß sie sich weigerten, das Ende der beiden Stauferkaiser, Friedrich Barbarossa und Friedrich II., ins historische Bewußtsein zu verankern: Der Kaiser ist nicht tot, er ist nicht fern in der Türkei im Saleph ertrunken, nicht in Palermo begraben, er schläft im Herzen Deutschlands und wird die Herrlichkeit des Reiches wiederherstellen. Noch heute berührt das Bild der Kyffhäusersage in der Goslarer Kaiserpfalz jeden Besucher, der sich ihm aussetzt.

So große Könige waren Lothar von Supplinburg und Konrad II. freilich noch nicht, aber der eine erweiterte und festigte den deutschen Einfluß im Norden gegen die Dänen, im Osten gegen die Slawen und schuf damit die Voraussetzung für die Ostkolonisation des kommenden Jahrhunderts, zugleich aber auch die territoriale Machtbasis der Welfen; der andere sammelte und vermehrte das staufische Hausgut und eröffnete den Kampf gegen Heinrich den Stolzen. Beiden war bewußt, daß Worms nur ein Kompromiß, ein Waffenstillstand mit dem Papsttum gewesen war; während Lothar eher nachgiebig und geschmeidig, letztlich vergeblich dennoch die Revision des Konkordats zu kaiserlichen Gunsten anstrebte, blieb es Konrad wohl nur durch seinen frühen Tod erspart, in jene Auseinandersetzung mit dem Herren des Kirchenstaats zu geraten, die das Lebensschicksal seiner Nachfolger bestimmen sollte.

Der größte von ihnen war für die Deutschen Friedrich I. (1152–1190), aber es war kennzeichnend, daß seinen Beinamen „Barbarossa“ ihm die Italiener verliehen. Wie keinem Herrscher zuvor und keinem danach gelang es ihm, die beiden Schwerpunkte des Römischen Reiches zu einer gewaltigen Einheit zu formen: Deutschland und Italien. Aber die Energien, deren es dafür bedurfte, streiften schon in seiner Regierungszeit die Grenzen des Erträglichen. Sechsmal ist der Kaiser „über den Berg“ gezogen, und es war nicht nur seiner militärischen Macht, seinem diplomatischen Geschick, der Schwäche mancher Gegner, den günstigen Umständen in Sizilien und Unteritalien zu verdanken, wenn das Reich am Ende seiner Herrschaft stärker denn je dastand. Barbarossa strahlte ein rational kaum erklärliches Charisma aus, er hatte Glück, und auf dem Höhepunkt des Ringens um die Macht in Oberitalien steht ihm mit Heinrich dem Löwen im Reich ein mächtiger, bald allzu mächtiger Vasall zur Seite, der seinen italienischen Unternehmungen Rückhalt bot. Die „Restauratio Imperii", vom klugen Kanzler des Kaisers, Rainald von Dassel, als weltumspannende politische Konzeption entworfen, bestimmte das Handeln Barbarossas, der damit ebenso an Karl den Großen, den er heiligsprechen ließ, wie Otto III. anknüpfte; der Welfe aber trieb deutsche Territorialpolitik, klammerte den Nordosten des Reiches und den Süden, Sachsen, die Ostmarken und Bayern zusammen, sein Ansehen stieg schier unaufhaltsam, aber Friedrich I. ließ seinen Landsmann gewähren, fast war es wie der Ritt auf dem Tiger. Jahrelang beflügelte der Kaiser sogar den Ehrgeiz des Löwen zu Nutz und Frommen des Reichsganzen, am Ende gingen dem Welfen die Maßstäbe verloren; wie so oft später in der deutschen Geschichte wurde nüchternes Abwägen des Möglichen durch risikovolles Wagen ersetzt, schlug Genialität in Hybris um, folgte dem höchsten Triumph der tiefste Sturz: Als Heinrich der Löwe sich in verletzender Form weigert, dem in Italien in äußerste Bedrängnis geratenen Kaiser zu helfen, verspielt er sein Glück. Zwei Reichstage verhängten über den Ungetreuen Acht und Oberacht, Friedrich entzog ihm seine Lehen, Sachsen wurde aufgeteilt, Otto von Wittelsbach erhielt Bayern; neue, selbständige Herzogtümer entstanden aus der welfischen Konkursmasse. Der Kaiser triumphierte, aber um welchen Preis! Die deutsche Machtstellung im Norden und Osten war erschüttert; verhängnisvoller noch sollte sich der nun eingeleitete Zersplitterungsprozeß innerhalb Deutschlands erweisen. Während in den nachfolgenden Jahrzehnten sowohl in Frankreich wie auch in England es zur Bildung großflächiger Machtstrukturen kommt, wird am Ende die politische Landkarte Deutschlands zu einem grotesken Fleckerlteppich.

Obwohl Friedrich I. mit dem Anspruch daherkam, Glanz und Größe des Reiches wiederherzustellen, sollte auch diese Restauration zugleich Neubeginn werden. Mit dem „Privilegium minus“ leitete der Kaiser die Bildung der Landesherrschaft in Deutschland ein, zuerst im Herzogtum Österreich; seine Machtansprüche gegenüber Boleslaw IV. von Polen bildeten den Anfang der Eingliederung Schlesiens in das Reich; seine Heirat mit Beatrix von Burgund erlaubte ihm den unmittelbaren Zugriff auf Hochburgund und die Provence; schon auf dem ersten Italienzug huldigen ihm die mächtig emporstrebenden oberitalienischen Städte – aber genau an diesem Punkt geriet der Kaiser notwendig in den Konflikt mit dem Kirchenstaat; voller Mißtrauen verfolgte der Papst die Triumphe des Kaisers und sah sich zunehmend in seiner eigenen Bewegungsfreiheit und Machtstellung in Italien bedroht.

Das Papsttum durchlief in diesen Jahrzehnten ohnehin Krise um Krise; fast schon gewöhnlich war das Gegeneinander verschiedener Päpste, Schisma folgte auf Schisma, und Friedrich I. verstand es geschickt, die rivalisierenden Päpste gegeneinander auszuspielen – dennoch lernten Persönlichkeiten wie Alexander III. und Urban III. rasch, dritte Mächte gegen den Kaiser zu gewinnen, zuerst die Normannen in Sizilien und Unteritalien, später England und Frankreich, ganz zu schweigen von zahlreichen oberitalienischen Städten, deren Macht mehr als einmal erfolgreich der des Kaisers trotzte. Schon deutete sich allenthalben Mißtrauen gegen das übermächtige Deutsche Reich an – aber noch überwog die Idee von der Solidarität des Abendlandes.

Sie war aber auch so notwendig wie je kaum zuvor, empfand doch ganz Europa nach dem Scheitern des zweiten Kreuzzuges die Gefährdung der christlichen Stätten und Staaten in Palästina als moralische Herausforderung ohnegleichen. Der nahezu magisch wirkenden Kreuzzugspredigt Bernhards von Clairvaux hatte schon Konrad III. sich nicht zu entziehen vermocht, inzwischen brandeten neue religiöse, sich ins Mystische steigernde Glaubensbewegungen, von neuen Mönchsorden wie den Zisterziensern, Franziskanern, Prämonstratensern in die letzten wilden Winkel des Reichs getragen, überall hoch, der Zug gegen die Heiden – und seien es Slawen, Wenden und Friesen – wurde zwanghaft, vielleicht sogar all das Scheußliche, was die verzückten Fanatiker den Juden antaten; stärker noch als früher sind das

Politische und das Religiöse untrennbar ineinander verwoben. Es war kein „Fehler“ kaiserlicher Politik, wenn die Staufer gen Jerusalem zogen, sie folgten nur ihrem Schicksal, halb nur gewollt und doch unvermeidlich.

Es war seine Art, die Dinge sorgfältig vorzubereiten, und so war auch der Aufbruch zur Befreiung des Heiligen Grabes im Jahr 1189 gut organisiert. Barbarossa hatte für die Zeit seiner Abwesenheit im Reich alles wohlbestellt. Die Regentschaft übertrug er seinem Sohn Heinrich VI., dem neunzehnjährigen Römischen König; auf dem Hoftag zu Goslar kam es sogar halbwegs zur Aussöhnung mit dem entmachteten Löwen. Es war den bewaffneten Wallfahrern wohlbewußt, daß der Kaiser als wahrer Herrscher des christlichen Abendlandes den Kreuzzug führte; der englische König, Richard Löwenherz, und der französische, Philipp II., die ebenfalls das Kreuz genommen hatten, standen im Rang tief unter ihm – der plötzliche Tod des Kaisers am 10. Juli 1190 änderte alles: Geradezu schlagartig wurde aus dem dritten Kreuzzug des Imperium Romanum eine englisch-französische Expedition, an deren Ende Richard Löwenherz mit dem Sultan Saladin einen dreijährigen Waffenstillstand aushandelte – welch klägliches Ende so hochgestimmter Erwartungen!

Die Rolle der Persönlichkeit in der deutschen Geschichte wurde nie eindrucksvoller deutlich als im Leben und Sterben der drei großen staufischen Kaiser, Friedrich Barbarossa, Heinrich VI. und Friedrich II. Ausgeprägte Charaktere waren sie alle; konnte man den „Rotbart“ verehren, ja lieben, erweckte Heinrich VI. eher kalten Respekt; Friedrich II. aber sollte zu einer Gestalt werden, deren Leidenschaftlichkeit oft schon, wie man gemeint hat, ans Moderne streifte.

Man weiß nicht, ob Heinrich VI. (1180–1197) ein großer Kaiser, gar Weltenherrscher geworden wäre – sein früher Tod machte seinen hochfliegenden Plänen ein jähes Ende; was er in den wenigen Jahren seiner Regierung leistete, war ungewöhnlich genug. Als sein Vater ihn mit Konstanze von Sizilien, der Tochter Rogers II., des Normannenkönigs, vermählt hatte, konnte er nicht ahnen, daß sich aus diesem Ehebündnis die Vereinigung des Deutschen mit dem Normannenreich ergeben würde; Heinrich kam zu seinem Weltreich wie später Karl V. zu dem seinen durch bloße Erbschaft, aber in beiden Fällen war die damit verknüpfte Herausforderung wohl doch zu groß. „Was du ererbt von deinen Vätern hast, erwirb es, um es zu besitzen“: Karl V. sollte am Ende resignieren, Heinrich tat alles, um aus der Idee der Weltherrschaft abendländische Wirklichkeit zu machen.

Gegen schwerste Widerstände des Papstes gelang ihm die Eroberung und Behauptung des sizilischen Erbes, von deutschen Fürsten und Ministerialen planvoll verwaltet. Indessen formierte sich in Deutschland die Opposition gegen den Kaiser; er zerschlug sie, söhnte sich mit Heinrich dem Löwen aus, und dennoch hätte er den Widerstand gegen sein Regiment kaum brechen können, hätten ihm nicht dank des normannischen Thronschatzes und eines großen Lösegeldes, das der von ihm auf dem Trifels gefangengesetzte Richard Löwenherz zahlen mußte, jene finanziellen Mittel zur Verfügung gestanden, die nun mehr und mehr über militärischen Zuzug und wahlpolitisches Wohlverhalten der Fürsten entschieden. Unter Heinrich VI. wird der Einfluß des Geldes auf die Politik zum erstenmal handgreiflich, damit war eine unselige Tradition begründet, die wesentlich dazu beitragen sollte, das Ansehen des Kaisertitels und das der Fürsten selbst immer tiefer herabzubringen.

Aber auch die verlockendsten Angebote konnten die Großen des Reiches am Ende nicht dazu bestimmen, dem letzten und genialsten Plan des Kaisers zuzustimmen: Das Römische Reich, Italien bis nach Sizilien hin eingeschlossen, sollte in seinem Hause erblich werden, im Gegenzug auch alle Lehen. Einen kurzen historischen Moment lang schwankte das künftige Schicksal Deutschlands auf seinem höchsten Punkt: die deutsche Geschichte und mit ihr die Weltgeschichte wären fortan anders verlaufen, hätte der Kaiser seinen Plan durchsetzen können. Es lag auf der Hand, daß der Papst sich mit allen Mitteln gegen diese auf unabsehbare Dauer geplante Machtballung wehrte; die Fürsten schwankten erst, wählten, immerhin, den zweijährigen Sohn des Kaisers, Friedrich, zum Römischen König. Vielleicht war noch gar nichts endgültig entschieden, da machte der plötzliche Tod des Kaisers am 28. November 1197 alles zunichte. „Es war die schwerste Katastrophe in der Geschichte des deutschen Mittelalters" (Karl Jordan), eine wahrhafte Wende, und schon trauerten die Dichter der verblichenen Größe des Heiligen Reiches nach.

In der historischen Erinnerung pflegt meist Kaiser Friedrich II. gleich auf seinen Vater zu folgen – so als ob man das Unglück von 1197 verdrängen wollte. In Wirklichkeit folgten Jahre tiefer innerer Zerrissenheit: die Versöhnung mit den Staufern wich dem Endkampf zwischen ihnen und den Welfen, das unschuldig-schuldige Opfer aber wurde Deutschland, das seiner Macht Stück um Stück verlustig ging.

Die Doppelwahl von 1198 bildete zu alledem den traurigen Auftakt: Der staufische Anhang wählte Philipp von Schwaben (1198–1208), der welfische Otto IV. (1198–1215) zum Römischen König, der Erbe Heinrichs war im fernen Sizilien von den streitenden Parteien in Deutschland anscheinend halb schon vergessen, im Reich ging es um die blanke Macht. An Skrupellosigkeit ließ sich hierbei insbesondere Otto kaum übertreffen; um seine Herrschaft durchzusetzen, nahm er englisches Geld, das war schon nicht mehr unüblich und gewährte dem Papst, Innozenz III., was die Staufer ihm immer verweigert hatten: die Approbation der Königswahl, die Bestätigung jener Großen, denen nun überhaupt das Recht der Königswahl zugesprochen wurde, es waren die zukünftigen „Kurfürsten". Philipp hingegen sonnte sich im Glanz des alten staufischen Ruhms, er gewann in dem Maße an Anhängern, in dem Ottos Nachgiebigkeit dem Papst gegenüber allgemeine Entrüstung weckte. Schon fielen seine Anhänger von ihm ab, da machte erneut ein brutaler Tod alle staufischen und doch wohl auch deutschen Hoffnungen zunichte: Philipp wurde von Otto von Wittelsbach erschlagen, just jenem Mann, der sein ganzes Glück den Staufern zu verdanken gehabt hatte. Geld, Treulosigkeit und Mord: ganz Deutschland durchlief eisiges Erschrecken, aber gleichzeitig bewies der Stauferanhang erstaunlichen Sinn für die Realitäten, vielleicht sogar für das Wohl des Ganzen: er erkannte Otto IV. als alleinigen König an.

Es mag sein, daß dieses unverhoffte Glück König Otto nun zu härterer Haltung dem Heiligen Stuhl gegenüber veranlaßte, auf alle Fälle sah der ehrgeizige Innozenz seine Hoffnungen getäuscht, sein Einfluß im Reich sank erneut, wieder drohte die deutsch-italienische Klammer um sein durch die fragwürdigen „Rekuperationen" (im Stil der späteren „Reunionen" eines Ludwigs XIV.) nur unwesentlich vergrößertes Territorium sich zu schließen. In dem „Kind aus Apulien", dem jungen Staufersproß Friedrich, sah er fortan seine letzte Chance; er nutzte sie bedenkenlos.

Friedrich hätte freilich nicht der Sohn eines Heinrich VI. sein müssen, um nicht sofort die Herausforderung des Augenblicks zu begreifen. Was bloßes Charisma, umweht von einem Hauch von Tragik und mit unschuldiger Jugend gepaart, damals vermochte, erwies Friedrichs Erscheinen in Deutschland: Mittellos, ohne Heer und Helfer, allein auf sich selbst gestellt, meldete er in Süddeutschland seine herrscherlichen Ansprüche im Reich an, und der frustrierte staufische Anhang jubelte ihm zu. Otto erkannte die Gefahr, aber er kam schon zu spät. Mit Hilfe des Papstes gelang es Friedrich, das alte staufisch-kapetingische Bündnis mit Philipp II. zu erneuern, vergeblich hoffte der Kaiser auf die englische Hilfe: Der Tag von Bouvines (27. Juli 1214) entschied über Otto IV., der von allen verlassen vier Jahre später auf der Harzburg starb. Der französische Sieg verschaffte Friedrich II. die Herrschaft im Reich, aber Bouvines war keine ordinäre Schlacht: Sie wurde vielmehr zur Geburtsstunde des französischen Nationalbewußtseins. Die „Oriflamme", das heilige Nationalsymbol der Franzosen, triumphierte über den Reichsadler. Philipp erbeutete ihn und übersandte ihn mit gebrochenen Schwingen dem jungen Staufer. In einem Zeitalter, das in symbolischen Bildern und Gesten lebte und webte, begriff das jedermann.

Friedrich II. (1212–1250) hat sich allerdings wenig Gedanken um die Zukunft des Deutschen Reiches gemacht. Er empfand nicht deutsch, sondern italienisch; seine Bildung war universal, eine Mischung aus normannischen, byzantinischen, arabischen Elementen, er sprach kaum deutsch, wie später Karl V., und Deutschland war für ihn nur Teil seines Reiches, in dessen Zentrum Sizilien, seine Heimat stand. Unter seiner Herrschaft verlagerte sich der Schwerpunkt des Römischen Reiches nach Palermo und Capua, zur bedeutendsten Stauferburg wurde Castel del Monte. Der junge Herrscher entwickelte ganz erstaunliche staatsmännische und verwaltungstechnische Fähigkeiten; das ganze Land wurde durchrationalisiert, Gesetze und Steuern neu geregelt. Diese Leistungen ließen Jacob Burckhardt Friedrich als „ersten modernen Menschen auf dem Thron" erscheinen.

Dennoch war das, was er in Deutschland tat, von weiterreichender Bedeutung. Der kalte ferne Norden diente dem Kaiser als Rüst- und Ressourcenkammer; wenn er seinen Ehrgeiz im Mittelmeerraum befriedigen wollte, konnte er sich nicht wie seine Vorgänger in endlose „querelles allemandes" mit den Bischöfen verstricken, er stellte sie ruhig mit der „Confoederatio cum principibus ecclesiaticis", in der er auf die entscheidenden Königsrechte in den geistlichen Territorien verzichtete – ein Triumph der geistlichen Fürsten und des Papstes, das unrühmliche Ende des Wormser Konkordats. Friedrichs Sohn, Heinrich (VII.), ging noch einen entscheidenden Schritt weiter; im „Statutum in favorem principum" (1231), gewährte er auch den weltlichen Fürsten die nämlichen Privilegien. Dabei sollte er freilich nichts anderes als Statthalter von Kaisers Gnaden in Deutschland sein – was Wunder, daß dem ehrgeizigen Jüngling diese Rolle nicht gefiel und er auf Kosten des Reichsgutes noch größere Zugeständnisse an die Fürsten machte, nur um sie für sich und gegen seinen Vater zu gewinnen, dem er dann in offener Empörung entgegentrat.

Allein das zwang Friedrich, noch einmal persönlich in Deutschland zu erscheinen; seine Machtausstrahlung genügte, um die Rebellion des Sohnes zu ersticken, der vom Vater nach Sizilien gebracht im Gefängnis elend endete. Gleichsam im Vorbeigehen erließ der Kaiser ein großes Landfriedensgesetz, das erneut eines der Grundübel der Deutschen beseitigen sollte: ihre Streitsucht, die um so heftiger hervorbrach, je ferner der Kaiser war, je selbständiger die Herzogtümer wurden, je selbstbewußter die Städte auftraten. Gewiß, die Autorität des Staufers wurde von den meisten immer noch anerkannt und auch nicht grundsätzlich erschüttert, als der Kaiser in den heillosen Konflikt mit dem Papsttum geriet, aber daß in den alltäglichen Niederungen der Politik die deutschen Herren auf sich selbst verwiesen waren, während der Kaiser sich mit dem Lombardenbund herumschlug, den Machenschaften und Anschlägen des Papstes mit immer neuen taktischen Raffinessen begegnen mußte, trug nicht wenig zu ihrem Selbstbewußtsein bei. Vor allem die großen Erfolge im Osten und Norden des Reiches gingen ganz auf ihre Rechnung; nicht der Kaiser, sondern die norddeutschen Fürsten und Städte siegten 1227 bei Bornhöved und sicherten damit endgültig die deutsche Vorherrschaft nördlich der Elbe; es war Hermann von Salza, des Kaisers enger Berater, der die entscheidenden Voraussetzungen zur Schaffung des preußischen Ordensstaates schuf; die „goldene Bulle" von Rimini, die der Kaiser 1226 ausfertigte, gleichsam die Besitzurkunde des Culmer Landes und des zukünftigen Ordensgebiets, bestätigte nur, was schon geleistet war. Schließlich kämpfte auch nicht Friedrich gegen die 1241 bis Schlesien vorgedrungenen Mongolen; Herzog Heinrich II. von Schlesien warf sich in Wahlstatt bei Liegnitz der wie eine Naturkatastrophe empfundenen Flut entgegen, vergeblich zwar, dennoch im Bewußtsein der Verantwortlichkeit eines christlichen Fürsten für das ganze Abendland.

Zu diesem Zeitpunkt war Friedrich II. bereits in jene grandios-schreckliche Auseinandersetzung mit dem Papst verstrickt, die sein Bild in der Geschichte aufs nachhaltigste geprägt hat. Mutwillen, Willkür, heiliger Eifer, auftrumpfender Egoismus, verbunden mit in letzte religiöse, philosophische, mystische Tiefen reichende Deutungen von Himmel und Erde, Weltgeschichte und Weltende haben diesen „Endkampf" zu der vielleicht dramatischsten Szenerie des hohen Mittelalters gestaltet. Niemals zuvor und niemals später war das Ringen zwischen Imperium und Sacerdotium so grundsätzlich, duellartig – und die Protagonisten, Friedrich II. und Gregor IX. wußten dies sehr wohl. Anders als seinerzeit Heinrich IV. trotzte der Kaiser dem päpstlichen Bannfluch; daß der Gebannte einen sogar leidlich erfolgreichen Kreuzzug unternehmen konnte, mußte das christlich-päpstliche Selbstverständnis erschüttern, und wenn der Kaiser sich in Jerusalem selbst krönte – war da nicht das Tor zur Neuzeit schon weit aufgestoßen? Als Friedrich, erstaunlich

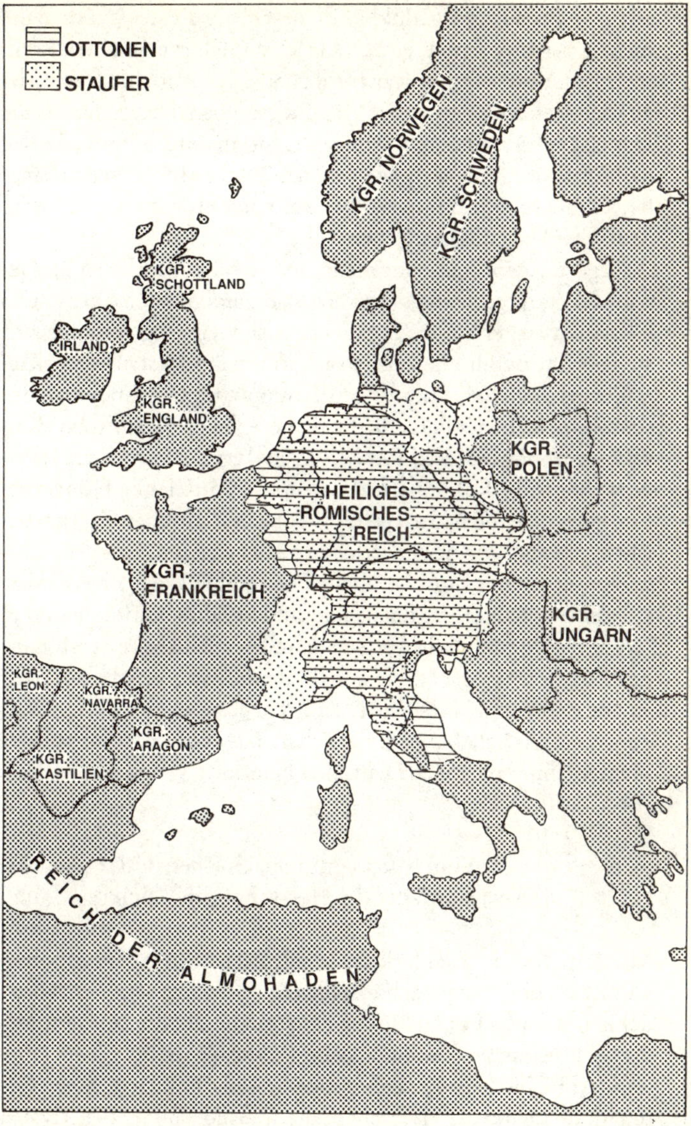

Europa zur Zeit der Staufer

zurückhaltend und geduldig, dennoch die Lösung vom Bann nicht erreichte, schlug er zurück: Er appellierte an einen kommenden Papst; Gregor war für ihn nun der Antichrist, das Tier aus der Tiefe; der Papst aber verkündete, eben dies sei der Kaiser. Hammer und nicht Amboß müsse er fortan sein, sagte der Kaiser, damit nahm er ein Wort vorweg, das ein deutscher Reichskanzler, Bernhard von Bülow, 750 Jahre später erneut zum Inbegriff deutscher Staatsräson machen sollte.

Es gelang dem Kaiser nie mehr, sich vom Bann zu lösen, als Gebannter starb er. Daß es dem Papst dennoch nicht gelang, sein Charisma zu zerstören, da mochte er so viele Gegenkönige aufstellen wie er wollte, ließ mitten im Untergang des staufischen Geschlechts doch den zukünftigen Triumph des säkularen Prinzips schon ahnen. In der Persönlichkeit dieses letzten staufischen Kaisers – sein Sohn, Konrad IV. (1250–1254) erreichte die Kaiserwürde nicht mehr – kulminierte das deutsche Mittelalter, Höhe- und Endpunkt zugleich: das vertraute Muster deutscher Geschichte. Mit dem Ausklang der staufischen Epoche setzen ganz neue Entwicklungen ein: nun erst sollte Deutschland jenes territoriale Aussehen erhalten, das für siebenhundert Jahre bestimmend war. Der Aufstieg der Landesherrschaft und der Städte, die Zerstörung der kaiserlichen Macht, die zunehmend geistig-geistlichen Auseinandersetzungen, aber auch der Einbruch der Pest, die Umwälzung von Wirtschaft und Gesellschaft: aus alledem formt sich das Heilige Römische Reich Deutscher Nation.

3. Vom Interregnum nach Rhens: Der Kampf um die Herrschaft im Reich

Mit dem Tod des Stauferkaisers Friedrichs II., so war es schon den Zeitgenossen vielfach erschienen, sanken Glanz und Herrlichkeit des Reiches zu bloßen Schatten herab; die „kaiserlose“, die „schreckliche“ Zeit hat das Bild dieser Jahre bis ins 20. Jahrhundert hinein geprägt. Unvermögen und Ohnmacht wetteiferten im Reich um die Herrschaft, die am Ende keiner der Rivalen aus den fernen europäischen Fürstenhäusern wirklich erringen konnte. Es blieb immer bei einer bloßen „Zwischenherrschaft“, einem „Interregnum“, bis endlich mit der Erhebung des Habsburgers Rudolf I. eine neue Epoche der Kaisergeschichte anbrach.

In Wirklichkeit waren die Jahre des „Interregnums“ nichts anderes als der vielleicht unvermeidliche Rückschlag eines Pendels, und die deutsche Geschichte wurde auf ihr europäisches Normalmaß zurechtgestutzt. Ob Wilhelm von Holland (1247–1256) oder Richard von Cornwall (1257–72), ob Karl von Anjou oder Alfons von Kastilien: es war nicht verwunderlich, daß politischer Ehrgeiz von außen ins Zentrum hineinzuwirken suchte, denn im Herzen Europas konnte es niemals ein Machtvakuum geben. So spielte die Geschichte in der 2. Hälfte des 13. Jahrhunderts zum erstenmal jenes Modell von Mit- und Gegeneinander der europäischen Mitte und deren Peripherie durch, das noch häufig die Geschicke Deutschlands und Europas bestimmen sollte.

Das Interregnum dauerte nur für die Mitlebenden schier endlos lange (1254–1273), im Kontext der europäischen Geschichte war es ein bloßes Zwischenspiel, und als die führenden Fürsten 1273 Rudolf von Habsburg zum König wählen, wird ein neues, in eine weite Zukunft vorweisendes Kapitel der deutsch-europäischen Geschichte aufgeschlagen.

Denn den Habsburgern sollte, wenn freilich auch nicht sofort und keineswegs ohne bittere Rückschläge, etwas gelingen, was den „Ausländern“ kaum je gelingen konnte: sich im und im Anschluß an das Römische Reich große Landesherrschaften zu sichern, mächtige Territorien für eine sich über ganz Europa am Ende ausbreitende Dynastie. Aber war das „Habsburger Reich“ mit dem „Römischen Reich“ identisch? Mußte der stolze Begriff „Kaiser und Reich“ fortan nicht eher als Antagonismus verstanden werden?

Rudolf I. (1273–1291) glaubte, beides miteinander vereinen zu können: Energisch, ja rücksichtslos suchte er sich in den Besitz der alten staufischen Besitztümer zu setzen, seine „Revindikationen“ sollten dem Reich und seiner Hausmacht zugute kommen, hatte die staufische Katastrophe doch überall unklare Besitz- und Machtverhältnisse im Reich hinterlassen. Der König war leidlich erfolgreich, seine Energie weckte Mißtrauen, Rivalen erstanden ihm allerorten – vor allem in König Ottokar II. von Böhmen, dem mächtigsten Landesherrn.

Dieser hatte sich weder mit der Wahl noch der Reichspolitik des Habsburgers abgefunden, sein großes Erbe in Böhmen verlieh ihm eine anscheinend kaum anfechtbare Macht, und Rudolf wußte, daß er sich in ähnlicher Lage befand wie einst Friedrich I. seinem Vasallen Heinrich dem Löwen gegenüber. Wie jener, so versuchte auch der Habsburger, Ottokar zum Kompromiß zu bewegen, wie dieser reagierte auch der Böhme mit Hybris und Verblendung.

So kam es schließlich zur blutigen Schlacht auf dem Marchfeld, unweit Wiens, die sein Schicksal entschied. Das Jahr 1278 wurde so zum Ausgangspunkt der habsburgischen Machtbildung im Südosten Europas, auch dies war zunächst nur ein Wechsel auf die Zukunft. Denn Rudolf hielt sich weise zurück: das Erbe des Premysliden blieb dessen Haus voll erhalten – aber Österreich und die Steiermark wurden für das Haus Habsburg gewonnen, seitdem wuchs Wien zu einer der Hauptstädte des Reiches heran. Wenn es Rudolf gelang, die Kaiserkrone seinem Sohn zu sichern, so mußten seine Erwerbungen aber auch die Macht des Reiches stärken – sollten die Fürsten freilich einen Kandidaten aus einem anderen, schwächeren Haus durchsetzen, so mußte der alte Gegensatz zwischen Kaiser und Reich verschärft aufbrechen – mit all den unseligen Folgen für das Wohl des Ganzen, die aus der Katastrophe der Welfen hinreichend bekannt waren.

Und eben dazu kam es nach dem Tod des ersten Habsburgers auf dem Thron – auch wenn sich Rudolf zeit seines Lebens vergeblich um die Kaiserkrönung in Rom bemüht hatte. Die Kurfürsten, wie man sie nun schon nennen sollte, hatten dem Machtanstieg des habsburgischen Hauses mißtrauisch zugesehen, insbesondere die rheinischen hatten dessen vorsichtige, Frankreich allerlei territoriale Zugeständnisse machende Westpolitik für völlig verfehlt gehalten, und da ihnen ihre im Westen des Reiches gelegenen Territorien unendlich viel näher standen als die fernen des Kaisers im Südosten, wählten sie nach den üblichen

Droh- und Bestechungsmanövern eben nicht Albrecht, Sohn des Kaisers, sondern den biederen Adolf von Nassau, dem selbst dieses Land nur zur Hälfte gehörte.

Das war nun ein König so recht nach dem Geschmack der rheinischen Kurfürsten, insbesondere dem Erzbischof von Köln, der sich den König regelrecht „hielt", mußte Adolf von Nassau (1291–1298) in einer Wahlkapitulation doch fast eine Blankovollmacht zugunsten des Kölner Erzbischofs unterschreiben, der nach der Schlacht von Worringen, die der Kurfürst gegen seine weltlichen Nachbarn und auch seine eigene Stadt blutig verloren hatte, alles versuchte, um die alte Macht wieder zu erringen. Ganz unerhört war die Abmachung, daß die Kurfürsten den König absetzen konnten, wenn er ihnen nicht mehr genehm sein sollte: bislang hatte immer nur der Papst auf diesem Instrument gespielt, die Zeiten wurden offenbar härter und weltlicher.

Dennoch wäre es falsch, wollte man in dieser Wahlkapitulation nur eine Kapitulation Adolfs und die rücksichtslose Machtgier kurfürstlichen Eigennutzes sehen. In dem Maße nämlich, in dem die Kurfürsten Rechte und Machtgröße des erwählten Römischen Königs beschnitten, mußten sie selbst Verantwortung für das Reich übernehmen, denn sie handelten im Auftrag des Reiches. Wie die mächtigen Kurfürsten, so bemühten sich auch zahlreiche andere Fürsten in diesen Jahrzehnten um den Ausbau ihrer „Landesherrschaft", jetzt erst setzte jener Prozeß ein, der in langen Jahrhunderten die eigentümliche föderative Reichsverfassung hervorbringen sollte. Da der Kaiser selbst über keine ausreichende judikative, legislative und exekutive Macht in der Weite des riesigen Reiches verfügte, war auch er am Ende auf die Binnenstruktur der Landesherrschaften – und damit auf seine Lehnsmänner angewiesen. So oft Kaiser und Reich auch fortan gegeneinander stehen sollten – blanke Sachzwänge banden sie immer wieder gleichsam symbiotisch zusammen. Das hergebrachte holzschnittartige Bild von den Kaisern, die das Reich stärken und den Fürsten, die es schwächen wollten, hat inzwischen viele neue Schattierungen und Nuancen erfahren.

Dennoch war Adolf ein so schlechter König nicht, ja es ist erstaunlich, wie geschickt er sich in seinen kurfürstlichen Fesseln zu bewegen verstand. Immer noch umgab den Königsnamen ein Nimbus, der sich in Aktion und Macht umsetzen ließ, und zum steigenden Mißvergnügen seiner Wähler begann auch Adolf sich im Osten eine Hausmacht zu schaffen: schon glaubte er Meißen und Thüringen für sich gewonnen, als sich sein Glück wendete: jetzt wurde der Mainzer Erzbischof, in gewisser Weise der erste Beamte des Reiches, zur Seele des Widerstands, und hatten die Kurfürsten 1291 die Ansprüche Albrechts von Österreich aus Furcht vor dessen Hausmacht zurückgewiesen, indem sie den schwachen Adolf wählten, so kam eben dieser Albrecht ihnen nun gerade recht, um den Sturz des aufmüpfigen Königs zu besorgen. Nicht ohne Aplomb erklärten diese am 23. Juni 1298 im Dom zu Mainz den König als „untauglich und unnütz" zur Herrschaft abgesetzt. Noch gab Adolf nicht auf, auf dem Weg ins Zentrum seiner Widersacher stellte er Albrecht bei Göllheim zur Schlacht. Der abgesetzte König kämpfte ritterlich, tapfer und fiel.

Albrecht I. (1298–1308) wußte sehr wohl, wem er sein Glück zu verdanken hatte und vor wem er gleichzeitig auf der Hut sein mußte: Zum zweiten Mal versuchten die Kurfürsten, einen römischen König zu ihrer Marionette zu machen – zum zweiten Mal ohne Erfolg, auch dies ein untrügliches Zeichen für die immer noch mächtige Aura des König- und Kaisertums. Daß sich Albrecht, obwohl doch schon in Mainz zum Gegenkönig erhoben, erneut und in formaler Korrektheit zum Römischen König wählen ließ, hätte seine Gönner mißtrauisch stimmen müssen, aber zunächst versprach Albrecht den Kurfürsten fast nichts weniger als Adolf, und so schienen jene Gründe, die 1291 zur Übergehung des Habsburgers geführt hatten, nicht mehr stichhaltig.

Aber die Kurfürsten sollten sich täuschen: Mit erstaunlicher Konsequenz versuchte Albrecht da anzuknüpfen, wo sein Vater die Fäden hatte fallen lassen müssen. In schroffer außenpolitischer Kehrtwendung näherte er sich Frankreich; Philipp IV., der Schöne, gewiß einer der mächtigsten Herrscher seiner Zeit, mit seinem Kampf gegen den Papst Bonifaz VIII. gleichsam in die Fußstapfen Kaiser Friedrichs II. tretend, wußte die Zugeständnisse Albrechts im Westen des Reiches zu schätzen – die rheinischen Kurfürsten hingegen sahen darin einen Ausverkauf des Reiches, schlimmer als je zu Zeiten Rudolfs I. Nahezu wie mit der Schablone suchte Albrecht I. die Politik seines Vaters nachzuahmen: Ausgleich, wenn nicht Freundschaft mit den Kapetingern, auch auf Kosten der einen oder anderen Flurbereinigung im Westen, Konzentration aller Machtmittel im Osten und Südosten mit dem Ziel der Gewinnung des premyslidischen Erbes. Enttäuscht und empört beschlossen die Kurfürsten erneut die Absetzung eines Königs, aber dieser kam dem zuvor, schlug sie nacheinander und wandte sich erneut gen Osten, um das Lebensziel seines Vaters zu verwirklichen. Er stieß, wie hätte es anders sein sollen, auf erbitterten Widerstand, aber seine systematisch-bedächtige Art hätte am Ende den Erfolg wohl verbürgt, da erstach ihn am 1. Mai 1308 sein Neffe Johann, ein unzufriedener Jüngling, der sich um sein Erbe gebracht glaubte, und alle Pläne und Hoffnungen zerstoben wieder einmal im Nichts. Die Kurfürsten triumphierten: Ihr Ziel schien erreicht und das Spiel neu ausgegeben, fast konnte man meinen, das Kaisertum sei nur noch ein beliebiger Faktor im Spannungsfeld widerstreitender politischer und dynastischer Interessen – wo sollte es mit ihm auch hinkommen, wenn Kaiser abgesetzt und ermordet werden konnten, ohne daß Blitze vom Himmel zuckten? Auch Heinrich VII. von Luxemburg (1308–1313) ereilte ein unzeitiger Tod. Aber er starb in Italien, als gekrönter Kaiser – als letzter einer unglücklichen Reihe Römischer Könige; vielleicht hat gerade deswegen ihn immer ein Hauch von Trauer umweht, und sieht man wie die „Ghibellinen“, die Anhänger des Kaisers, seinen Aufbruch nach Italien jubelnd begrüßen, mit Dante Alighieri an der Spitze, so meint man in diesen Szenen den Protest gegen die Verweltlichung und Herabwürdigung der Kaiseridee seit Adolfs Zeiten zu sehen.

Aber gerade solche rückwärts gewandten Hoffnungen auf eine Erneuerung der alten Kaiserherrlichkeit, und dies in Italien, dem Schicksalsland der Staufer, weckten den heftigsten Widerspruch jener Fürsten, die keineswegs mehr gewillt waren, ein wie auch immer begründetes Vorrecht, gar die Idee eines „Weltkaisertums“, wie sie Heinrich VII. verfocht, anzuerkennen. Insbesondere Philipp der Schöne, der über das Papsttum triumphiert und es in Avignon ganz unter seine Kontrolle gebracht hatte, war auch nicht einen Augenblick willens, solchen deutsch-römischen Ansprüchen sich zu beugen; wie Otto III. oder Heinrich VI. überspannte auch Heinrich VII. Idee und Wirklichkeit des Heiligen Römischen Reiches, und dies in einer Epoche, die sich in stürmischer Entwicklung zur großflächigen, ja man kann nun schon sagen nationalen Territorialstaatsbildung befand, an der, paradoxerweise, auch Heinrich VII. tatkräftig mitwirkte. Es war ein Widerspruch, der zu Beginn des 14. Jahrhunderts nicht mehr aufzulösen war: Der französische König hatte gehofft, die ihm vielfach verpflichteten rheinischen Kurfürsten nach dem Tod Albrechts für die Wahl eines Franzosen zum Kaiser gewinnen zu können – man sieht, wie auch der schärfste Verfechter des nationalen Prinzips den Attraktionen der Kaiserkrone verfällt – aber diese, nicht zuletzt durch den in Avignon residierenden Papst heimlich unterstützt, zogen erneut die Wahl eines kleinen Grafen vor, diesmal des Luxemburgers, der noch weniger als Adolf von Nassau über eine Hausmacht verfügte und deswegen als fügsam erscheinen mochte. Das war wie die dritte Runde im gleichen Spiel, und wieder gelang es dem Erwählten, sich eben dies zu schaffen: eine Hausmacht. Ja, sie fiel ihm nahezu von selber in den Schoß, als die Böhmen ihr Land seinem Haus anboten – der König zögerte nicht und griff zu. Worum die Habsburger jahrzehntelang gekämpft hatten, das gelang dem kleinen Grafen auf Anhieb – vielleicht hat das seine kaiserliche Selbstherrlichkeit erst richtig geweckt, kurzum: Heinrich VII. will in Italien die Rechte des Reiches wiederherstellen und sich in Rom krönen lassen. Anfangs scheint alles recht gut zu gehen, aus Italien schlägt Heinrich Begeisterung entgegen. Aber auch Mißtrauen und Furcht, denn die „Guelfen", seit altersher in der Tradition der „Welfen" kaiserlichen Ansprüchen widerstrebend, sorgen erneut, wie zu Zeiten Barbarossas, dafür, daß es mit der Herrschaft des Kaisers in Italien nichts wird. In immer neu ausbrechende Kämpfe verstrickt, schleppte sich Heinrichs kleines, viel zu schwaches Heer wohl nach Rom, und es gelang dem Luxemburger, sich zum Kaiser krönen zu lassen – freilich nicht im Petersdom, sondern bloß im Lateran, kaum fünf Minuten davon entfernt, und doch für den Kaiser in unendlicher Ferne. Alles war nur halbherzig und noch nichts entschieden, aber aufgegeben hatte Heinrich seine Pläne keineswegs, als ihn der Tod in Siena ereilte. Man weiß schon, wie alles dann kommen mußte: Es war aus mit den kaiserlichen Träumen, sein Heer zerstob in alle Winde, was er in Italien gewonnen, ging wieder verloren, und doch bleibt die Frage: Was wäre geschehen, hätte der Kaiser länger gelebt? Hielt die Geschichte Europas vielleicht doch andere Modelle bereit als das der Nationalstaaten? Zumindest erstaunte es schon die Zeitgenossen, wie zäh sich die Idee eines universalen Kaisertums am Leben erhielt. Hätte man sie säkularisieren können? Die Frage muß offen bleiben.

Der überraschende Tod des noch jungen Kaisers warf die Machtfrage im Reich erneut und diesmal schärfer denn je zuvor auf. Zwar versuchte Philipp der Schöne noch einmal, einen französischen Kandidaten den Kurfürsten zu empfehlen, aber das war aussichtsloser als je zuvor, denn an Kandidaten, denen eine Macht zur nachdrücklichen Verfolgung ihres politischen Ehrgeizes zur Verfügung stand, mangelte es im Reich nicht. Sowohl das Haus Luxemburg wie das der Habsburger rechneten sich Chancen aus, nun aber trat ein dritter Bewerber auf den Plan: der Herzog Ludwig von Oberbayern aus dem Hause Wittelsbach, dessen territoriale Machtposition durch geschickte dynastische Züge und blendende militärische Erfolge gegen bayerische Konkurrenz so deutlich angewachsen war, daß vier Kurfürsten ihn 1314 zum Römischen König wählten. Die übrigen und zahlreiche andere Fürsten hingegen verständigten sich auf den Habsburger Friedrich, und da weder der eine noch der andere nachgab, jeder auch mit einigem Recht seine Krönung als die legitimere ansehen konnte, gab es doch noch kein Mehrheitsrecht im Kurfürsten- und Wahlkollegium, mußten die Waffen entscheiden: Die Schlacht bei Mühldorf am Inn zerstörte 1322 die Hoffnungen Friedrichs, auch wenn das Schicksal ihm persönlich gnädig und er selbst am Leben blieb, ja 1325 mit Ludwig einen Frieden schließen konnte, in dem beide sich gegenseitig als König anerkannten. Dennoch regierte Ludwig der Bayer

(1314–1347) aus dem Geschlecht der Wittelsbacher fortan allein. Neben Luxemburg und Habsburg hatte sich eine dritte königsfähige Dynastie im Reich durchgesetzt. Vielleicht gehörte gerade ihr die Zukunft, denn Bayern war ein altes Herzland des Reiches, und Ludwig bemühte sich, oft skrupellos genug, seine Hausmacht zu mehren, den Einfluß der Wittelsbacher weiter auszudehnen. Aber nur der Ausgriff in die Mark Brandenburg, die der König 1320 seinem Sohn zukommen ließ, war letztlich erfolgreich, während seine Ambitionen auf Tirol ihm die Luxemburger zum Feind machten. Die Sonderrolle Bayerns, ein in der deutschen Geschichte durchgängiges Phänomen, deutete sich damals schon an, und ebenso die ständigen Rivalitäten zwischen Bayern und Österreich.

Aber nicht Bayern gehörte die Zukunft, obwohl in der langen Regierungszeit dieses Kaisers, im dramatischen Auf und Ab der Kampfjahre gegen die Kurie in Avignon, mehr als einmal die Vision eines mächtigen bayerischen Kaisertums am Horizont der Geschichte aufzuleuchten schien. Ludwigs Größe, Grenze und Tragik bestand darin, daß er zur gleichen Zeit gegen die Gespenster der staufischen Vergangenheit kämpfen und die Grundsteinlegung für ein viel moderneres Staatswesen als jenes der Staufer versuchen mußte. In seiner Herrschaft, genauer: in seinem unablässigen Bemühen um die Legitimation seiner Herrschaft sollten sich nahezu alle wesentlichen Grundfragen des Staatsrechts der Zeit spiegeln. Aber keineswegs freiwillig tat dies der Wittelsbacher, er wurde vielmehr in den Strudel der Argumente und Gegenargumente hineingerissen, und wenn am Ende seines Lebens ein zwiespältiger Eindruck bleibt, so deswegen, weil sich dieser tüchtige Herrscher schließlich doch nicht aus den überkommenen Fesseln der Tradition lösen, nicht mutig das Tor zu einem modernen, säkularisierten Gemeinwesen aufstoßen konnte, sondern sich in provinziellen Egoismus verstrickte.

Denn die Chance, Neues zu schaffen, hat er gehabt. Wenn der Kaiser mit Johannes XXII. in einen unlösbaren Konflikt geriet, in dem wieder die altbekannten Mittel des Banns, des Interdikts, der Absetzung ihre Rolle spielten, so hatten sich die Rahmenbedingungen für diesen Kampf im Vergleich zu den Zeiten Heinrichs IV. oder Friedrichs II. fundamental gewandelt – auf beiden Seiten übrigens.

Das avignonesische Papsttum unter Johannes XXII. war gewiß mächtig, und der Papst verstand es meisterhaft, mit Ressourcen und Finanzen umzugehen, den Reichtum der Kurie zu mehren, aber Avignon war nicht Rom, und der ökonomische Erfolg des Papstes stieß auf unverhoffte Ablehnung, ja theologisch tief begründete Verachtung vor allem bei den Oberen eines jener damals zahlreich aus dem Boden sprießenden Bettelordens, der Franziskaner. Jenes aus der europäischen Kirchen- und Kulturgeschichte späterer Jahrhunderte sattsam bekannte Bild von der Armut des christlichen Laienvolks und dem protzenden Reichtum der Kurie erwies damals zuerst seine Schlagkraft. Johannes XXII. konnte nicht mehr in völliger päpstlicher Souveränität die Armutslehre des Franziskaner-Ordens vom Tisch wischen – eben dies schien den Papst für den Kaiser angreifbar zu machen.

Auch die Ideen des Kaisers waren neu, sie entstehen nicht von ungefähr parallel zu jenen der Franziskaner. Die alte Diskussion um die Frage, wer wem untertan sei: der Papst dem Kaiser oder der Kaiser dem Papst, geht in eine neue Runde, an deren Ende schon die Aufteilung zwischen Macht und Religion erkennbar wird; aber den Zeitgenossen ist dies nicht voll bewußt geworden, sie hatten sich mit höchst aktuellen Fragen herumzuschlagen. Aber wie es in der Geschichte oft zu beobachten ist, können sich aus bloßen aktuellen Sachzwängen nach und nach grundsätzliche Regeln, ja Verfassungen herausschälen, die über den Tag in eine weite Zukunft weisen. Am Ende des nahezu dreißigjährigen Ringens zwischen Papst und Kaiser, genauer: zwischen den Ideen des Papsttums und des Kaisertums, denn für den einen war Johannes nur „der von Cahors", für den anderen bloß „Ludwig, der Bayer", – (der Name sollte ihm bleiben) – war es völlig belanglos geworden, was einst Anlaß des Streites gewesen war. Er hatte, wie üblich, in Italien gelegen, das für den nach Vergrößerung seiner schmalen Machtbasis in seinem bayerischen Herzogtum drängenden Kaiser umso attraktiver erschien, als Avignon weit und der Papst fern von Rom war. Wichtig war nur, daß der Papst – wie seine Nachfolger – die Wahl Ludwigs nicht anerkannte, ihn aller Herrschaft für verlustig erklärte, ihn als Ketzer und Häretiker verdammte und auf das päpstliche Grundrecht der Approbation der Kaiserwahl überhaupt pochte.

Ludwig war ein im Grunde versöhnlicher Mensch; tief betroffen von den Verdikten des Papstes, versuchte er mit einer oft unglücklichen Mischung aus Konzilianz und Drohung die Lösung vom Bann zu erreichen. Aber alle seine Schritte, ob sie nun mit theologischen, reichsrechtlichen oder außenpolitischen Argumenten verknüpft waren, verhärteten nur den Standpunkt der Kurie, bis am Ende blanker Haß blieb, der den Kaiser noch Jahrhunderte nach seinem Tod unversöhnlich verfolgte.

Auch im 14. Jahrhundert sahen die Menschen dem unseligen Streit mit Bangen zu, aber anders als hundert, gar dreihundert Jahre zuvor, war das Selbstbewußtsein der Laien doch schon gestiegen, der Papst konnte nicht mehr blinden Gehorsam erwarten, wie es sein Streit mit den Franziskanern jedermann offenbarte. Bedenklicher in den Augen des Papstes mußte es sein, wenn aber auch die geistlichen Kurfürsten zusammen mit den weltlichen reichsrechtlichen Ansprüchen der Kurie Widerstand leisteten. Bann und Interdikt waren immer noch scharfe Waffen, aber Kaiser und Reich wußten sie besser als früher zu parieren. Dazu verhalfen ihnen zum einen die Bettelorden, zum anderen scharfsinnige Gelehrte aus deren Umkreis, insbesondere Marsilius von Padua, der mit seinem Aufsehen erregenden „Defensor Pacis", nichts weniger als die vollständige Trennung zwischen staatlicher und geistlich-kirchlicher Macht propagierte, ja fast schon die Umrisse eines modernen säkularisierten Kaiserreichs zeichnete. Das war ein kühner Vorgriff in das 16. Jahrhundert, ein Hinweis schon auf Nicolò Macchiavelli – eben das machte seine Faszination aus – und seinen Anachronismus.

Soweit war die christliche Welt des Abendlandes um die Mitte des 14. Jahrhunderts nämlich lange noch nicht, und der Italienzug des Kaisers erinnerte eher an uralte Zeiten – so wenn sich Ludwig die Lombardenkrone aufsetzen, sich vom Volk der Römer zum Kaiser akklamieren, einen Gegenpapst ein- und den verhaßten avignoneser Papst absetzen ließ. Ähnlich wie Heinrich VII. erging es auch Ludwig: Zunächst von den Ghibellinen begeistert begrüßt, verstrickte er sich unrettbar in die undurchsichtigen Machthändel der italienischen Fürstengeschlechter; am Ende fehlte ihm dann alles: Geld, Glück, Soldaten, und er mußte froh sein, persönlich ungeschoren seine Heimatlande wieder zu erreichen.

Natürlich war seitdem weniger denn je an eine Versöhnung mit Johannes XXII. zu denken, aber gerade daran war Ludwig, seltsam genug, nun mehr denn je gelegen, und immer verzweifeltere Pläne wurden geschmiedet, um dies zu erreichen. Der Kaiser war sogar bereit abzudanken – niemals aber wollte er die starr und unbeirrbar vorgetragene päpstliche Forderung anerkennen, daß Wahl und Kaisertum von Anfang an unrechtmäßig und nur der Papst berufen gewesen wäre, im deutschen Thronstreit zu entscheiden und den Gewählten zu approbieren.

Und in diesen Punkten stimmte ihm in Deutschland nahezu jedermann zu. Zum ersten Mal vielleicht sprach man vom „deutschen Vaterland“, das sich der Willkür eines auch noch in babylonischer Gefangenschaft befindlichen Papstes nicht beugen dürfte. Zum ersten Mal fand der Kaiser Unterstützung bei mächtigen Städtebünden, zahlreichen kleinen und großen Adligen und Fürsten, der Masse des Klerus und, dies war entscheidend: den Kurfürsten selbst. Denn die Ansprüche des Papstes waren nur allzu geeignet, die eigenen zu durchkreuzen. In einem jahrzehntelangen Prozeß bildete sich nun die Auffassung heraus, daß eben nicht der Papst oder wer auch immer über die Institution des Kaisertums zu bestimmen habe, sondern ein eigenes verfassungsrechtliches Organ: der Verein der Kurfürsten.

Uneigennützig waren solche Überlegungen nicht: Die Kurfürsten mußten um ihre politische Macht fürchten, die sie an den letzten Kaisern so vorzüglich exerziert hatten, wenn es nicht auf sie, sondern letzten Endes auf den Papst ankam, aber sie waren nicht nur egoistisch gesonnen. Noch immer in der deutschen Geschichte waren die führenden Eliten gewillt, mit den eigenen auch die Rechte der Nation fremdländischen Ansprüchen gegenüber zu verteidigen; schon das ständige Scheitern der französischen Ambitionen auf den Kaiserthron hatte dies bewiesen und sollte es bis zum Ende des Heiligen Römischen Reiches Deutscher Nation beweisen; so gering am Ende in diesem ehrwürdigen Staatsgebilde auch das Gefühl der nationalen Zusammengehörigkeit sein mochte: ganz erloschen ist es nie, selbst nicht in den Zeiten des Dreißigjährigen Krieges und denen des Rheinbundes von napoleonischen Gnaden.

Vielleicht ist aus solchen Gründen das Ereignis des 16. Juli 1338 bis heute auf der Habenseite der deutschen Geschichte verbucht. An diesem Tag versammelten sich die Kurfürsten – übrigens nicht zum ersten Mal – auf den Rheinwiesen vor Rhens und setzten in einem Weistum fest, daß der von der Mehrheit der Kurfürsten gewählte König über einen unangreifbaren und für alle Zeiten geltenden reichsrechtlichen Herrschaftsanspruch verfüge. Natürlich zielte dieser Spruch auch auf die Situation Ludwigs, es machte aber seine Bedeutung aus, daß er weit darüber hinaus grundsätzlich und für alle fernere Zeit gelten sollte. Beflügelt von diesem ersten Schritt seiner Wähler glaubte Ludwig, nicht ohne Unterstützung einiger der Kurfürsten, noch einen Schritt weitergehen zu können: Auf einem Frankfurter Reichstag verkündete der Kaiser ein Gesetz, nach dem die deutsche Königswahl fortan ohne jegliche päpstliche Mitwirkung erfolgen sollte, wobei die in karolingische Tradition zurückreichende Vorstellung von der Gottesunmittelbarkeit des universalen Kaiserreiches nunmehr zum gültigen Reichsrecht erhoben wurde. Wie modern das alles dennoch schon wirkte, ergab sich aus der Formulierung, daß jeder Verstoß gegen dieses Gesetz als Majestätsverbrechen geahndet würde. Das Tor zur Neuzeit war damit zum ersten Mal wirklich aufgestoßen – seltsamerweise durch einen Kaiser, der persönlich immer noch von der mystischen Kraft der Kirchen- und Papststrafen überzeugt war und eben deswegen sich nicht an die Spitze einer Säkularisationsbewegung stellen konnte.

Es war nicht verwunderlich, daß die hehre Eintracht zwischen Kaiser und Kurfürsten zerbrach, als Ludwig, den heftigen Stürmen halbwegs entronnen, nun seinerseits eine höchst anfechtbare, ja empörende Hausmachtpolitik zu betreiben begann, die ihm zwar nicht das ersehnte Tirol, wohl aber die Feindschaft des mächtigen Luxemburger Hauses und die herzliche Verachtung vieler seiner früheren Anhänger eintragen sollte. Hier zeigte sich, daß Ludwig der Bayer eben doch kein so großer Mann war – aber ließ sich erwarten, daß es der mit päpstlicher Hilfe geförderte Sohn des Böhmenkönigs sein würde? Der war gleichsam der letzte Pfeil im Köcher der Kurie, und in erstaunlicher Parallele zum Aufstieg Friedrichs II. sollte auch diesem umsichtigen, bedächtigen, wenn nötig skrupellosen Jüngling der Griff nach der Macht im Reich gelingen. Zuerst, als die unzufriedenen Kurfürsten – mit Ausnahme der Wittelsbacher – ihn wählten, als „Pfaffenkönig" verschrien, der blutigen Ritter- und Bogenschlacht von Crécy mit knapper Not und nur verkleidet entronnen, sollte er zum bedeutendsten Kaiser des späten Mittelalters werden: Die Herrschaft Karls IV. wies nun wirklich und unumkehrbar in die neue Zeit, sein Name stand für ein ganzes Zeitalter, aber über dieses senkte sich nach dem Tod Ludwigs des Bayern apokalyptische Finsternis: die Pest.

4. Pest und Tod: Das finstere Jahrhundert?

Kein anderes ist den Nachgeborenen als „finsterer" erschienen als das 14. Jahrhundert, keines auch hat bis zum heutigen Tag der Forschung größere Rätsel aufgegeben, denn in den elendlichen Zeiten der Seuchenzüge, Hungersnöte, Wahnvorstellungen gehörte viel Mut und Gelassenheit dazu, über all diese Schrecken zu berichten, und viele von denen, die es gekonnt hätten, wurden selbst Opfer der Katastrophen. Im Jahr Eintausend war die Welt entgegen vielerlei Befürchtungen nicht untergegangen, auch die Ketzerei eines Kaisers Friedrich II. hatte die Apokalypse nicht heraufbeschworen – war es der letzte große Streit zwischen Kaiser und Papst, der die Christenheit nun ins Unglück stürzte? Der Totentanz wird seit der Mitte des Jahrhunderts zur beliebtesten Darstellung, Bußprediger durchziehen die sich entvölkernden Landstriche, Geißlerzüge versetzen die noch Davongekommenen in heiligen Schrecken, es mehren sich unheilschwangere Zeichen am Himmel wie auf Erden, Erdbeben, Heuschreckenschwärme, blutrote Kometen deuten anscheinend auf das Ende aller menschlichen Dinge – all dies schließt sich zum makabren Bild vom „finsteren Mittelalter" zusammen, wie es die Humanisten im 16. Jahrhundert genannt haben, gewiß mit einem Aufatmen: Gott sei Dank, wir sind darüber hinweg, nun beginnt erneut eine klassische, moderne Zeit.

Es hat gewiß dieses tradierte Bild dazu beigetragen, den Begriff „Mittelalter" in der historisch-politischen Diskussion der Neuzeit, vielleicht bis zum heutigen Tag, mit einem negativen Vorzeichen zu versehen; noch heute gilt das Verdikt: „mittelalterliche Zustände!" als Ausdruck von Ablehnung und Verachtung, und immer noch spukt das Gespenst eines möglichen „Rückfalls in das Mittelalter". Tatsächlich könnte man die so viel finstereren Zeiten aus der deutschen Geschichte des 20. Jahrhunderts als „Rücksturz ins Mittelalter" bezeichnen.

Man sollte es nicht tun, denn das Mittelalter war ganz anders, man darf es nicht durch die aufgeklärte Brille der Fortschrittsoptimisten des 16. bis 20. Jahrhunderts sehen.

Natürlich war die seit 1348 immer wieder epidemisch auftretende Pest, die ein Drittel der Reichsbevölkerung dahinraffte, so daß am Ende der Seuchenzüge, hundert Jahre später, in Mitteleuropa und Skandinavien nur noch 7,5 Millionen Menschen wohnten – um 1300 waren es etwa 11,5 Millionen gewesen –, nicht allein eine demographische, sondern auch eine ökonomische, kulturelle und geistige Katastrophe ersten Ranges, vergleichbar wohl nur noch mit denen des Dreißigjährigen Krieges und vielleicht der beiden Weltkriege des 20. Jahrhunderts. Gewiß fällt es heute schwer, die ganze Hilflosigkeit nachzuempfinden, mit der die Menschen reagierten, wenn der Schwarze Tod ringsum reiche Ernte hielt, aber auch in späteren Jahrhunderten kam es zu schlimmen Epidemien, und noch im technisch-wissenschaftlichen 19. Jahrhundert raffte die Cholera mitten in Europa und mitten in Deutschland die Menschen in Hekatomben hin – und wer möchte heute eine Prognose darüber wagen, wohin uns das unselige Kürzel AIDS noch führen wird? – dennoch läßt sich nicht alles auf diese Pest schieben; es gibt Historiker, die den Begriff „Krise" überhaupt in Frage stellen, sie bloß „sogenannt" nennen – tatsächlich kommt es immer auf die Definition an, und häufig treffen Begriffe wie „Umbruch“ oder „Revolution“ die Zustände der Zeit viel besser. Es habe, so meinen viele Historiker, im Spätmittelalter eine intellektuelle und wissenschaftliche, eine agrarische und kommerzielle, schließlich sogar eine Revolution der Mittelschichten und der Ästhetik gegeben. „Revolutionen“ stürzen Altes um, zumeist freilich erst, wenn es morsch ist, und sind sie erfolgreich, wird auf dem einplanierten Schutt des Überlebten Neues errichtet, so daß aus Revolutionen und Krisen ein neues Zeitalter hervorgeht. Blickt man von der Mitte des 14. Jahrhunderts nach vorn, hinein in die Neuzeit, so wandelt sich die Krisenepoche tatsächlich zur Grauzone zweier Zeitalter, und aus den Strudeln des Untergangs erheben sich neue, in die Zukunft weisende Ideen, formen sich neue Ansätze auf nahezu allen Bereichen von Gesellschaft, Wirtschaft, Religion und Politik. Die Neuzeit kam nicht gleichsam über Nacht, sie wurde aus der spätmittelalterlichen Krise geboren.

Wird dieser Begriff der „Krise“ nicht allein negativ inhaltlich besetzt, so bleibt er zur Deutung dieser Jahrzehnte nach dem Tod des bayerischen Kaisers durchaus brauchbar. Denn natürlich war die Pest eine „Krise“, desgleichen das wachsende Elend der Bauern, die in eine fatale „Preisschere“ hineingerieten: Während die Preise für gewerbliche Waren konstant blieben oder sogar stiegen, sackten die für das Korn ständig ab – in hundert Jahren bis fast auf die Hälfte! Auch das war eine Folge des großen Sterbens, aber nicht nur: Schon zuvor hatte es die ersten Anzeichen für diesen ökonomischen Prozeß gegeben, viel früher schon hatte die Flucht vom Land in die Stadt eingesetzt, im 14. Jahrhundert lebt $^1/_3$ bis $^1/_4$ der gesamten Bevölkerung schon in den Städten. Gleichzeitig werden in diesen Jahrzehnten viele Dörfer und Weiler „wüst“, etwa ein Viertel aller Siedlungen wird im späten Mittelalter aufgegeben; vieles, was man früher auf das Elend des Dreißigjährigen Krieges schob, hat sich schon damals ereignet, und bis zum heutigen Tag ist dieser Verlust an Siedlungen nicht ausgeglichen worden – obwohl die Bevölkerungszahl nach dem Tiefpunkt im 15. Jahrhundert zunächst langsam, dann in ständiger Beschleunigung wieder anwuchs.

Diese Entwicklung enthüllte auch den säkularen Trend von Land und Dorf zu Stadt und Städtebünden, wie dem schwäbischen, dem elsässischen, dem sächsischen und rheinischen. Die Zusammenschlüsse der Städte waren – wie übrigens auch die der Ritter – dabei nicht immer nur Ausdruck lebendiger Kraft, politischen Gestaltungswillens und ökonomischer Expansion, sondern häufig bloßer Abwehr von Gefahren für die städtischen Freiheiten und Rechte. Im Zuge des Ausbaus der Grund- und Territorialherrschaft mußten selbständige Städte geradezu als Fremdkörper wirken, aber so sehr die meisten Städte sich auch wehren mochten: am Ende eines jahrhundertelangen zähen Ringens sollte es den Fürsten doch gelingen, die meisten Städte zu mediatisieren, sich untertan zu machen. Vollständig unabhängig und reichsunmittelbar blieben nur wenige von ihnen, darunter Nürnberg, das sich selbst als Zentrum Europas empfand. Im 15. Jahrhundert gab es 12–15 Großstädte mit über 10 000 Einwohnern, 150 Städte mit 1000–2000, 2800 mit 100–1000 Einwohnern. So sehr auch die Stadtbewohner von der Agrarkrise mitbetroffen wurden – handelte es sich zumeist doch um Ackerbaustädte, und selbst die Reichsten zogen ihren Reichtum meist aus dem Grundbesitz –, so schufen doch Arbeitsteilung, Vereins- und Zunftwesen, Selbstverwaltung und Gerichtsbarkeit, kurzum die gesamte Infrastruktur und die städtischen Freiheitsrechte günstige Voraussetzungen für die Entstehung neuer, frühkapitalistischer Wirtschaftformen, deren Blüte aber erst ins 16. Jahrhundert fällt.

Ähnliches galt für die allmähliche Herausbildung eines bürgerlichen Standes, der sich nicht zuletzt durch größere ökonomische Unabhängigkeit, die Beherrschung und Ausübung eines differenzierten Geld- und Kreditwesens sowie ein ständig wachsendes Selbstbewußtsein auszeichnete. All dieses fand seinen Niederschlag zunehmend auch in Kunst und Kultur, Dichtung und Architektur, vor allem aber auch in einem gewaltigen wissenschaftlichen Aufschwung, wie ihn zahlreiche Neugründungen von Universitäten spiegeln: Prag (1348), wenig später Wien (1365), Heidelberg (1386), Köln (1388).

Gerade die zweite Hälfte des 14. Jahrhunderts erlebte aber auch die schlimmsten Ausbrüche von Massenwahn und Hysterie; die seit der Kreuzzugsbewegung des hohen Mittelalters in immer neuen Wellen einsetzende Verfolgung der Juden blieb zwar auch jetzt ein gesamteuropäisches Phänomen, die entsetzlichsten Pogrome der Pestjahre 1348–1350 gab es aber in Deutschland. Dabei kam es nicht selten vor, daß der aus dumpfer Angst geborene Haß auf die Juden schon mit niedrigen ökonomischen Instinkten verknüpft war, selbst Fürsten und Kaiser konnten oft der Versuchung nicht widerstehen, sich an jüdischem Geld zu bereichern, allen voran auch hier die Stadt Nürnberg, gefolgt von Basel und Straßburg. Zwei Drittel aller jüdischen Gemeinden wurde 1348/49 vernichtet, manchen ging selbst das noch nicht weit genug, schon damals konnte ein geifernder „Volksmissionar" (Johannes Capestrano) die totale Vernichtung des Judentums predigen, ohne daß ihm das geringste geschah. In der ersten deutschen Universitätsstadt, in Prag, kam es dann auch 1389 zum vielleicht furchtbarsten Judenmord des Mittelalters.

Gewiß, von kühl inszeniertem bürokratischem Völkermord an den Juden konnte im Mittelalter noch keine Rede sein, es waren vielmehr die unseligen Auswirkungen von Pest, ökonomischer Krise, christlichen Glaubens- und Aberglaubens, die für die Juden zur tödlichen Gefahr wurden. Es war auch nicht die jüdische Minderheit allein, die von den guten Christen verfolgt wurde: der im späten Mittelalter seuchenartig zum ersten Mal auftretende Hexenwahn fand seine Opfer unter den Unangepaßten, den Grüblern, den Fremden – und vor allem den Frauen. Vielleicht erst durch das Phänomen der „Ketzer"verfolgung ausgelöst, sollte das Wüten von Kirche und allzu bereitwilligen Obrigkeiten gegen die vermeintlichen „Hexen" zu den abstoßendsten Scheußlichkeiten in der deutschen und europäischen Geschichte zählen, aber auch dies blieb weiß Gott nicht auf die spätmittelalterlichen Jahrhunderte beschränkt; Hexen wurden noch inmitten des „aufgeklärten" 18. Jahrhunderts verbrannt.

Die Kirche hatte all dies nicht nur nicht bekämpft, sondern vielfach gefördert; nicht pure Boshaftigkeit oder Mordlust waren das Motiv, eher umgekehrt die Furcht vor der Hölle, das Nichtbegreifen der Krisen, pure Hilflosigkeit dem Andersartigen gegenüber, das in christlich verbrämte Aggression umschlug. In jenen alten Zeiten des 8., 9. und 10. Jahrhunderts hatte es das nicht gegeben: die Kirchen waren eher aristokratische Einrichtungen, Fackelträger von „Renaissancen“, Geist und Kultur, die Klöster oft Fluchtburgen der Vernunft, und sei sie scholastisch gewendet, vor den Anmutungen unaufgeklärten Heidentums. All das wandelt sich seit dem Kreuzzugswahn, zuerst langsam, dann, Mitte des 14. Jahrhunderts, in dramatischer Geschwindigkeit. Nicht mehr elitäre gelehrte Geistliche geben den Ton an, immer öfter tritt der Typus des hochemotionalisierten Buß- und Erweckungspredigers auf, nicht mehr die mit vornehmer Kulturpflege befaßten alten Orden geben den Ton an, sondern die Bettelorden wie Dominikaner, Franziskaner, Karmeliter. Sie gewinnen ganz anders als zuvor Einfluß auf die Masse des Volkes, und ihr Wirken ist ebenso heil- wie unheilvoll: Seelsorge und Armenpflege stehen neben Ketzerverfolgung und Inquisition, Demut neben religiösem Charisma, die etablierte Kirche wird zwischen Begeisterung und schroffer Ablehnung gleichsam hin- und hergerissen: das war der Boden, auf dem sich die neue Volksfrömmigkeit, am Ende aber auch die Forderung nach einem allgemeinen Konzil entfalten konnte; ja, es läßt sich ein gewaltiger Bogen schlagen von den neuen Orden über die konziliare Bewegung bis hin zum ersten Ausbruch nationaler Leidenschaften im Wirken von Hus und seinen Anhängern. Der Ruf nach der Reform der Kirche an Haupt und Gliedern durchschallt das ganze Mittelalter, aber im späten 14. Jahrhundert wird er immer lauter und herrischer: am Ende müssen sich Kaiser und Papst ihm beugen, und mit dem Konzil zu Pisa wird 1409 ein neues Kapitel in der bewegten abendländischen Kirchengeschichte aufgeschlagen – erst mit dem von Trient sollte es einigermaßen enden, dazwischen lag das wichtigste Ereignis der Kirchengeschichte: die Reformation.

Reformation: Das war schon im 14. Jahrhundert ein altehrwürdiger Begriff, wie man sich überhaupt von der Vorstellung freimachen muß, als sei das Mittelalter in ständigem Gleichmaß an den Menschen vorübergezogen. Sicherlich gab es Landstriche und Bevölkerungsteile, die nach den Rodungen des frühen und hohen Mittelalters nahezu unverändert bis in die Neuzeit hineinragten. Noch heute kennt jedermann die mittelalterlichen Städte, Dörfer und Landschaften etwa in Schwaben und Oberfranken – insgesamt jedoch waren die Mentalitäten der Menschen dem Neuen, Unbekannten, ja Abenteuerlichen durchaus aufgeschlossen – wie anders ließen sich die Kreuzzüge, die in fernste Länder bis hin zu Santiago di Compostella und Rom gerichteten Wallfahrten erklären, wie der Mut von Kluniazensern und Zisterziensern, mitten in der Wildnis neue Klöster und Siedlungen zu gründen, wie auch die reisenden Kaufleute auf endlosen holprigen Wegen, die den Namen Straße nicht verdienten? Das Mittelalter ist mobil, auch wenn alles langsamer geht als im Jahrhundert von Eisenbahn und Auto. Wie anders auch wäre das Entdeckungszeitalter zu deuten, das sich an die mittelalterlichen Landnahmen innerhalb Europas nahtlos anschloß?

Man drängte fort, nach außen – vor allem nach Osten, das war, wie es ein Historiker ausdrückte, ein „europäisches Phänomen" (Ferdinand Seibt). Am folgenschwersten machte es sich in Deutschland bemerkbar, obwohl es hier einen zumindest durch lange Jahrhunderte gleichmächtigen historischen Zug nach dem Süden, über „den Berg" nach Italien gab. Dort aber meinten Könige und Kaiser immer nur alte Rechte und Besitztümer wahren oder wiedergewinnen zu müssen, zumal Rom immer noch die geistige Hauptstadt des „Römischen" Reiches war – ganz anders lagen die Dinge im Osten.

5. Gen Osten: Von Ritterorden und Hansen

Als das 14. Jahrhundert sich neigte und das 15. anbrach, war die deutsche Geschichte im Osten anscheinend schon an ihr Ziel gelangt, weit bescheidener als durch die vergangenen zwei Jahrhunderte von ihren Trägern und Vollstreckern erhofft und begonnen. Die Schlacht von Tannenberg, 1410, schien die Machtfrage im Deutsch-Ordens-Land zugunsten Polens und Litauens zu entscheiden – dennoch sollten noch mehr als fünfhundert Jahre vergehen, bis sich die Waage endgültig und nach menschlichem Ermessen für alle Zeiten zugunsten der Polen senkte: Angefangen hatte alles ganz friedlich, kein weltgeschichtlicher Plan lag der deutschen Ostsiedlung zugrunde – all das ergab sich, wie in der Geschichte üblich, nach und nach, wenn auch nicht von selbst.

Es waren vor allem die einheimischen Dynastien der Premysliden in Böhmen und Mähren, der Piasten in Schlesien, die die Ansiedlung deutscher Bauern, Handwerker und Kaufleute in ihren nur dünn besiedelten weitflächigen Räumen wollten und unterstützten, und da es Raum für alle gab, lebten Deutsche und Slawen durch die Jahrhunderte hindurch friedlich miteinander, wenn auch die weiterentwickelten Kulturtechniken der Deutschen und ihre wirtschaftliche Dynamik bald schon den Ton angaben und die einheimische slawische Bevölkerung nach und nach aufgesogen wurde. Zuerst in Mecklenburg, dann in Pommern, der Mark Brandenburg und Schlesien entstanden auf der Grundlage des „deutschen Rechts“ in rascher Folge blühende Dörfer und Städte, und noch bevor politische Ambitionen deutscher und europäischer Herrscherhäuser diese weiten Landstriche zu gewinnen trachteten, waren sie nahezu vollkommen eingedeutscht – und dies ohne Kriege oder Vertreibung der Urbevölkerung. Nicht überall freilich drang die Ostbewegung vollständig durch; in Böhmen und Mähren blieb sie auf die Gebirgsränder beschränkt, in Polen, Ungarn und weiter gen Südosten kam es oft nur zu deutschen Inselbildungen, einige von ihnen bestehen, so in Rumänien, bekanntlich bis heute, aber man weiß nicht, wie lange noch.

Erst mit der langsamen Ausbildung dynastischer und nationaler Territorialpolitik gerieten diese neu erschlossenen und besiedelten Länder in den Brennpunkt der allgemeinen Geschichte, und dies nicht unbedingt zu ihrem Wohl. Begriffe wie Überfremdung und nationale Identität gab es zwar noch nicht, aber in der Sache trugen sie doch dazu bei, den Siedlungszug der Deutschen nach Osten Mitte des 14. Jahrhunderts zu stoppen. Das galt insbesondere für jene Gebiete, in denen die Ritterorden aktiv geworden und alles in eine neue historische Bahn gelenkt hatten, so der Schwertbrüderorden in Livland, vor allem aber der Deutsche Orden in jenem Gebiet, das man später nach den Ureinwohnern nannte: in Preußen.

Deutscher Orden-Kreuzritter-Ordensburgen – und die Schlacht von Tannenberg: Wenige Abschnitte der deutschen Geschichte sind von den nachfolgenden Geschlechtern in Deutschland und Polen gegensätzlicher gedeutet worden, und nichts hat die Beziehungen beider Völker tiefer vergiftet als die Erinnerung an die Ritter vom Orden des Spitals St. Mariens vom Deutschen Hause in Polen. Ließen sich die Ursachen der deutsch-französischen „Erbfeindschaft" bestenfalls bis zu Ludwig XIV. und die Verwüstung der Pfalz durch die Truppen eines Mélac zurückverfolgen, so stand für die Unversöhnlichkeit zwischen Polen und Deutschen der Ort einer Schlacht: Tannenberg.

Dennoch waren diese „Ursachen" des Gegensatzes pure Erfindungen des Chauvinismus im 19. und 20. Jahrhundert, im späten Mittelalter sah man die Dinge anders, und so ungewöhnlich war das, was Hermann von Salza 1225 tat, keineswegs. Schon mehrfach hatten bedrängte Fürsten dem kriegsmächtigen Orden den Schutz bedrohter Länder angeboten, mehrfach war dies gescheitert; als Konrad von Masowien an den Freund und Berater des Kaisers herantritt, bietet sich nur eine weitere Chance, diesmal ließ sie sich nutzen, und mit der Goldenen Bulle von Rimini sicherte Friedrich II. dem Orden alle Gebiete zu, die er im Kampf gegen die Heiden gewinnen würde. Es war ein Meisterstück, daß es Hermann von Salza gelang, auch den Segen des Papstes für sein Unternehmen zu gewinnen – desselben Papstes, der sich in erbittertem Kampf mit dem Kaiser befand.

Alles wies auf eine eigenständige, von Papst und Kaiser gebilligte, nicht aber gelenkte Entwicklung hin, und tatsächlich gelang es dem Orden nach anfänglichen Krisen, in die er nicht zuletzt durch die überspannten Ziele des Schwerbrüderordens in Livland geriet, einen ganz modern anmutenden Staat aufzubauen, dessen Verwaltung ebensoviel Erfahrungen des Ordens im Heiligen Land wie denen des kaiserlichen Beraters in Apulien und Sizilien verdankte. Bei der Erschließung und Missionierung des Landes gingen die Ordensritter gewiß nicht zimperlich zu

Werke, dennoch lernte man zusammenzuleben: unterwarfen sich die einheimischen Preußen, so konnten sie mit der Hilfe des Ordens rechnen, dem am Ausbau des Landes dringend gelegen war. Es war keine Herrschaft mit Feuer und Schwert, aber das Schwert blieb auch nicht immer nur in der Scheide. Solange es gegen die Heiden ging, brauchte man sich nicht zu rechtfertigen, als sich die Litauer zum Christentum bekennen und mit den Polen 1386 eine Union bilden, bricht alles schon zusammen.

Hundertfünfzehn Jahre noch bemühte sich der Orden, das Verlorene wiederzugewinnen, und als diese Aussichten schwanden, das Verbliebene zu erhalten – vergeblich. Mit dem Ende des Mittelalters kam auch in Preußen das Ende dieses seltsamen „Kirchenstaats"; im 2. Thorner Frieden von 1466 legte sich die Hand des polnischen Königs schon über das ganze Land, vergeblich rief der Orden mit der Wahl weltlicher Fürsten zum Hochmeister Kaiser und Reich um Hilfe an. Die blieb aus, wie es überhaupt ein Kennzeichen der gesamten Deutsch-Ordens-Geschichte ist, daß, vom günstigen „Start" abgesehen, kein Römischer Kaiser ernsthaft an eine Unterstützung dieses Staatsgebildes, geschweige denn an dessen Einverleibung in das Reich gedacht hat. Dazu kam es tatsächlich erst 1871 und hat dann auch nur 73 Jahre gedauert.

So war es nur konsequent, wenn der Hohenzoller Albrecht von Brandenburg, der letzte Hochmeister, sich 1525 vom polnischen König mit dem Ordensland belehnen ließ – ohne doch ahnen zu können, daß dieses neue weltliche Herzogtum zum dynastischen Kern eines ganzen Königsreiches, ja einer europäischen Großmacht werden sollte, dessen Geschichte für Deutschland zum Schicksal wurde.

Sowenig sich in den Jahren des Aufstiegs, der Blüte und des Verfalls des Ordensstaates Kaiser und Reich bemühten, so fasziniert waren von diesem Experiment Bürger, Bauern – und Kaufleute.

Tatsächlich haben die „Kaufleute von der deutschen Hanse" in zeitlicher Parallele zum Werk des Deutschen Ordens in vielfacher Hinsicht erst die Voraussetzung zum Gelingen dieser Staatsgründung gelegt. Auch dahinter steckte keine bewußte

Planung, aber es ergab sich füglich von selbst, daß vor allem die rasch aufblühenden Städte im Küstenbereich von Nord- und Ostsee, mit Lübeck an ihrer Spitze, die sich mit der deutschen Ostbewegung und der Ordensstaatsgründung bietenden ökonomischen Chancen nutzten. Wie auch in späteren Jahrhunderten und heutzutage wieder, bildet die Ostsee ein vorzügliches und leistungsfähiges Verkehrsnetz für den Handel aller Ostseeanliegerstaaten, und Gotland war der eigentliche Drehpunkt: Vom dortigen Kontor aus ließen sich die Handelsströme trefflich lenken, die Neugründungen längs der mecklenburgischen und pommerschen, dann der preußischen Küste wurden auf diese Weise eng mit den Handelszentren Mittel-, West- und Nordeuropas verbunden. Was erneut Vision fürs 21. Jahrhundert ist, war vor siebenhundert Jahren äußerst erfolgreich. Und den hanseatischen Stolz sieht man Lübeck heute noch an. Diese Stadt war Zentrum und Herz einer immer mächtiger aufstrebenden Kaufmannschaft, alles war anfangs ganz von Handel und Kommerz bestimmt, aber als sich die Hansestädte – auf dem Höhepunkt ihrer Geschichte nicht weniger als 160 – enger zusammenschlossen, bildeten sie auch ein politisches Gravitationszentrum, und es war schier unvermeidlich, daß sie in Konflikt vor allem mit Dänemark gerieten, denn dessen Herrscher glaubten ein älteres und besseres Recht an Ost- und Nordsee zu haben. Der Kampf um die Seemacht wurde zuerst zugunsten der Hanse entschieden, so im Frieden von Stralsund 1370, und in den folgenden hundert Jahren beherrschte sie nicht nur wirtschaftlich, sondern auch politisch nahezu den gesamten Ostseeraum. Dennoch wurde sie seitdem anachronistisch: während sich in Rußland und Schweden, Dänemark, Holland und England, also in all jenen Ländern, auf deren Wohlwollen, Mithilfe und handelspolitische Zurückhaltung die Hanse angewiesen war, nationale Eigeninteressen regten, von Herrschern und Regierungen tatkräftig unterstützt, sah sich die Hanse vor allem seit der Reformation, die ihr auch die letzte Hilfe seitens des römisch-katholischen Kaisers raubte, völlig auf sich selbst gestellt; was Wunder, daß sie auf Dauer dem Eindringen von Holländern und Engländern in Nord- und Ostsee, der Schließung der Hansekontore in Bergen,

Nowgorod und London nichts mehr entgegenzusetzen hatte. Aufgelöst wurde die Hanse freilich nie – es gibt sie, wenn man so will, also heute noch – aber der letzte Hansetag fand 1669 statt – die „modernen“ „Hansetage“ sind pure Nostalgie, historisch bedeutungslos.

Der hanseatische Stolz war immer auch Folge des Bewußtseins gewesen, aus eigener Kraft das leisten zu können, wozu Kaiser und Reich nicht willens oder imstande waren. Schon damals zeigte sich die ungeheure Schubkraft wirtschaftlicher Entwicklungen, privater Initiativen, und es sollte fortan zum Kennzeichen der deutschen Geschichte werden, daß sich die Teile des Reiches immer selbständiger entwickelten, getragen von ihrer eigenen Räson, immer lockerer nur mit der Idee des Ganzen verbunden, und es konnte gar nicht ausbleiben, daß dabei jene Territorien, die dem Reichskern am fernsten standen, am ehesten überhaupt aus dem universalen Reichsverband ausschieden. Das galt im Südwesten für die burgundischen, im Nordwesten für die holländischen Staaten, im Süden für zahlreiche der italienischen und, vor allem, die der Eidgenossenschaft.

Der „ewige Bund“ der drei Waldstädte, Uri, Schwyz und Unterwalden von 1291 war gar nichts Ungewöhnliches, solche Vereinigungen gab es häufig, diese aber wurde zum Kern einer ganzen Staatsbildung, die bis heute Bestand hat. Erst die nationalen Leidenschaften des romantischen Zeitalters haben die Entstehung der Eidgenossenschaft zu einem dramatischen Schauspiel mit Helden und Schurken gemacht, in Wahrheit hat sich alles viel nüchterner vollzogen, und weder waren die Habsburger, denen die Schweizer die Unabhängigkeit abtrotzten, die bösen Unterdrücker, noch die Schweizer alles Freiheitshelden. Wenn ihnen im Gegensatz zu zahlreichen anderen Städtebünden am Ende der Sieg über den habsburgischen Territorialherrn zufallen sollte, so verdankten sie dies zum einen jener besonderen Topographie, die seither immer noch eine blanke militärische Eroberung der Schweiz unmöglich gemacht hat, zum anderen ihrer militärischen Kunst, die in den großen Schlachten von Morgarten (1315) und Sempach (1386) das Ende der ritterlichen Kriegführung des Mittelalters einläutete und „die Schweizer“ zur gefürchtetsten Söldnertruppe der Frühen Neuzeit werden ließ. Noch heute fühlt sich der Vatikan von seiner Schweizer Garde wohlbehütet, und es ist keinesfalls nur Folklore, was die jungen Schweizer hier üben. Praktisch seit dem 14. Jahrhundert aus dem Reichsverband ausgeschieden, wurde doch erst im Westfälischen Frieden dreihundert Jahre später auch formal die staatliche Selbständigkeit der Eidgenossenschaft anerkannt – man sieht, wie zäh und mit welch langem Atem, unbeirrt durch die Macht der Tatsachen, das Heilige Römische Reich an seinen alten Titeln festhielt, nicht zuletzt dies macht seine Bedeutung für das Kontinuitätsproblem in der deutschen Geschichte aus, und man tut gut daran, sich dessen zu erinnern, wenn die Gegebenheiten des Augenblicks nur Bruch und Neuanfang, nicht aber die Bewahrung des Alten möglich erscheinen lassen.

6. Das „Heilige Römische Reich deutscher Nation“: Anspruch und Wirklichkeit

Während sich im 14. Jahrhundert nach und nach jene Grenzen des Reiches herausbildeten, die für viele weitere Jahrhunderte im wesentlichen Bestand haben sollten, stellte sich erneut die Frage nach der inneren Gestaltung dieses Reiches, denn bislang hatten alle Bemühungen, die ungeschriebene Verfassung des Römischen Reiches zu einer allseits anerkannten Grundlage zu machen, immer nur zu neuen Konflikten geführt, in die Kaiser und Könige, Kurfürsten und Fürsten, Bistümer und Städte in unterschiedlichsten Konstellationen hineingerissen wurden. Gelegentlich mochten die Zustände im Reich tatsächlich als chaotisch anmuten, wozu nicht allein die große Krise des 14. Jahrhunderts beitrug, sondern in erster Linie das unablässige Ringen der großen königsfähigen Dynastien um die Präponderanz und die Erbfolge im Kaisertum. Ein Leben lang hatte Ludwig der Bayer um die Etablierung der Wittelsbacher im Reich gerungen, am Ende war alles vergeblich, und das Haus Wittelsbach sank fast zur Bedeutungslosigkeit hinab, nicht einmal in den Kreis der Kurfürstentümer wurde es aufgenommen, es war vielmehr der große Rivale der Wittelsbacher im Osten, das Haus Luxemburg mit dem Zentrum des Köngreiches Böhmen, das an die Spitze der weltlichen Kurfürsten trat.

Aber das war erst 1356, in einem der wichtigsten Jahre der deutschen Geschichte, dem Jahr der „Goldenen Bulle“, die für die Zeit des Bestandes des Heiligen Römischen Reiches Deutscher Nation die Regeln für die Wahl des Römischen Königs endgültig festlegte. Zu Recht wird der Name Karl IV. (1347–1378) vor allem mit dieser Verfassungsurkunde assoziiert, diese aber läßt sich nur vor dem Hintergrund der Reichsgeschichte, der Geschichte der luxemburgischen Hausmacht, vor allem den staatspolitischen Hoffnungen und Visionen dieses Luxemburger Herrschers deuten.

Karls Anfänge als Kaiser waren nicht weniger turbulent und gefährdet als die vieler bedeutender Herrscher des Mittelalters. Als Gegenkönig beginnt seine Karriere nur mit Hilfe des Papstes, und lediglich von den drei geistlichen Kurfürsten sowie seinem eigenen Haus wurde er 1346 zum König gewählt, zunächst wohl nur als weiterer Trumpf der Kurie im nun schon jahrzehntelang währenden Kampf gegen Ludwig den Bayern. Und wer weiß, ob sich Karl, dessen Charisma in Crécy arg zerzaust worden war, jemals hätte durchsetzen können, wäre mit dem unverhofften Tod Ludwigs im Jahr darauf nicht die gesamte Position des Hauses Wittelsbach zusammengebrochen, denn dessen Versuch, nun seinerseits einen Gegenkönig zu erheben, fand nur mit Müh und Not in dem thüringischen Grafen Günther von Schwarzburg einen Kandidaten, der aber war alt, schwach und arm und ließ sich von Karl bald ausschalten – auf keinem Feld war er dem Böhmenkönig gewachsen, und seit 1349 herrschte Karl anerkannt und unumschränkt als Römischer König; es schien, als gelange die Reichspolitik nach langen Wirren erstmals wieder in ruhiges Fahrwasser.

Und schon flammten wieder allerorten die alten, fast möchte man meinen romantischen Hoffnungen auf: Diesmal ist es der wortgewaltige Petrarca, der den König nach Italien herbeizurufen sucht, und wie sehr es zumindest in Rom immer noch vageverklärte Erinnerungen an die vermeintlich glorreichen Zeiten des Römischen Volkes gab, erwies sich in der Figur des Cola di Rienzo, der wieder einmal als „Volkstribun“ den Kaiser machen zu können glaubte, und dies um so eher, als die Kurie von Avignon aus, immer nur mühsam und schlechten Gewissens dazu, in Rom und Italien ihre eigenen Interessen verfolgen konnte.

Karl IV. war ein kühl berechnender, ein bedächtiger Mann, anders als Heinrich VII. ließ er sich von derlei phantastischen Anwandlungen niemals beeindrucken: Die Chancen standen gut, der Romzug war beschlossen, in 11 Monaten war alles erfolgreich erledigt, als gekrönter Römischer Kaiser kehrte er in seine Stammlande zurück, die Enttäuschung ob seines „Krämergeistes“, der ihm hübsche Summen in Italien eingebracht hatte, rührte ihn wenig, wichtig war allein, daß der Papst sein Kaisertum anerkannte. Und dies, ohne daß sich der Kaiser wie so viele seiner Vorgänger, in die italienischen Wirren verstricken ließ und zu kostspieligen fianziellen oder territorialen Zugeständnissen genötigt war. Cola di Rienzo aber war bloß ein „nützlicher Idiot“, nur kurz konnte er sich im Glanz kaiserlicher Huld sonnen, bald schon war es mit ihm aus, sein römisches Volk ermordete ihn. Und das Bild dieses Desperados in der Geschichte wäre längst wohl verblaßt, hätte ihm nicht sechshundert Jahre später Richard Wagner zur Unsterblichkeit verholfen.

Anerkannter König und Kaiser, des Besitzes seiner Stammlande sicher, mit den schönsten Aussichten für eine noch viel erfolgreichere Hausmachtpolitik, die den Luxemburgern leicht zu einer wirklichen Weltmacht hätte verhelfen können, wie sie ihre Habsburger Erben dann tatsächlich durch bloße Heiraten in den Schoß fallen sollte, konnte der Kaiser nun daran gehen, dem Reich mit der Goldenen Bulle das Grundgesetz zu geben. In diesem spiegelten sich die verfassungs- und reichsrechtlichen Erfahrungen der vergangenen hundert Jahre, es war zugleich aber auch der Versuch einer großen Versöhnung: nämlich der zwischen Kaiser und Reich, genauer: den Kurfürsten und dem Kaiser.

Die Goldene Bulle knüpfte an das Weistum von 1338 unmittelbar an, sie brachte das, was dort vorgedacht und beschlossen worden war, auf einen einheitlichen Nenner, schrieb das Gewohnheitsrecht der Kurfürstenwahl und bis in die kleinsten protokollarischen Einzelheiten die Wahl des Römischen Kaisers fest. Sieben Kurfürsten wählen den Kaiser: die geistlichen von Köln, Trier und Mainz, die weltlichen, an ihrer Spitze der König von Böhmen, dann der Pfalzgraf bei Rhein, der Herzog von Sachsen-Wittenberg, der Markgraf von Brandenburg. Fortan gelten Mehrheitsentscheidungen, und das verleiht der Mainzer Stimme besonderes Gewicht: der Erzbischof von Mainz stimmt als letzter ab. Damit es bei den sieben Kurfürsten bleibt, verfügt die Bulle die Unteilbarkeit der Kurfürstentümer, denen allerlei Vorrechte eingeräumt werden. Gewiß spiegelte sich in der Auswahl vor allem der weltlichen Kurfürsten das Interesse des Kaisers, dem es inzwischen gelungen war, die Mark Brandenburg dem Hause Wittelsbach abzujagen; und daß ausgerechnet Sachsen-Wittenberg in den Kreis der Kaiserwähler aufgenommen wird, deutet auf die ehrgeizigen Pläne Karls IV., eine Landbrücke von Böhmen über Nürnberg und „Neuböhmen" bis an die Ost- und Nordsee zu schlagen. Natürlich fiel jedermann sofort auf, daß die andere große Kaiser-Dynastie nicht vertreten war: die der Habsburger, aber gerade darin bewies sich die starke Position Karls. Mit einer plumpen Fälschung, dem sogenannten „Privilegium majus", das an jenes „Privilegium minus" erinnern sollte, mit dem einst Friedrich II. die Dinge im Reich zu regeln versucht hatte, bemühten sich die Österreicher dennoch um Aufnahme in den Kurfürstenclub – vergeblich. Kein Geringerer als Petrarca erwies die Fälschung, und nicht ohne resignierenden Trotz nannten sich die Habsburger Österreicher fortan „Erzherzöge" – bis schließlich die Habsburger Kaiser selbst in einem seltenen Akt des sacrificium intellectus das gefälschte Privileg als „echt" anerkannten – aber da war dies fast nur noch eine Prestigesache, denn die Habsburger sollten des Kaiserthrones auf Jahrhunderte hin nicht mehr verlustig gehen. Auch hier schuf die Macht die Regeln.

Aber in noch einem anderen Punkt wurde die Goldene Bulle zum Wendepunkt der deutschen Geschichte: Was schon in Rhens angedeutet wurde, fand hier seinen letztgültigen Ausdruck: Es war aus mit der päpstlichen Einmischung, mit keinem Wort erwähnt das Dokument irgendwelche Rechte des Römischen Stuhls, geschweige denn ein Approbationsrecht. Der „Rex Romanorum" ist es fortan nie mehr von päpstlichen Gnaden, damit ging ein dreihundertjähriges Ringen zu Ende, nichts wohl wies eindrucksvoller auf das Ende des Mittelalters, denkt man an das ständige Ringen zwischen Papst und Kaiser, von der Zweischwerterlehre bis zuletzt zur Bulle Unam sanctam von 1308.

Es lag auf der Hand, daß der Kaiser es nun sogar wagen konnte, die Krone seinem Haus durch die Wahl seines Sohnes Wenzel durch die Kurfürsten noch zu seinen Lebzeiten zu sichern. Sicherlich bedurfte es dafür neuer Attraktionen für die Kurfürsten und der wohlwollenden Zustimmung – nicht aber der Genehmigung durch den Papst; aber alles gelang, Wenzel wurde 1376 gewählt und in Aachen gekrönt. Karls politisches Denken in den Kategorien der langen Dauer schien erfolgreich, und vorübergehend schien dies auch für seine überaus kühne und ehrgeizige Hausmachtpolitik zu gelten, die um nichts weniger als die Gewinnung Polens, Ungarns, ja auch Litauens kreiste. Zahlreiche Heiratsprojekte, quer durch Europa gespannt, sollten den Weg bereiten, gleichzeitig schwächte der Kaiser die Position des Ordensstaates und stärkte, als einziger Kaiser, zumindest ansatzweise jene der Hanse; ja, man kann schemenhaft die Konturen eines norddeutschen Machtzentrums erkennen, so in seiner Gründung von Tangermünde. Aber im Grunde blieb Karl doch der Böhmenkönig, und allein Prag war seine Hauptstadt. Dort aber geriet das Deutschtum, trotz der Universitätsgründung von 1348, zuerst in eine nationale Krise, aber vielleicht ist es ohnehin falsch, in Karl IV. einen „Deutschen" zu sehen. Deutsch sprach er auch, aber nicht von ungefähr lernte er Tschechisch. Er wies die Idee des Kaisertums nach Friedrich II. erneut auf eine universale, europäische, internationale Bahn. Daß es ihm nicht gelang, im Herzen Deutschlands und in seinem Norden seine Machtbasis dauerhaft zu festigen, wird nur nationalstaatliches Denken heute noch bedauern können, desgleichen seine Kirchenpolitik, die viel zur Unabhängigkeit der osteuropäischen Länder beitrug. Vielleicht nicht mehr universal wie im Geiste des frühen und hohen Mittelalters dachte der Kaiser, vielleicht aber schon europäisch wie später Karl V. Wenn gerade in Deutschland sein Andenken zwiespältig blieb, so ging dies auf seine rücksichtslose Politik gegen Reichsstädte und Städtebünde zurück, da wollte er nichts behutsam bewahren, sondern durch seine wohlorganisierte Kanzlei bürokratisch ausnutzen. Dagegen kam es zu Protesten und Fehden, aber die fochten Karl IV. wenig an, seine Perspektiven waren von ganz anderen Dimensionen, vor allem nach Osten gerichtet.

Dort legte dieser Luxemburger tatsächlich den Grundstein zur Großmacht – der Habsburger, und für diese mochte er später geradezu als „Marionette des Weltgeists" gelten, dennoch scheint es, als habe der Kaiser selbst eine solche Entwicklung keineswegs ausgeschlossen. Karl dachte in dynastischen, nicht nationalen Bahnen. Das machte seine Erfolge aus, das wurde aber auch zum Keim seines Mißerfolgs, denn seit dem 15. Jahrhundert begann sich gerade im Osten Europas das nationale Moment gewaltig zu regen; es war nicht mehr an der Zeit, was der Kaiser plante; zugleich stieß dies mit einem anderen welthistorischen Problem, gleichsam einem Relikt aus uralten Tagen zusammen: einem gespaltenen, schismatischen Papsttum. So sehr nämlich auch Anspruch und Wirkung des Papsttums zurückgedrängt waren: Die „babylonische Gefangenschaft" des Papstes in Avignon ließ ein Schisma geradezu als natürlich, schier unvermeidlich erscheinen, aber als Karl IV. 1378 starb, ahnte niemand wohl, daß das „große Schisma", ausgelöst durch den mißglückten Versuch zur Rückkehr der Kurie nach Rom, mit der Wahl Urbans VI. bzw. Clemens VII. zu einer Dauererscheinung werden sollte – mit ungeahnten Folgen. Sie sollten über die großen Konzile des 15. Jahrhunderts schnurstracks in die Wirren der Reformation führen, und da zeigte sich, daß das Kaisertum noch immer schicksalhaft mit der Kurie verbunden war, damit aber auch mit allem, was ehrgeizige Kaiser taten, sei es zugunsten des Reichsganzen, sei es zugunsten des eigenen Hauses.

Schon Karl IV. selbst hatte wohl nicht geglaubt, daß es seinem Sohn Wenzel gelingen könne, das ganze luxemburgische Erbe anzutreten, dennoch war die Hausmacht, über die König Wenzel (1378–1400) verfügte, noch groß genug, aber sie zerrann dem nur mittelmäßigen Herrscher nach und nach unter den Händen, besonders deutlich im Stammland, in Böhmen selbst. Freilich war dies nicht allein auf Wenzels Politik zurückzuführen, auch überall im Reich setzte ausgangs des Jahrhunderts heftiger Streit ein: Städte gegen Fürsten, Ritter gegen Städte und Fürsten, unzählige kurz- und längerlebige Bünde bekriegten sich in oft blutigen Fehden, Folge der um sich greifenden Territorialpolitik von Städten und Fürsten. Die kaiserliche Macht und das Ansehen des Reiches wurden tief betroffen, dennoch brachte Wenzel mit dem Egerer Landfrieden von 1389 einen Waffenstillstand zustande. Den Geist des Partikularismus konnte er damit jedoch nicht besiegen, und als die Außenpolitik des Luxemburgers sich gegen den erklärten Willen der rheinischen Kurfürsten Frankreich und damit der avignonesischen Kurie näherte, schritten die romtreuen Kurfürsten zur Tat; Routine fast, denkt man an das Schicksal deutscher Könige seit Adolf von Nassau: Sie setzten Wenzel ab. Nun zeigte sich das ganze Ausmaß des luxemburgischen Machtverfalls, gelang es Wenzel doch selbst nicht mehr in Böhmen, sich durchzusetzen, geschweige denn gegen seine Widersacher im Reich. Zu diesen hatten seit jeher die Wittelsbacher gehört; daß mit der Wahl Ruprechts von Wittelsbach (1400–1410) eine Renaissance dieses bayerischen Hauses verbunden sein könnte, hat der König wohl selbst nicht geglaubt, denn er blieb zeit seiner Herrschaft vom Willen seiner Wähler, den Zwängen des Schismas und seiner allzu schmalen eigenen Hausmacht abhängig. So war sein Ziel, eine Wiederherstellung der alten Herrlichkeit des Reiches, nichts als ein Wunschtraum, und das klägliche Scheitern seines Romzugs vorauszusehen. Seine kurze Regierung fiel in die Zeit des entstehenden Konziliarismus, der ziemlich verzweifelten Bemühungen von Frommen und Unfrommen, mit dem Skandal des fortwährenden Schismas und seiner das Reich zerreißenden Folgen fertigzuwerden. Auch Ruprecht war besten Willens, hier das ihm Mögliche zu tun. Auf das Konzil zu Pisa, von den Kardinälen einberufen, setzte er nicht geringe Hoffnungen, aber als dort eine Lösung nach dem Muster des Doktors Eisenbart versucht wurde, indem beide schismatischen Päpste ab- und ein dritter eingesetzt wurde, so daß am Ende des Konzils nicht zwei, sondern drei Päpste um ihre Anerkennung in der

Christenheit kämpften, ergab sich aus alledem nur umso größere Verwirrung. Sie wirkte unmittelbar auf das Reich und seine Kernlande zurück. Nun besaß der König gar keine sicheren Gefolgsleute mehr; hatte Deutschland bislang am römischen Papst einigermaßen festgehalten, so trat zu den innen- und gesellschaftspolitischen Gegensätzen nun noch die kirchliche Spaltung in schärfster Weise hinzu: Im Reich herrschte nun wirklich ein Catch as catch can aller gegen alle, und immer mehr Einsichtige glaubten, die Ursachen von alledem in der fehlenden Reform zu finden: der des Reiches und der der Kirche. Der Ruf nach der Erneuerung beider sollte nach dem Tod des Königs nicht mehr verstummen; die nachfolgenden Jahrzehnte werden von der Frage bestimmt, ob es diese Reform geben und ob sie gelinge konnte, oder ob Kaiser und Reich, Papst und Kirche in Finsternis und Wirrnis ausweglos versinken würden. Es war zu Ende mit der halkyonischen Stille aus den Tagen Karls IV., jetzt erhob sich der Sturm.

Sigmund war der Bruder des abgesetzten Königs Wenzel, und als Ruprecht starb, schien sich diesem einen Moment lang erneut die Chance auf den Kaiserthron zu eröffnen, am Ende setzte sich jedoch Sigmund durch, nachdem der Gegenkönig Jobst von Mähren schon 1411 starb. Der Name des böhmischen Königs Sigmund (1410–1438) ist unlösbar mit einem der wichtigsten Ereignisse der spätmittelalterlichen Geschichte verknüpft: dem Konzil zu Konstanz.

Allein daß es ihm gelang, diese Generalversammlung in Deutschland zustandezubringen, war ein Meisterstück. Vielleicht waren es nicht einmal in erster Linie pure Glaubensfragen, die den Ausschlag gaben, als vielmehr eine europaweite Furcht vor dem unbekannten Neuen, Gefährlichen, das von Südosten gegen das Reich herandrängte: die Türken. Nach dem Mongolensturm des 13. Jahrhunderts drohte wieder der Einbruch Asiens in das christliche Abendland. Gerade die böhmischen Herrscher hatten schon bittere Niederlagen gegen die Türken hinnehmen müssen. Sigmund war klar, daß das Reich und vielleicht ganz Europa sich nur dann gegen die Türkenmacht würde behaupten können, wenn es endlich gelang, mit den drei Hauptübeln der Zeit fertig zu werden: der Spaltung der Kirche – und zwar nicht allein durch das westliche Schisma, sondern auch jenes mit der orthodoxen Kirche – dem Verfall der Kirche als Folge des Schismas und den Herausforderungen jener ketzerischen Nationalbewegung, die weit mehr nur als das Hauptland der Luxemburger förmlich zu sprengen drohte.

Hiermit waren die Aufgaben des Konstanzer Konzils beschrieben: die causa unionis, die causa reformationis und die causa fidei. Sigismund gelang einigermaßen die Lösung zweier Punkte, aber der Preis war hoch: Mit der Verbrennung von Johann Hus wurde das Hussitentum nicht nur nicht ausgerottet, sondern zum Keim einer schon ganz modernen militärischen Kraft, gegen die kein Kraut gewachsen schien, vor allem aber wurde das Tschechentum sich seiner nichtdeutschen Nationalität bewußt, was bis zum 20. Jahrhundert zu unerhört tragischen Folgen führte. Nicht weniger folgenreich war die Überwindung des Schismas, denn danach stellte sich die Frage nach dem Verhältnis zwischen Papst und Konzil um so schärfer. Sie stand im Mittelpunkt des 3. und letzten der großen Reformkonzilien in Basel. Nur mit Hilfe der weltlichen Mächte, in vier „Nationen" gegliedert, vermochte Eugen IV. seinen Suprematieanspruch am Ende durchzusetzen – aber das war nur ein halber Erfolg, und insbesondere den Franzosen gelang die Durchsetzung jener „gallikanischen Freiheiten", die in der pragmatischen Sanktion von Bourges 1438 bekräftigt, die kirchliche Entwicklung Frankreichs fortan im wesentlichen vom Papsttum unabhängig machte, wohingegen es zur Ausbildung einer „deutschen Kirche" nur ansatzweise kam und keineswegs im Rahmen des Gesamtreichs. So bildeten die Basler Beschlüsse eine wichtige Grundlage für die spätere Ausbildung des landesherrlichen Kirchenregiments in Deutschland, während in Frankreich durch die Reformära das nationale Bewußtsein gestärkt, der Trend hin zum nationalen Einheitsstaat noch weiter befördert wurde. Am Horizont der Weltgeschichte zeichneten sich schon jene beiden Prinzipien ab, die die neuzeitlichen Jahrhunderte wesentlich bestimmen sollten: ein nationales historisches Selbstverständnis und absolutistische Fürstenmacht.

Als Sigmund starb, war die Reform der Kirche, wenn vielleicht auch mehr schlecht als recht, doch auf den Weg gebracht, und es wird eine wohl für alle Zeiten unentschiedene Frage bleiben müssen, ob die Reformation Martin Luthers vermeidbar gewesen wäre, hätten sich die reformerischen und fortschrittlichen Kräfte von Pisa, Konstanz und Basel am Ende durchgesetzt. Wie im kirchlichen, so kamen die als dringend notwendig empfundenen Reformen aber auch im weltlichen Bereich keineswegs befriedigend voran, obwohl eine der faszinierendsten Persönlichkeiten der Zeit, Nikolaus von Kues, ebenso wie die unbekannten Autoren der „Reformatio Sigismundi" wahrhaft kühne Reformpläne für das Reich entwarfen, in denen vieles schon vorgedacht war: die Einteilung des ganzen Reiches in Kreise, die Etablierung einer wirksamen Gerichtsbarkeit, die Einrichtung eines Reichstages mit periodischem Zusammentritt, ja schon die Säkularisation der Kirchengüter.

Für all dies war die Zeit nicht reif; das weit verbreitete Gefühl des Unbehagens und des Ungenügens an den bestehenden Zuständen fand noch keinen einheitlichen Ausdruck, und manche Entscheidungen enthüllten noch keineswegs ihre welthistorische Bedeutung – oder hätte irgend jemand ahnen können, was aus der Übertragung Brandenburgs an den Markgrafen von Nürnberg aus dem Hause Hohenzollern werden würde? Daß hingegen Böhmen, noch unter Karl IV. das eigentliche Zentralland des Reiches, fortan an den Rand der deutschen Geschichte geraten sollte – das hätte man vielleicht schon ahnen können, verfolgte man die zu ungeheuerer Erregung gesteigerten religiös-nationalen Leidenschaften der Hussiten, mit denen das militante nationale Element recht eigentlich in die Geschichte des Reiches, ja ganz Europas einbrach – auch dies eine schwere Hypothek für die Zukunft des christlichen Abendlandes und seines Ideals christlicher Solidarität.

Diese Tendenzen in eine noch ferne Zukunft haben Sigmunds Nachfolger, Albrecht II. von Habsburg (1438–1439), kaum noch gestreift, die prekäre Lage, in die der Schwiegersohn Sigmunds durch die wachsende Türkengefahr hineingeriet, ließ all sein Trachten auf die Sicherung des Habsburgischen Besitzes gerichtet sein, aber sein früher Tod hat diesen König für die Nachwelt nur aus einem Grund bedeutsam gemacht: Mit König Albrecht wurde die Würde des Römischen Kaisers im Hause Habsburg – nein, nicht erblich, aber auf Dauer verankert, bis zum Jahr 1806. Das war nicht Folge irgendeiner Reichsverfassung, sondern der bloßen Macht des Faktischen: der ungeheueren Hausmacht der Habsburger, die aus ihrer eigenen und jener der Luxemburger, die wieder im Dämmer der Geschichte versinken, durch die ersten Habsburger auf dem Kaiserthron zusammengeschmiedet wurde, bis daraus jenes Weltreich entstand, in dem die Sonne, wie Karl V. es bekanntlich ausgedrückt hat, nicht mehr unterging.

Manches ist auch in der Weltgeschichte auf banale oder biologische Ursachen zurückzuführen – das Glück des Hauses Habsburg zählt hierzu, denn noch nie in der deutschen Geschichte hat ein Kaiser länger geherrscht als Friedrich III. – 53 Jahre lang! Diese schiere Dauer seiner Herrschaft schuf dem Hause Habsburg das Fundament zum welthistorischen Aufstieg, da war es gar nicht nötig, daß der träge Habsburger, den spöttische Zeitgenossen mit einer Schildkröte verglichen, eine große Persönlichkeit war. Manchmal genügt auch das Mittelmaß, kann dieses mehr bewirken als glanzvolle historische Größe, die nachfolgenden Jahrhunderten dann doch oft nur als „vermeintlich" erscheinen mag.

Friedrich III. ist als letzter deutscher Kaiser in Rom gekrönt worden, und auch das erschien nun schon als nahezu belanglos, wie überhaupt die Belange des Reiches hinter jenen des Hauses Habsburg bei Friedrich immer zurückstanden – dennoch konnte es nicht ausbleiben, daß die Macht des Hauses Habsburg durchaus positiv auf jene des Reiches einwirken mußte, wenn der Römische Kaiser eben Habsburger war: Unter Friedrich III. wandelte sich das Reich zum „Römischen Habsburgischen Reich". Dessen Schwerpunkte lagen jedoch im Südosten, und eben dort stießen die Habsburger mit den Türken zusammen, hieraus ergaben sich jene Konstellationen, die für viele Jahrhunderte der deutschen Geschichte maßgeblich werden sollten.

War das Interesse dieses Habsburgers von Anfang an somit auf den Südosten Europas gerichtet, so bildete sich ein weiterer

Schwerpunkt im Westen – und dies zunächst ganz ohne Zutun des Kaisers. Hier nämlich kam es im Verlauf des späten 15. Jahrhunderts zu einer ganz eigentümlichen Staatsgründung, die auf der einen Seite bis in die Zeit des lotharingischen Mittelreiches zurückgriff, auf der anderen der modernen Territorialstaatsbildung vorgriff. Karl der Gute von Burgund legte den Grundstein, Karl der Kühne suchte darauf ein mächtiges Herzogtum, ja ein Königreich gewaltigen Zuschnitts vom Mittelmeer bis an die Scheldemündung zu zimmern, zwischen dem Reich und dem Königreich Frankreich: Das war ein Konzept, das bis in die Zeit des Kölner Oberbürgermeisters Konrad Adenauer hinein immer wieder einmal als hoffnungsvolles oder eher verzweifeltes Aushilfsmittel gegen die seit den Tagen Philipps des Schönen stetig heranwachsende Konkurrenz, dann Feindschaft, schließlich „Erbfeindschaft“ zwischen Frankreich und Deutschland dienen sollte.

Natürlich haben die Herzöge von Burgund auf dem Höhepunkt ihres Expansionsstrebens daran nicht gedacht. Das durch den Hundertjährigen Krieg geschwächte und von seiner Westgrenze eher abgelenkte Frankreich sowie die Verlagerung des Schwergewichts des Reiches nach Osten und Südosten im gleichen Zeitraum hatte in dieser politischen Bruchzone eine Art Vakuum entstehen lassen, in dem sich der Ehrgeiz der Burgunder Fürsten zunächst ungehemmt entfalten konnte. Erst als dieser unmittelbare Interessen der Habsburger und der Eidgenossen berührte, regte sich Widerstand; aber Friedrich III. hütete sich, mit der Macht des Reiches, ja auch der seines eigenen Hauses, den burgundischen Herzögen voll entgegenzutreten. Er sah in deren Politik, und das machte im nachhinein seine eigentliche politische Größe aus, vielmehr die Chance – ähnlich übrigens, wie dies für das Verhältnis Karls IV. zu Polen gegolten hatte –, am Ende das gesamte burgundische Staatsgebilde für sein Haus gewinnen zu können; Karl der Gute und vor allem Karl der Kühne wurden auf diese Weise wirklich zu „nützlichen Idioten“ der habsburgischen Weltreichsbildung, denn so erfolgreich Karl der Kühne anfangs auch sein mochte: die gesamte Staatsgründung war auf Sand gebaut. Wenn Frankreich und das Reich wirklich

Europa um 1450

wollten, konnten sie dieses Vorhaben gewiß verhindern; daß es überhaupt Erfolg hatte, ging nicht zuletzt auf die Staatsräson – hier möchte man den anachronistischen Begriff doch schon verwenden – des Kaisers zurück: Indem es ihm gelang, seinen Sohn Maximilian mit der Erbtochter Maria von Burgund zu vermählen, sicherte er seinem Haus das gesamte burgundische Erbe, genauer: das, was von diesem Erbe noch übrig bleiben würde, wenn der Angriff Karls des Kühnen notwendig in der Katastrophe enden würde.

Die kam 1477, dieses Jahr kennzeichnet das Ende des kühnromantischen burgundischen Staatsgründungsversuchs; im Jahr darauf fand die Hochzeit zwischen Maximilian und Maria in Brügge statt, und nachdem sich der Römische König, denn zu dem war Maximilian 1486 gewählt worden, in den niederländischen Territorien gegen erhebliche und mit militärischen Mitteln vorgetragene Widerstände der örtlichen Herrschergeschlechter erfolgreich durchgesetzt hatte (Frieden von Senlis 1493), war der eine gewaltige Pfeiler der habsburgischen Weltmacht gegründet – schwieriger war die Gründung des anderen, des osteuropäischen.

Ob sich christlich-abendländischer Einfluß, die tausendjährige Kultur Europas in Böhmen und Mähren, Österreich und der Steiermark, gar in Ungarn, Polen würde behaupten können, war seit dem Jahr 1453 fragwürdiger denn je. Der Fall von Konstantinopel, der Untergang des Oströmischen Reiches wurde schon von den Zeitgenossen als ungeheuerer Einschnitt empfunden: Jetzt erst war das Erbe des alten Rom ganz auf den Römischen Kaiser deutscher Nation übergegangen – gerade deswegen erwuchs ihm nun auch eine gesamteuropäische Verantwortung für die Verteidigung Europas gegen die Türken, die schier unaufhaltsam über den Balkan nach Zentraleuropa hineindrängten und bald schon die Kernlande des Habsburger Reiches bedrohten.

Man sah die Gefahr, und dennoch versagten alle Mittel der Abwehr. Der Druck von außen kam genau zu dem Zeitpunkt, als die Entscheidungen über die ganze Zukunft Habsburgs auf des Messers Schneide standen. Es war nämlich keineswegs von vornherein ausgemacht, daß die Habsburger am Ende im Kampf um die Macht in Böhmen und Ungarn siegen würden; mit der Thronbesteigung König Podiebrads wurde vielmehr seit den Tagen der Premysliden zum ersten Mal wieder ein Tscheche von den böhmischen Ständen gewählt, und in Ungarn wurde Matthias Corvinus, ein Magyare, König. Wie es Friedrich III. dennoch gelang, dessen Ehrgeiz zunächst gegen Podiebrad zu lenken, ihn dann in das Netz der habsburgischen Erbfolgepolitik einzuknüpfen, war ein ebenso komplizierter wie Bewunderung weckender Vorgang. Friedrich III. erlebte den endlichen Erfolg nicht mehr, gegründet hat er ihn. Als er 1493 starb, waren alle Chancen gewahrt.

Selbst dem Reich schlug die endlos lange Regierungszeit dieses Monarchen am Ende eher zum Segen denn zum Fluch aus, auch hier war es keineswegs der Kaiser selbst, der die Entwicklung steuerte – aber gerade weil er die meiste Zeit dem Kernreich fernblieb – einmal 27 Jahre – löste er verfassungspolitische Aktionen aus, die am Ende des Mittelalters das Reich zu etwas Neuem verwandelten. Es wäre sicherlich falsch, wollte man jene Vorgänge und Entscheidungen, die bis 1495 die Struktur des Reiches umformten, es den neuen Zeiten elastisch anpaßten, schon als große Reichsreform bezeichnen, denn allzuviel blieb ungelöst, in der Schwebe, gab zu neuen Kämpfen der Reichsstände untereinander Anlaß; sieht man aus der historischen Distanz eines halben Jahrtausends auf das Jahrzehnt von 1485 bis 1495 zurück, so enthüllt sich in ihm doch schon die Struktur des Reiches, wie sie cum grano salis bis 1806 Bestand haben sollte, teilweise weit darüber hinaus, bis hin zum heutigen Tag. Wer immer einen Ausgangspunkt für die moderne deutsche Verfassungsentwicklung sucht, wird in diese Jahre zurückgehen müssen.

Vielleicht wurden sie so bedeutsam, weil sie so undramatisch verliefen. Da geschah nichts mit großem Aplomb, da gab es keine gewaltige Rhetorik, wie so oft, wenn es um das Schicksal des Reiches gegangen war. Alles wurde von nüchternen Zweckmäßigkeitserwägungen bestimmt, denen sich die – fast möchte man sagen: gesunden – Egoismen der sich herausbildenden Territorialstaaten zugesellten.

Dabei ließen sich zwei Prinzipien erkennen: Die Idee des Reiches zum einen mußte nicht mehr notwendig mit der des Kaisers verbunden werden; „Kaiser und Reich“ treten als zwei unterschiedliche Verfassungsorgane nebeneinander, ob „gleichberechtigt“, das eben war die Frage. Zum anderen werden Vorstellungen von der grundsätzlichen Unabhängigkeit der einzelnen Territorien wach, insbesondere der Kurfürsten und Fürstentümer, im Falle Böhmens eines ganzen Königreiches. Die Verfassungsentwicklung verlief also um zwei Pole zentriert: Der eine wird durch die Zentralgewalt, also Kaiser und Reich definiert, der andere durch das, was man hundert Jahre später „Souveränität“ oder „Libertät“ nennen wird. Es liegt auf der Hand, daß schon von dieser theoretischen Konstruktion her die Reichsverfassung in sich bipolare Spannungen enthalten mußte. Diese dynamisierten die verfassungspolitische Entwicklung insgesamt, aber es war keineswegs ausgemacht, ob dies auf Dauer positive oder eher negative Folgen haben mußte. Die Verfassungen von Reich und Ländern konnten aufeinander bezogen, sie konnten, wie in der deutschen Geschichte leider üblich, aber auch gegeneinander gerichtet sein, bis hin zum Krieg der Fürsten gegen Kaiser und Reich, wie er zum ersten Mal in voller Schärfe während der Religionskriege des 16. Jahrhunderts entbrennen sollte.

Natürlich kämpften auch die Territorialherren das ganze Mittelalter hindurch immer wieder mit- und gegeneinander. Das 15. Jahrhundert verschärfte dies nur, „Soester Fehde“ oder „Schwäbischer Bund“ sind hier nur Stichworte für einen mannigfaltig ablaufenden Prozeß, den schon früher die Kaiser immer wieder einmal durch einen „Landfrieden“ hatten beenden wollen.

Zumeist waren solche Bemühungen gescheitert, was nicht zuletzt daran lag, daß es keine reichsweite, effektive und machtvolle Rechtsprechung gab. Das kaiserliche Hofgericht war zum bloßen Schemen herabgesunken, das Kammergericht nicht in der Lage, die notwendigen infrastrukturellen Voraussetzungen zur Ablösung des Fehde„rechts“ und der „Femegerichte“ zu schaffen.

Motor der nun unter Friedrich III. neu einsetzenden Reichsreformbestrebungen waren zum einen die Türken, zum anderen die Kurfürsten. Wollte man gegen erstere bestehen, mußten die Ressourcen des Reiches neu geordnet und nutzbar gemacht werden, das ging ohne tiefgreifende Reformen nicht ab. Die Kurfürsten fühlten und trugen Verantwortung zumindest seit dem Kurverein von Rhens und dem Erlaß der Goldenen Bulle, und da der Kaiser fern und mit anderen als Reichsdingen beschäftigt war, traten sie in gewisser Weise als seine legitimen Vertreter in Sachen Reichsreform auf. Aber nicht allein. Jetzt begann auch das Zeitalter der „Stände", die zahlreicher und selbstbewußter als bisher in den nun regelmäßig jährlich zusammenkommenden „Reichstagen" vertreten sein sollten. Gleichzeitig wurde das Kammergericht zum obersten Reichsgericht umgeformt, der ersten Zentralbehörde des Reiches überhaupt. Auch eine Reichssteuer wurde beschlossen, aber es fehlte noch viel, daß sie effektiv hätte eingetrieben werden können. Dazu hätte es einer pragmatischen Kreiseinteilung bedurft, der Etablierung einer reichsweit funktionierenden Verwaltung, auch der Aufstellung eines militärischen Reichskontingents – all das war schon vorgedacht, konnte in der „Wormser Reform" freilich noch nicht verwirklicht werden. Auch der „Ewige Landfrieden" stellte das Unglück der Fehden nicht gänzlich ab, es war aber doch ein gewaltiger Fortschritt, daß die Kontrahenten fortan nicht mehr über den Krieg als gleichsam legitimes Mittel ihrer Politik verfügen konnten, sondern auf den Rechtsweg verwiesen waren: Gewiß, unter Friedrich III. war das Reich noch meilenweit davon entfernt, ein „Rechtsstaat" im modernen Sinne zu sein, aber der Weg dorthin war zumindest beschritten.

Als Friedrich III. 1493 starb, war das Römische Reich deutscher Nation gründlich verwandelt, unter Maximilian I. trat es in jenes bewegte Zeitalter ein, das die europäische Neuzeit eröffnet: das der Reformation.

II. Wege in die Neuzeit

1. Gen Westen: Kolumbus und die Folgen

Vielleicht beginnt die „Neuzeit" mit der Entdeckung der „Neuen Welt". Als Christoph Kolumbus am 12. Oktober 1492 zum ersten Mal seinen Fuß vermutlich auf den Strand jener kleinen Insel der Bahamas setzte, die er „San Salvador" nennen sollte, verknüpfte sich die Geschichte Europas und Amerikas nicht zum ersten Mal, diesmal aber für immer. Was vierhundert Jahre zuvor Wikinger wie Leif Erikkson erfahren und entdeckt hatten, war aus der historischen Erinnerung der Europäer nämlich wieder gelöscht worden. Deswegen hat Kolumbus Amerika wahrhaft entdeckt, auch wenn er zeit seines Lebens davon überzeugt blieb, den Weg nach Indien, nach Japan, Marco Polos sagenhaftem „Zipangu", gefunden zu haben.

Natürlich gibt es viele andere mögliche Daten, um den Beginn der „Neuzeit" festzumachen. 1453 etwa: Mit der Eroberung Konstantinopels durch die Osmanen geht der letzte Außenposten des oströmischen Reiches unter, das letzte Tau zur Antike ist endgültig gekappt. Oder 1517: Mit Luthers 95 Thesen wird eine weltgeschichtliche Lawine unerhörten Ausmaßes losgetreten.

Aber ohne die Erfindung der Buchdruckerkunst, die säkulare Diskussion zwischen den „Humanisten", die großen Reformkonzilien des 15. Jahrhunderts hätte das, was der Wittenberger Professor verkündete, gar nicht zünden können. All dies ist eingebettet in die Wiederentdeckung von Platon und die Kritik an Aristoteles, den Ehrgeiz der Gelehrten, es den „Alten" nicht nur gleichzutun, sondern sie an Weisheit und Tugend doch noch zu übertreffen. Die Neuzeit beginnt im Selbstverständnis der Zeit als eine Art „Wiedergeburt". Diese „Renaissance" geht von Italien aus. Man schlägt eine Brücke von der Gegenwart in die Klassik der Antike, zwischen diesen beiden tragenden Pfeilern dehnt sich die mittlere Zeit, das „Mittelalter", und viele Humanisten glaubten, daß es „finster" gewesen sei. Nun aber gehe das helle Licht einer neuen Weltepoche auf.

Der Epocheneinschnitt war immer nur imaginär. Geschichte ist stetige Bewegung, Kontinuität ist ihr Prinzip. Die Verwandlung der mittelalterlichen zur frühneuzeitlichen Welt vollzog sich in einem langen Prozeß. Dieser mag sich ausgangs des 15. Jahrhunderts tatsächlich beschleunigt haben, dennoch ist es unerheblich, ob man die „Neuzeit" von 1453, 1492, 1517, 1555 (Augsburger Religionsfriede), 1648 (Westfälischer Friede) oder gar 1789, dem Jahr der Französischen Revolution ausgehen läßt. Die Einteilung der Geschichte durch die Chronologie ist bloßes Hilfsmittel. Die Historiker brauchen es, nicht die Historie. Für weite Regionen Europas, zu schweigen von anderen Kontinenten, gelten völlig andere Zäsuren. Gleichwohl hat es die abendländische Tradition mit sich gebracht, daß die deutsche Geschichte seit Gutenberg und Luther, Müntzer und Melanchthon, Karl V. und Ferdinand I. als Geschichte der „frühen Neuzeit" bezeichnet wird. Diese Epoche reicht bis zur Wende vom 18. zum 19. Jahrhundert; auch hier ist es belanglos, ob man nun den Beginn der Französischen Revolution (1789) oder den Wiener Kongreß (1815) als Ausgangspunkt der „späten Neuzeit" nimmt.

Wie breit die „Übergangszeiten" sind, läßt sich am Beispiel der überseeischen Entdeckungen zeigen. So „modern" die Abenteuer eines Kolumbus im nachhinein erscheinen mögen, so richtig es ist, daß erst zuverlässige astronomische Navigationsverfahren den Sprung in die atlantischen Fernen möglich machten, so wenig begriffen doch die Zeitgenossen das, was vor ihren Augen in Afrika, Südamerika und Indien sich abspielte, als Ereignisse, von denen eine neue Epoche der Weltgeschichte ausging. Denn die Anschauung der Welt war für die Europäer noch fest gefügt, als sie sich anschickten, die Voraussetzungen für ihre Expansion zu schaffen. Man mußte auch keineswegs fundamental umdenken, denn daß die Erde „rund" war, hatte schon seit altersher für die Seefahrt im Mittelmeerraum zu den Selbstverständlichkeiten gehört. Auch Kolumbus hatte mit der Frage nach der Gestalt der Erde keine Probleme: nach Westen zu fahren, um das im Osten liegende Indien zu erreichen: das war nur sinnvoll, wenn man die Kugelgestalt der Erde voraussetzte.

Warum aber stimmte das Kastilische Königshaus dem Plan des Kolumbus überhaupt zu? Was waren, um es allgemeiner zu formulieren, die eigentlichen Motive der Entdecker und Eroberer des 16. Jahrhunderts?

Viele von ihnen waren ehrwürdig alt, und gerade die ältesten diejenigen, die schon die mittelalterlichen Jahrhunderte wie nichts sonst bestimmt hatten: Die Idee des Kreuzzugs und der Glaubensverbreitung. Das Entdeckungszeitalter beginnt als Abschluß einer Jahrhunderte währenden Auseinandersetzung mit einer anderen großen monotheistischen Religion: dem Islam. Die „Reconquista" in Spanien sollte das „Abendland" endgültig von der Gefahr des Islams befreien – daß sie gleichzeitig im Osten Europas in Gestalt des Osmanischen Reiches sprunghaft wächst, wird erst später bewußt – jetzt erst konnten sich in Südeuropa jene Staaten formieren, die im 16. und 17. Jahrhundert zu den wichtigsten Trägern der europäischen Expansion in Übersee werden sollten: Spanien und Portugal. Vor allem Portugal hatte bereits während des gesamten 15. Jahrhunderts systematisch sich in die Räume des mittleren und südlichen Atlantiks vorgetastet, die erstmalige Umfahrung des Kap Bojador im Jahr 1431 bildete den Auftakt zur Erforschung der afrikanischen Küsten südlich des Äquators, 1487 wird jenes Landende Afrikas im Süden erreicht, dem König Johann II. sicherlich ganz bewußt den Namen „Kap der guten Hoffnung" gab.

Denn natürlich waren die Entdeckungen von Hoffnungen aller Art getragen. Das Kreuzzugsmotiv war wie immer mit solchen der Ökonomie verbunden, hatte doch die jahrhundertelange Absperrung des Ostens durch die arabische Welt zu vielerlei realen und imaginären Folgen für Wirtschaft und Handel geführt. Im Abendland fühlte man sich durch die arabischen Händler irgendwie ausgebeutet, denn der Warenverkehr war immer auf der Grundlage des Goldes abgewickelt worden, und dieses Gold verschwand anscheinend hinter dem undurchdringlichen

Gürtel des arabischen Machtbereiches in sagenhaften unbekannten Fernen; vielleicht, so lautete eine verbreitete Spekulation, sei dort das europäische Gold in großen Mengen gehortet – man müsse nur hinfahren, um es sich zurückzuholen. Von irgendwelchen moralischen Skrupeln war keine Rede, das christliche Recht galt wie selbstverständlich allen anderen möglichen Rechtsräumen als überlegen, zur Herrschaft bestimmt.

Es ist dieses ungeheure Selbstbewußtsein, diese völlig unerschütterliche religiöse Selbstgewißheit gewesen, die den wichtigsten Antrieb der Entdeckungsbewegung gebildet hat. Dabei war den Zeitgenossen der tendenziell aggressive, ja zerstörerische Charakter ihrer Expansion kaum bewußt. Selbst diejenigen, denen am Tun und Treiben der Eroberer gelegentlich Zweifel kamen – etwa Las Casas –, zweifelten doch nie an der prinzipiellen Rechtmäßigkeit der Entdeckungen und den ihnen folgenden „Landnahmen". Die Ausbreitung Europas nach Übersee vollzog sich nämlich in formal streng rechtlichen Formen, eben dies machte sie für Jahrhunderte so unwiderstehlich. Dieses Recht aber war aus dem Christentum abgeleitet, der oberste Gerichtsherr war deswegen der Papst, und führt man sich beispielsweise die Ungeheuerlichkeit des Vertrags von Tordesillas (1498) vor Augen, in dem die noch zu entdeckende Welt in jeweils zwei, Spanien und Portugal zugeordnete Sphären aufgeteilt wurde, so ahnt man etwas von der zugleich naiven und unerschütterlichen Selbst-Gerechtigkeit des christlichen Abendlandes, die der islamischen Religion in nichts nachstand, ja sie doch noch in ihrer Dynamik bei weitem übertraf. Den schrecklichen Höhepunkt dieser Ideologie bildete die brutale Anwendung der „Indianerproklamation" von 1513. Sie war von der Überzeugung getragen, daß die Neue Welt ein „Geschenk Gottes an Spanien" sei, und stellte die Eingeborenen eigentlich nur noch vor die Wahl Taufe oder Tod. Daß ihr Land der Krone Spanien anheimfiel, war so selbstverständlich, daß es keiner besonderen Begründung hierfür bedurfte, der bloße Rechtsakt genügte.

Diese frühe Landnahme war freilich keine Besonderheit der Staaten der iberischen Halbinsel, keine auch des sich erneuernden Katholizismus und schon gar nicht unter der Schirmherrschaft des Stuhles Petri. Überblickt man das Zeitalter der Entdeckungen insgesamt, so wird deutlich, wie sehr der Ausgriff eine gesamteuropäische Bewegung gewesen ist. Die Entdecker selbst und ihre Helfer bildeten eine wahrhaftige europäische „Internationale", die Konfession spielte keine Rolle. Ob Katholiken, Calvinisten, Anglikaner – sie alle verstanden sich außerhalb des europäischen Kontinents zuerst als Christen, was ihre Konkurrenz untereinander freilich keineswegs dämpfte. Die neuentdeckten Gebiete galten zunächst als rechts- und religionsfreie Räume, erst die Landnahme selbst etablierte hier die jeweils geltenden Rechte und Konfessionen des europäischen Mutterlandes, so daß die religiösen Probleme Europas den neuen Territorien gleichsam „vererbt" wurden. Wenn die europäischen Staaten miteinander Krieg führten oder Frieden machten, so galt dies jedoch nicht unbedingt auch für die jeweiligen Kolonien; jenseits der Linie konnte der Krieg „aller gegen alle" durchaus weitergehen, noch wurde die Welt nicht als einheitlicher Rechtsraum begriffen, und im 17. Jahrhundert stritt man sich heftig über die Frage, ob das Meer „frei" oder „geschlossen" sei – frei oder nicht frei von landgebundenen Rechtsinstituten. Dennoch beginnt in den Jahrzehnten nach Kolumbus die „Weltgeschichte" im eigentlichen Sinn.

Zwar konnte man auch im Mittelalter von „Weltgeschichte" sprechen – aber nur in geistig-religiösem Bezug. Erst nachdem die Epoche der Entdeckungen sich dem Abschluß nähert, kann man den Begriff wörtlich und geographisch nehmen. Seitdem läßt sich die Geschichte des christlichen Abendlandes nur noch im Zusammenhang mit der Geschichte jener Völker und Länder verstehen, die der europäischen Dominanz fast ein halbes Jahrtausend lang ausgesetzt waren – oder sie dauernd abwehren mußten, wie beispielsweise China und Japan – die „Kolonialgeschichte" gehört deswegen untrennbar zur europäischen Geschichte, und es ist folgerichtig, wenn man den Entkolonisierungsprozeß des 20. Jahrhunderts zumindest seit der Konferenz von Bandung (1955) letztlich als Zurücknahme des Entdeckungszeitalters begreift.

Wenn Deutschland einen Teil von Europa wesentlich mitkonstituiert, so sind auch die Deutschen in diesen Prozeß von Entdeckung, Ausbeutung, Zivilisierung und Entlassung verstrickt, obwohl die deutsche Geschichte anscheinend nur für wenige Jahrzehnte direkt mit der von deutschen Kolonien verknüpft war. Dennoch wäre es verfehlt, wollte man die Geschichte des Entdeckungszeitalters als ein Phänomen beschreiben, an dem die deutsche Geschichte gleichsam achtlos vorbeigegangen sei. Schon im 16. Jahrhundert war es nämlich die große wirtschaftliche Kraft beispielsweise der Fugger und Welser, die die finanziellen Voraussetzungen der Expansion nach Übersee im Reiche Karls V. möglich machten; wenn in diesem Reich „die Sonne nicht unterging“, so war dies nicht zuletzt Folge der großen Ressourcen, die die deutschen Handelshäuser Karl für den Wettlauf nach Amerika zur Verfügung stellten.

Denkt man übrigens an „Amerika“, so muß daran erinnert werden, daß der Vorschlag, den neuen Kontinent nach dem Namen von Amerigo Vespucci zu nennen, von einem deutschen Gelehrten, dem Geographen Martin Waldseemüller (ca. 1470–1528) stammte, und ohne Martin Behaims Globus hätte ein wesentliches Teil des notwendigen geographischen Anschauungsmaterials gefehlt.

Aus dem Abstand von fünfhundert Jahren betrachtet, gerät leicht in Vergessenheit, daß das Zeitalter der Entdeckungen, dem sich Ende des 16. Jahrhunderts jenes des Kolonialismus fugenlos anschloß, doch auch aufs engste mit der großen weltbewegenden Frage des 16. Jahrhunderts verknüpft war, ja selbst Ausdruck und Erscheinung dieser Frage war: dem Problem der Reform. Denn Renaissance und Humanismus, Reformation und Gegenreformation, katholische Erneuerung und Reichsreform bildeten ein vielfältig ineinander verschränktes politisch-religiöses Gewebe, in dem die Entdeckungen gleichsam nur einen Knoten bildeten. Ein anderer bewegte die Zeitgenossen unendlich viel stärker –, eben dies ließ sie die Dimensionen Amerikas so schwer erkennen – die Frage nach der Zukunft der Kirche Gottes. Es war eine typisch mittelalterliche Frage. Dennoch führte der Versuch, sie zu beantworten, schnurstracks in die Neuzeit.

2. Reform oder Revolution: Die Glaubensspaltung

Nahezu jedermann wollte die Reform, niemand eine Spaltung der Kirche, ja des Glaubens. Die Menschen hatten vor allem während des langen Schismas erfahren, wie schmerzlich sich innerkirchliche Konflikte auf das Leben jedes einzelnen auswirken konnten. Man erinnerte sich auch noch sehr wohl der vergeblichen Versuche, die Ostkirche mit der des Westens wieder zu vereinigen. Es hatte dazu vernünftige, vielversprechende Ansätze gegeben, am Ende siegten Partikularismus, Egoismus, geistige und geistliche Borniertheit, der Machtehrgeiz der Kurie. Schließlich rückte die Eroberung Konstantinopels durch die Türken alles in unerreichbare Ferne.

Seit einem guten Jahrhundert war jedermann klar, daß Kirche und Reich der Reform bedurften. Tatsächlich war auf beiden Feldern einiges in die Wege geleitet worden. Die großen Konzilien sowie die Reichsreformbestrebungen unter Friedrich III. entsprangen dem Bewußtsein von der Gefährdung der hergebrachten Ordnung. Es galt neue Strukturen zu finden, um die amorphen Gebilde „Kirche" und „Reich" neu zu festigen, nicht zuletzt angesichts der seit Beginn des 16. Jahrhunderts sprunghaft wachsenden Gefährdung Europas durch das erstarkende, sich nach Westen orientierende Osmanische Reich. Friedrich III. hatte durch eine geschickte Haus- und Reichspolitik die Grundlage für die spätere habsburgische und österreichische Macht gelegt, sein Sohn Maximilian I. (1493–1517) blieb auf der einen Seite alten, fast schon als romantisch zu bezeichnenden Vorstellungen vom „Rittertum" verhaftet, auf der anderen vergaß er über allerlei abenteuerlichen und riskanten Plänen, die weniger dem Wohl des Reiches als jenem des „Hauses Österreich" dienen sollten, keineswegs, das Reformwerk im Reich voranzutreiben. Auf dem Reichstag zu Worms wurden 1495 zum ersten Mal tiefgreifende Reformen beschlossen. Der „Ewige Landfrieden" beendete die mittelalterlichen Rechtsverhältnisse, schuf einen einheitlichen Rechtsraum; mit der Errichtung des Reichskammergerichts entstand die erste von der Person des Kaisers unabhängige Rechtsinstanz, die bis 1693, zuletzt in Wetzlar, existierte. Wichtiger noch war die Institutionalisierung der „Reichstage“: zum ersten Mal wurde das Teilnahmerecht aller Stände festgelegt; in drei „Kurien“, dem Kurfürstenrat, dem Reichsfürstenrat und dem Reichsstädterat fanden die Beratungen statt, bei denen der Kaiser zwar immer noch das gewichtigste Wort mitzureden hatte, die prinzipiell jedoch auch unabhängig von ihm in „Reichsabschieden“ mündeten. Auf diese Weise entstand nach und nach jene „Reichsverfassung“, die bis zum Ende des Heiligen Römischen Reiches Deutscher Nation Gültigkeit besaß. Es war keine Verfassung im modernen Sinn. Sie stellte jedoch eine höchst flexible, oft pragmatische, ständig wachsende Gesetzessammlung dar, die sich in späteren Jahrhunderten als wenn auch lockere Klammer um das Reichsganze legte. Da es jedoch 1495 und in der folgenden Zeit nicht gelang, eine allgemeine Reichssteuer einzuführen, fehlten dem Reich die notwendigen finanziellen Mittel, was insbesondere auf dem Feld der Reichsverteidigung zu bösen Folgen führte.

Nichtsdestoweniger stand das Reich am Ende der Regierungszeit Maximilians I. stärker da als zuvor. Die Einteilung des Reiches in 10 „Kreise“ deutete eine für die Zukunft wichtige Entwicklung an: die Idee eines differenzierten Föderalismus, bei dem es nicht allein um das Mit- und Gegeneinander von Reich und Territorien ging, sondern um vielfältige dazwischengeschaltete Organisationsformen, wie sie auch im kirchlichen Bereich üblich waren. Die Kreiseinteilung warf auf diese Weise einen langen Schatten auf Verfassungsprozesse voraus, wie sie sich beispielsweise in der Konstruktion des „Deutschen Bundes“ im 19. Jahrhundert entwickeln sollten. Sie war zudem eine wichtige Voraussetzung für die Ausbildung regionaler Verwaltungsstrukturen, ohne die eine Regierung im Reich und des Reiches kaum möglich gewesen wäre.

Vielleicht hofften Maximilian und Karl V. die europäische Politik in ruhigere Bahnen steuern zu können, um im Windschatten des Reiches die eigene Hausmacht ausbauen zu können. Tatsächlich war es der vorausschauenden, oft auch vom Glück begünstigten Politik Friedrichs III. zu verdanken gewesen, daß das „Haus Österreich“ durch Heiraten und Erbfälle binnen weniger Jahrzehnte zu einer imponierenden europäischen Macht aufstieg. Die feste Verankerung der habsburgischen Herrschaft in den Räumen Ungarns und Polens sollte hier einen mächtigen Pfeiler bilden, das Erbe des Burgunderreiches den anderen, westlichen. Durch die Folgen der Verbindung zwischen Maximilian und Maria, der Tochter Karls des Kühnen von Burgund, fiel das burgundische Erbe an das Haus Habsburg, und durch die Verbindung zwischen Philipp dem Schönen, dem Erzherzog von Österreich, und Johanna der Wahnsinnigen, Tochter Ferdinands von Aragon und der Isabella von Kastilien, wurde der Sohn beider, Karl, zum Erbe jenes gewaltigen Imperiums, in dem „die Sonne nicht unterging“.

Karl selbst war eine Persönlichkeit von internationalem Zuschnitt und Flair. Er sprach nur gebrochen deutsch, seine eigentliche Heimat war Burgund, jenes Territorium also, das wie kein anderes als „europäisch“ gelten konnte. Das Reich bildete von Gent und Brüssel aus betrachtet nur ein Teilstück Europas, wenn auch immer noch das wichtigste. Gerade deswegen behielt die Frage nach der Herrschaft im Reich auch im Zeitalter der Entdeckungen, der gewaltigen Nationalstaatsbildungen, der rein dynastisch zusammengehaltenen Ländermassen seine Bedeutung. Die Europäer waren noch lange nicht soweit, in der Kaiserkrone bloß einen leeren Titel zu sehen.

Mit dem überraschend frühen Tod Maximilians stellte sich daher die Kaiserfrage scharf aufs neue. Gewiß hatten Friedrich III. und Maximilian alles getan, um Karl die Nachfolge im Reich zu sichern, es zeigte sich jedoch, daß die Habsburger keinen gleichsam automatischen Anspruch auf die Kaiserkrone besaßen. Vor allem der französische König Franz I. rechnete sich Chancen aus, denn Frankreich hatte sich in den der Katastrophe Karls des Kühnen folgenden Jahrzehnten zweifellos zum stärksten Staat auf dem Kontinent, ja in ganz Europa entwickelt. Der kühne Zugriff nach Italien, nahezu in der Tradition der mittelalterlichen deutschen Italienpolitik, unterstrich den Anspruch auf die französische Hegemonie in Europa, zumal Frankreich anders als das

Haus Österreich durch die Türken nicht unmittelbar bedrängt wurde, ja diese sogar ins eigene machtpolitische Kalkül einbeziehen konnte. Eine Kaiserkrone für Franz I. – das mochte auch deswegen nicht als ungewöhnlich erscheinen, weil man in Paris auf die karolingische Tradition verweisen konnte. Karl hingegen galt als „Spanier", und keineswegs „deutscher" als sein Rivale. Schließlich wählten die Kurfürsten ihn auch nicht seiner Nationalität wegen, sondern aus wohlerwogenen machtpolitischen Gründen. Obwohl die Nationalisierung im 16. Jahrhundert rasche Fortschritte machte, standen im Vordergrund der politischen Interessen doch eher supranationale Probleme, Karl V. selbst gab die Idee der „Universalmonarchie" noch keineswegs auf, und eben deswegen mußte ihm daran gelegen sein, auch Idee und Wirklichkeit einer „Universalkirche" zu erhalten oder wiederherzustellen.

Übrigens war die Gefahr eines sich dadurch erneuernden Grundsatzkonfliktes mit dem Papst nicht mehr gegeben. Zwar hatte sich das Papsttum in der konziliaren Epoche behaupten, sogar Einfluß zurückgewinnen können, aber jene Zeiten, in denen Europa von Rom aus regiert werden konnte, waren vorbei. Das Selbstbewußtsein der europäischen Nationen ließ sich nicht mehr einschüchtern, und so wurde der Papst nach und nach zu einer europäischen Macht unter anderen, und keineswegs zu einer besonders starken. In dem Maße, in dem sich die Idee der Säkularisation im Zeitalter von Renaissance und Humanismus durchsetzte, wurde die geistliche Macht des Stuhles Petri begrenzt.

Dennoch wurde wohl niemals leidenschaftlicher um geistliche Dinge gerungen als gerade im Zeitalter Maximilians und Karls V. Später wurden diese Jahrzehnte pauschal als das „Zeitalter der Reformation" bezeichnet, wobei der Begriff „Reformation" nicht allein für die Sache Luthers oder Calvins stand, sondern für den Prozeß der Kirchenspaltung und Kirchenerneuerung in allen „konfessionellen" Lagern überhaupt. Die Glaubens- und Kirchenfragen durchzogen die gesamte europäische, ja die Weltpolitik; sie waren bis zum Beginn des Dreißigjährigen Krieges dominant, sie bestimmten das Wesen des europäischen Abend-

Europa im Zeitalter Karls V.

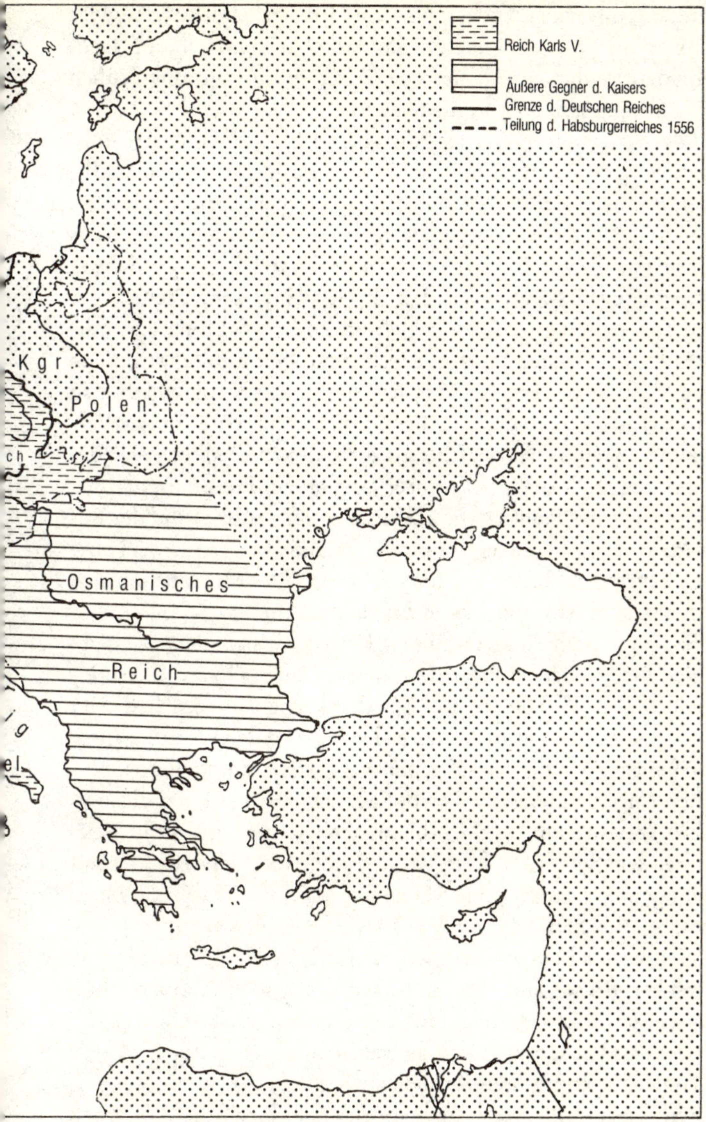
Reich Karls V.
Äußere Gegner d. Kaisers
Grenze d. Deutschen Reiches
Teilung d. Habsburgerreiches 1556
Kgr
Polen
Osmanisches
Reich

landes in unvergleichlicher, bis heute fortwirkender Weise. Was Europa heute ist, ist es nicht zuletzt durch die Umwälzungen auf religiös-kirchlichem Gebiet geworden, die im 16. und frühen 17. Jahrhundert stattgefunden haben.

Die Reformation war allerdings kein „plötzliches" Ereignis. Sie fügte sich vielmehr in einen kirchen- und geistesgeschichtlichen Rahmen, der das 14. und 15. Jahrhundert mitumfaßte. Luther und Calvin sind beispielsweise ohne Nikolaus von Kues oder Erasmus von Rotterdam nicht denkbar. Die „eigentlichen" Reformatoren standen auf dem Boden einer sehr breiten, gesamteuropäischen geistesgeschichtlichen Entwicklung. Die mittelalterliche Vorstellung von Kirche und Welt mußte erst in den Grundfesten erschüttert sein, um sie binnen weniger Jahre so umstürzen zu können, wie dies Luther vermochte. In der Verengung späteren nationalen und orthodoxen Denkens war der Wittenberger Mönch ein wahrer Gigant, ein Herkules, der den Augiasstall der Papstkirche ausmistete; der „Sturmwind der Reformation", so malte man es sich in schönen Bildern aus, sei über Deutschland und Europa hingweggefegt, alles Morsche mit sich reißend, alles Alte von Grund auf verändernd.

So war es nicht, und zumindest Luther hat sich niemals als genialen Geistesheroen begriffen, dessen Wort allein die Grundmauern aller Kirchlich- und Staatlichkeit einstürzen ließ. Der Erfolg der Reformation basierte vielmehr auf den vorangegangenen Teilerfolgen der Konzile, der theologischen und philosophischen Auseinandersetzungen mit der Scholastik, sie war die logische Antwort auf jene Probleme, mit denen der Stuhl Petri immer weniger hatte fertigwerden können, nachdem es nicht mehr genügte, aufmüpfige Reformatoren einfach zu verbrennen, so wie dies Johann Hus noch 1415 widerfahren war.

Nennt man Hus und erinnert man sich an das Zusammenspiel zwischen Kaiser und Papst in dieser Sache, so erhält man schon das ganze Problembündel, mit dem sich ein Jahrhundert später Kaiser und Papst erneut, nur diesmal in ungleich heftigerer Weise herumschlagen mußten. Immer noch galt ja die Symbiose zwischen Papst- und Kaisertum, mochte sie durch die modernen Zeiten und ihre neuen Erfordernisse auch noch so sehr überlagert sein. Karl V. und der Papst Leo X. waren sich ihrer Verantwortung für das geistliche und damit, wie sie meinten, auch politische und gesellschaftliche „Wohl des Ganzen" durchaus bewußt. Die Frage war nur, wie sie es jeweils definierten, und da zeigte sich, daß Papst und Kaiser die eigentlichen Probleme offenbar verkannten.

Wie anders wäre es zu erklären gewesen, daß Rom einen Ablaßhandel forcierte, der nicht allein die ständig wachsenden finanziellen Bedürfnisse der Kurie stillen, sondern auch den Bau des Petersdomes ermöglichen sollte ohne zu erkennen, daß die höchst un-geistigen Vertreter dieses Handels Empörung auslösten, wenn sie nicht der Behauptung energisch widersprachen, daß man mit Geld nicht allein die Sündenstrafen, sondern doch auch die Sündenschuld tilgen könne? Wenn die Kirche so etwas zu dulden schien, so duldete sie einen unerhörten Skandal: wer reich war und es sich leisten konnte, kam in den Himmel. Den Armen und Schwachen blieb nur die Wahl zwischen einem heiligengemäßen Leben oder der Hölle. Wer an dieses Patentrezept jedoch nicht glaubte, mußte das, was da ein Tetzel betrieb, als nicht minder skandalös empfinden: die Kirche nutzte den Aberglauben der tumben Menschen skrupellos zum Zwecke der eigenen Bereicherung aus! War eine solche Kirche nicht im doppelten Sinne menschenverachtend? Auch wer nichts von den üblen Machenschaften wußte, die mit dem Ablaßhandel in Deutschland auf der Ebene der hohen Politik getrieben wurden, mußte sich empören, wenn er den Ablaßskandal begriff. Dies umso mehr, als die Erfolge Tetzels und seiner Konsorten ja auf die tiefverwurzelten „frommen Bedürfnisse" der einfachen Menschen zurückgingen. So sehr man schon in den vergangenen beiden Jahrhunderten immer wieder die kirchlichen Mißbräuche beklagt hatte, so wenig war daraus doch jemals die Konsequenz gezogen worden, sich von der Kirche, ja auch nur dieser römischen Kirche selbst wirklich zu trennen. Als dies geschah, geschah es nicht nach dem Willen der Menschen, sondern aus wohlerwogenen Gründen fürstlicher Staatsräson. Daß es am Ende des Reformationszeitalters „Landeskirchen" und „Nationalkirchen" geben sollte – sowohl auf evangelischer wie katholischer Seite – war alles andere als Resultat einer Massenbewegung. Die Herrschaft der Länder über ihre Kirchen war vielmehr nichts als die Beute des Staates aus dem Zusammenbruch des religiösen Universalismus des Mittelalters. Am Ende, 1555 in Augsburg, wurde daraus ein System, das in die knappste Formel: Wem das Territorium gehört, der bestimmt die Religion, gefaßt werden sollte.

Von allen diesen Konsequenzen ahnte Martin Luther (1483–1546) nichts, als er seine 95 Thesen publizierte. Was da – vielleicht – an der Tür der Schloßkirche zu Wittenberg angeschlagen und binnen weniger Wochen und Monate zum Bestseller in ganz Deutschland wurde, gehörte noch ganz in die Tradition der geistlichen gelehrten Diskussion, wie sie vor allem in der Schule des Erasmus gepflogen wurde. Ihr sensationeller Erfolg basierte im wesentlichen auf zwei Voraussetzungen: zum einen auf der Persönlichkeit Luthers selbst, zum anderen auf der in den Thesen erstmals formulierten Erkenntnis, daß es unmöglich sei, die Chancen für das Seelenheil gleichsam wie eine Bilanz zu berechnen. Gerade weil der Mensch als Sünder geboren wurde, erschien es als absurd, irgendeinem dieser Sünder jenes Wissen und jene Macht zuzutrauen, die über die Heilsgewißheit entschieden. Keine irdische Instanz, kein menschliches Wesen konnte den Menschen von der Sündenangst befreien. Luther selbst hatte in seinen Klosterjahren wohl alles geistlich Denkbare unternommen, um der Heilsgewißheit teilhaftig zu werden – das Ergebnis war zuerst Resignation, dann tiefe Verzweiflung, am Ende stand eine ebenso einfache wie einleuchtende Erkenntnis, das Kernstück der Lutherschen Lehre überhaupt: der Mensch kann überhaupt nicht aus eigener Machtvollkommenheit heraus sich des Seelenheils versichern, noch viel weniger mittels all jener schmutzigen Tricks, die die Ablaßhändler praktizierten. Er kann nichts darüber wissen, er kann sich nichts „verdienen“ – er kann nur daran glauben, daß Jesus Christus ihn erlöst hat. Allein aus dem Glauben heraus kann die ewige Seligkeit gewonnen werden, „sola fide“: das war der Schlachtruf der Reformation, seine Wirkungen waren ganz ungeheuerlich.

Diese Erkenntnis wurde zur eigentlichen Triebkraft der Reformation, und die Römische Kirche hat die Dimension dieser

Herausforderung nach nur kurzem Schwanken und Zögern erkannt. Gerade dies zeigt, daß die Papstkirche keineswegs, in dumpfer Stumpfsinnigkeit versunken, nur noch auf materielle Vorteile aus gewesen ist. Ein Jahrhundert ständiger Reformbemühungen und tiefschürfender theologischer Spekulationen war keineswegs spurlos an ihr vorbeigegangen. Daß sich Reformation und katholische Erneuerung so entwickelten, wie es bis zum Ende des Dreißigjährigen Krieges der Fall sein sollte, war nur möglich, weil die miteinander diskutierenden und ringenden Denkschulen durchaus geistig ebenbürtig waren. Nie zeigte sich die Römische Kirche lebenskräftiger als in den Jahrzehnten, in denen sie mit dem Rücken an der Wand kämpfte – niemals freilich auch waren die Konfessionen bornierter als in jenen Zeiten und Ländern, in denen sie die unumschränkte Macht besaßen. Obwohl schon die Zeitgenossen die Konfessionalisierung in Deutschland und Europa als Unglück ansahen und die Ökumene in allen Jahrhunderten seit Luther und Calvin als Endziel aller theologischen und vieler staatlicher Bestrebungen galt, ist es durchaus fraglich, ob die Aufspaltung unseres Kontinentes in „katholisch" und „evangelisch", „lutherisch" und „calvinistisch" wirklich ein historisches Unglück war. Wenn Europa in der Geistesgeschichte der Neuzeit eine führende Rolle spielte, so ging dies wesentlich auf die Folgen der Reformation zurück, und denkt man an die freilich umstrittenen Thesen von Max Weber über den Zusammenhang zwischen Calvinismus und Kapitalismus, so mag man auch die materielle Entwicklung Europas als Folge der Kirchenspaltung begreifen. Die Entschärfung der Konfessionsgegensätze und die damit einhergehende Entchristlichung Europas im 20. Jahrhundert kann von hier aus betrachtet höchst kontrovers interpretiert werden.

Die Reformation Luthers hatte freilich ganz unabhängig von ihren theologischen Inhalten eine ausschlaggebende Bedeutung für die Ausbildung der staatlichen und gesellschaftlichen Organisationen in Deutschland. Sie war auch ein säkulares Ereignis ersten Ranges. Das zeigte sich von Anfang an: Indem der Kurfürst Friedrich der Weise, der „Landesherr" Luthers, sich vor seinen „Untertan" stellte, wollte er keineswegs zugunsten der Lutherischen Lehre optieren; daß am Ende alles darauf hinauslief, war keineswegs ursächlich gewollt. Auch der Papst erkannte sofort, was es bedeutete, wenn der Kurfürst von Sachsen sich weigerte, Martin Luther dem üblichen Verfahren auszuliefern – er reagierte darauf mit einer Art von „Doppelstrategie“: zum einen fuhr die Kirche mit Persönlichkeiten wie Dr. Eck oder Cajetan sowie einem Ketzerverfahren in Rom massives Geschütz auf – ein erneutes Indiz dafür, daß der Papst Luther von Anbeginn nicht unterschätzte –, zum anderen versuchte er, Friedrich den Weisen als Kandidaten für die Kaiserwahl zu gewinnen, was der Kurfürst realistischerweise ablehnte. Sachsen war zu klein, um auch nur ansatzweise als Basis einer Hausmacht dienen zu können – ein Kaiser Friedrich der Weise wäre sehr viel stärker als Karl V. deswegen auch vom Papst abhängig geworden. Eben dies hätte natürlich im Interesse der Kurie gelegen, und Luther wäre seines landesherrlichen Schutzes beraubt gewesen.

Das Verhalten Friedrichs des Weisen war Spiegel eines neuen Verständnisses der Fürsten von ihrer Stellung zu Kaiser und Reich. Die Luther-Sache wirkte da bloß wie eine Art von Katalysator, es war Zufall, daß am Beispiel Luther zuerst das Prinzip der fürstlichen Souveränität Kaiser und Papst gegenüber praktiziert wurde. Indem sich der Kurfürst weigerte, seinen Untertan dem römischen Verhör auszuliefern, vielmehr auf einem Verfahren in Deutschland bestand, bezweifelte er die universale Zuständigkeit des Papstes selbst in Glaubenssachen – das war der erste Schritt auf einem Weg, der am Ende zum Institut des evangelischen Landeskirchenregimentes mit dem Fürsten als obersten Bischof seiner Kirche führen sollte.

Solche Bestrebungen fügten sich in den schon seit Jahrhunderten zu beobachtenden Trend zum Ausbau der Landesherrschaft. Die endliche Aufspaltung Deutschlands in unterschiedliche Konfessionen beschleunigte ihn nun noch. Die das Reich einigende Klammer des gemeinsamen Glaubens zerbrach, und neben all den üblichen Parteiungen im Kurfürstenkollegium traten nun die des Glaubens hinzu, ja sollten von ausschlaggebender Bedeutung werden. Das Interregnum von 1517 bis zur Wahl Karls V. im Jahr 1519 stärkte die Position der Landesherren zusätzlich, und die dem Kaiser aufgenötigte Wahlkapitulation stellte alles in den Schatten, was es bisher alles auf diesem Feld gegeben hatte. Man kann sie sogar als eine Art Reichsverfassung begreifen, als weiteres Teilstück der Gesamtverfassung, wie sie sich seit dem Wormser Reichstag von 1495 zu entwickeln begann. Die Landesherren behielten sich das Recht auf eine vom Kaiser unabhängige Einung vor, ja formulierten schon ein Widerstandsrecht gegen den Kaiser, wenn dieser die von ihm beschworenen Rechte verletzen sollte, verwarfen ein solches aber für die anderen Stände. Damit wuchs ihnen ein erhebliches Stück an Souveränität zu, und die Glaubenssache um Luther stellte praktisch sofort die Tragfähigkeit oder auch die Grenzen solcher landesherrlichen Machtvollkommenheit auf die Probe. Insoweit waren die Hauptereignisse der Reformation zugleich auch immer Tests für den verfassungspolitischen Zustand in Deutschland; es ist keine Frage, daß die rasante Entwicklung in der Glaubenssache als Schub für die Ausbildung der Landesherrschaft diente, wie sie über das Jahrhundert, ja über den Westfälischen Frieden von 1648 und den Wiener Kongreß von 1815 hinaus das Bild Deutschlands bestimmen sollte.

Auch Luther begriff bald, daß sein Anliegen aufs engste mit den gegebenen gesellschaftspolitischen Verhältnissen verknüpft war – und zwar im denkbar weitesten Sinn. Dies eben war das große neue Erlebnis, daß die Frage nach dem rechten Glauben sich unmittelbar mit jener nach der Existenz im irdischen Leben verknüpfen konnte. In ihrer extremen Ausformung glaubten einige, so die Wiedertäufer von Münster, das Reich Gottes wirklich und wahrhaftig auf Erden errichten zu können, und Luthers Lehre von der „Freiheit eines Christenmenschen" mußte zu dem folgenschweren „Irrtum" führen, daß die Freiheit unteilbar, also ein Menschenrecht auch auf Erden sei. Luther selbst hat mit seinen unsäglich harten Sentenzen „wider die räuberischen und mörderischen Rotten der Bauern" alles getan, um dieses „Mißverständnis" wieder auszuräumen. Es sollte sich freilich zeigen, daß es immer wieder Reformatoren, Reformer, auch Demagogen gab, die von Luther ausgehend eben doch die vollständige Umgestaltung, ja die Revolution gegen die hergebrachte

Ordnung oft mit Feuer und Schwert forderten oder, wie Thomas Müntzer, sogar inszenierten. Das Problem war nicht mehr aus der Welt zu schaffen: Luther konnte in ermüdender Wiederholung betonen, daß seine Lehre Theologie sei, ja er konnte behaupten, jedermann solle der Obrigkeit untertan sein, die Gewalt über ihn habe, er mochte Römer 13 noch so stringent auslegen: die Idee der Freiheit war am Ende stärker, er selbst rang sich am Ende doch zu einem Widerstandsrecht, ja zur Pflicht des Widerstandes gegen die Tyrannei durch, und so ist es richtig, wenn man in der Ahnengalerie deutscher und europäischer Freiheitshelden eben doch auch Luther wiederfindet.

Der durchschlagende Erfolg der Reformation hatte viele Ursachen. Zu ihnen zählten die unsicheren politischen Verhältnisse zwischen Thesenanschlag und Wormser Reichstag von 1521. Der vom Reich abwesende Kaiser konnte den Anfängen der Reformation nicht wehren, unterschätzte anfangs auch wohl die Gefahr, die von Luther ausging. Cajetan und Eck taten dies nicht: die „Leipziger Disputation" in den Juni- und Juliwochen des Jahres 1519 mündete in einem „Sieg" der päpstlichen Seite – aber es war ein ausgesprochener Pyrrhussieg, denn Luther, der zu diesem Zeitpunkt noch nicht an den formalen und endgültigen Bruch mit der Kirche dachte, fühlte sich so sehr in die Enge getrieben, daß er mit der Behauptung, auch Papst und Konzilien könnten irren und hätten sich geirrt – hier spukte erneut der Geist von Johann Hus –, ein Tischtuch durchschnitt, das er eigentlich hatte erhalten, nur reinigen wollen.

Luthers Verdikt über das Papsttum hat wie eine Initialzündung gewirkt. Schon bislang hatte er zu seiner eigenen Überraschung eine ständig wachsende Zahl von Anhängern um sich geschart. Jetzt brachen die Dämme, denn wer gegen den Papst stand, stand gleichsam automatisch für die nationale Sache. Der Bruch mit Rom, von dort ebenfalls vollzogen, indem Luther in einem zweiten Prozeß in absentia der „notorischen Ketzerei" für überführt gehalten wurde – mit all den Folgen, die solches Urteil gemeinhin nach sich zu ziehen pflegte, wieder dachte jedermann an Hus – entband lange schon angestaute nationale Emotionen. Zum ersten Mal wohl verknüpfte sich eine Gott- und Welt-anschauung mit handfesten politischen Interessen und nationalen Idealen; Ulrich von Hutten wurde zum Herold einer neuen Politik, die das „los von Rom" mit der Hoffnung auf eine große nationale Reform, die Etablierung eines neuen, deutschen Reiches verband.

Gerade daran konnte Karl V. nicht das mindeste Interesse haben. Der Kaiser dachte in europäischen, ja universalen Bahnen. Das eben erst zustande gekommene Weltreich besaß ja nur eine einzige einigende Klammer: den gemeinsamen Glauben, die universale römische Kirche. Karl war also entschlossen, seine Autorität in die Waagschale zu werfen, um die „causa Lutheri" im Sinne der Staatsräson zu entscheiden.

Es gehörte zur Ausweglosigkeit seiner Herrschaft, daß diese Absicht direkt mit den übrigen Erfordernissen eben dieser Staatsräson kollidierte: Nachdem der sächsische Kurfürst und eine ständig wachsende Zahl fürstlicher und adliger Anhänger Luthers sich dem päpstlichen Diktum verweigerten, hätte die strikte Durchsetzung des römischen Spruches nahezu unvermeidlich zum inneren Konflikt im Reich geführt. Die Ruhe des Reiches aber war die Voraussetzung für Erhalt und Ausbau des „Hauses Österreich".

Nur vor dem Hintergrund dieses unlösbaren Widerspruchs wird das Verhalten des Kaisers, aber auch aller anderen Protagonisten in Worms verständlich. Der Reichstag von 1521 hat in der evangelischen Erinnerung fast den Stellenwert eines heroischen Abenteuers; Luthers mannhaftes Auftreten kontrastiert mit den kaiserlichen Bedenklichkeiten aufs stärkste; als Ängstlichkeit wurde interpretiert, was doch nur der fehlgeschlagene Versuch war, einem Mann goldene Brücken zu bauen, der Kraft einer Idee und gestärkt durch eine auch für die religiösen Zeitgenossen erstaunliche Glaubensüberzeugung zur größten Gefahr für Kaiser, Reich und Rom geworden war. Man konnte Luther nicht wie Hus vertilgen, diesmal mußte das freie Geleit auch nach Verkündigung des Wormser Edikts, das Luther ächtete, gehalten werden – aber es kennzeichnete die Situation, daß der sächsische Kurfürst an das Wort des Kaisers nicht glaubte und ungestraft jenen kecken Streich wagen konnte, der Luther auf die Wartburg in Sicherheit brachte, somit eigentlich alles schon entschieden war: Wollte der Kaiser die Acht vollstrecken, so wäre dies fortan nur noch auf Kosten eines deutschen Krieges, vielleicht schon eines Bürgerkrieges möglich gewesen, denn die Sache Luthers war eben nicht nur die der Fürsten – so sehr sie dies auch war –, und es sollte sich bald zeigen, was der neue Glauben auch bei Menschen vermochte, die bisher nicht im Traum daran gedacht hatten, sich wider Reich und Papst zu stellen. Kurzum: der Reichstag zu Worms und dessen unmittelbare Folge markierten einen Punkt in der historischen Entwicklung, von dem aus es kein Zurück mehr in die Zeit gab, da Kaiser und Papst, wenn auch oft nicht in der Praxis, so doch in der allseits im Abendland akzeptierten Theorie für Himmel und Erde höchste Verantwortung trugen, unangefochtene Autoritäten waren.

Überhaupt schien es so, als verschwinde der Kaiser für ein halbes Jahrzehnt aus dem Blickpunkt der deutschen Geschichte. Tatsächlich nahmen Karl V. in den folgenden Jahren außerdeutsche Aufgaben völlig in Anspruch, vor allem die Auseinandersetzungen mit Franz I. vollzogen sich in europäischen Bündnissen und Gegenbündnissen fast schon nach dem Muster späterer Jahrhunderte; vier Kriege führten die beiden gegeneinander vorwiegend in Italien, dabei bildete sich nach und nach schon jenes Gleichgewicht der Kräfte in Europa heraus, wie es für das 17. und 18. Jahrhundert charakteristisch werden sollte. Noch spielten die Konfessionen keine entscheidende Rolle, und so waren diese Feldzüge, so furchtbar auch im einzelnen – man denke an die Plünderung Roms von 1527, die den Menschen als eine Art Vorstufe zur Apokalypse erschien –, doch noch nicht jenes erbarmungslose Ringen um Sein oder Nichtsein, wie es wenig später für die Epoche der „Glaubenskriege" gelten sollte. Kennzeichnend war der Frieden von Madrid: Nach der siegreichen Schlacht von Pavia (1525) hatte Karl V. Franz I. gefangengenommen und später gegen Ehrenwort und allerlei Versprechungen wieder freigelassen – der König aber erklärte alle Zugeständnisse, die er hatte machen müssen, als erpreßt, null und nichtig – was in den folgenden Jahren zwar zu erneuten Kriegen zwischen den beiden Herrschern, nicht aber zu einer gegenseitigen ideologischen Verteufelung führte.

Genau in diesen Jahren wurde jedoch der Grundstein zur Konfessionalisierung und Ideologisierung der europäischen Politik gelegt, und schon zeigte sich die Brisanz des untrennbaren Zusammenhangs zwischen kirchlichen und sozialen Fragen. Deutschland und die Schweiz waren damals das allgemeine Probierfeld neuer Anschauungen von Kirche und Welt, Staat und Gesellschaft, ein Schmelztiegel höchst heterogener Ideen, die zunehmend nicht mehr bloß verbal, sondern handfest, am Ende blutig und grausam aufeinanderstießen. Huldrych Zwingli, der Zürcher Reformator, hatte von Anfang an keine Skrupel, sich in höchst weltliche Dinge einzumischen, aber auch Martin Luther und seine Lehre, für viele eine wahre Offenbarung, wurden in die tägliche Politik hinabgezogen; der Mann und sein Wort enthüllten nun ein Janusgesicht, von dem die ersten begeisterten Anhänger des Wittenberger Professors und Mönchs keine Ahnung gehabt hatten – möglicherweise auch Luther selbst nicht.

Wer aber trug die Verantwortung für die Unruhen und Kämpfe, die seit 1522 Deutschland erschütterten und in dem blutigen Finale von Mülhausen und Frankenhausen endeten?

Mülhausen war die letzte Zuflucht von Thomas Müntzer gewesen, noch einmal hatte er es verstanden, eine Obrigkeit davon zu überzeugen, daß das Reich Gottes auch auf Erden möglich sei. Die erbarmungslose Vernichtung der Müntzerschen Ideale und Illusionen durch die Landesherren war jedoch weniger eine Antwort auf die religiösen Verstiegenheiten einer Minderheit, die Luther und die Folgen nach eigenem Gutdünken ausgelegt hatte, als vielmehr auf die Gefahr, daß der Weg zum souveränen Territorialstaat, zur unumschränkten, ja absoluten Landesherrschaft durch die Wirren der Reformation blockiert werden könnte. Es war krasser materieller Egoismus, der Persönlichkeiten wie Ulrich von Württemberg oder Philipp von Hessen zu Vollstreckern in den blutigen Kämpfen der Jahre 1523 bis 1526 machte. Rasch lernten sie und viele andere Fürsten, daß Luthers Lehren ebenso viele Chancen wie Gefahren enthielten. Wollte man sie zum Fundament einer weitgehend unabhängigen Herrschaft sowohl vom Kaiser wie vom Papst machen, mußte man sie den vermeintlichen oder realen Staatsbedürfnissen anpassen: damit war der

Weg beschritten, der in die Orthodoxie und in die evangelischen Landeskirchenregimente führte.

Die unmittelbar Betroffenen dachten in diesen finsteren Jahren soweit keineswegs. Luther selbst widmete sich zunächst der Bibelübersetzung und vollbrachte damit eine Leistung, die bis zum heutigen Tag von allen Deutschsprechenden ganz unbewußt honoriert wird, wenn sie sich der einheitlichen deutschen Hochsprache bedienen. Dabei war es ihm nie um Philologie, ja nicht einmal um die Verbreitung humanistischer Ideale gegangen, sondern allein um das „Wort", das Wort Gottes, wie es in der Bibel offenbart war. Luther wußte sicherlich, welche Wirkungen dieses „Wort" haben konnte, was es bedeutete, wenn im Zeitalter der explosionsartig sich vermehrenden Erzeugnisse der Buchdruckerkunst nicht nur wenige gelehrte Mönche und Adlige, sondern zunehmend Bürger, sogar Bauern lesen lernten und nun auch etwas zu lesen hatten. Aber Luther blieb doch einseitig der jenseitigen Welt verhaftet, wenn er die realen tief in die existentiellen Bezüge der Menschen eingreifenden Folgen des entfesselten Wortes offensichtlich verkannte. Mit Verwunderung, dann wachsender Erbitterung sah er andere unabhängige Geister – er nannte sie gerne „Schwärmer" – das Wort als Waffe verwenden – zum irdischen Kampf um eine bessere, gerechtere, eine völlig andere Welt.

Daß sich die Welt wandelte, empfanden vor allem zwei „Stände" besonders kraß und schmerzhaft: die „Ritter" und die „Bauern". Beide hatten zu den sozialen Grundsubstraten der mittelalterlichen Gesellschaft gehört, beider soziale Existenz wurde nun in Frage gestellt: die kleinen Ritter sahen sich durch die ständig expandierenden, an Macht gewinnenden Landesherren buchstäblich an die Wände ihrer stolzen, aber zunehmend nutzlosen kleinen Burgen gedrückt, die Bauern begannen zu ahnen, daß Städte und Bürgertum in der Neugestaltung der sozialen Wirklichkeit ein gewichtiges Wort mitzureden gewillt waren – sie selbst aber fragte niemand. Es war nicht allein das materielle Elend, dies noch am wenigsten, das sie endlich zum Aufstand trieb, es war vielmehr ein aus religiösen und politischen Ideen geschürztes Motivbündel, das am Anfang der größten sozialen Erhebung stand, welche die deutsche Geschichte kennt: des Bauernkrieges von 1525/26.

Die Ritterfehde, zwei Jahre zuvor, wirkte wie eine Art Auftakt auf höherer Ebene. Ihre Hauptfigur, Franz von Sickingen, war politisch ebenso genial wie skrupellos, eine jener Persönlichkeiten, die in anderen Zeiten eine große Zukunft vor sich gehabt hätten, nun aber zwischen den Mühlsteinen der sich konsolidierenden Landesherren und der zu neuem politischen Selbstbewußtsein erwachten Städte zerrieben wurde. Seine Visionen von einem mächtigen säkularisierten evangelischen deutschen Reich haben in späteren Jahrhunderten immer wieder die politischen Geister beflügelt, in der Wirklichkeit des 16. Jahrhunderts waren sie zugleich atavistisch wie utopisch. So kam es, daß die Fehden Sickingens nach ersten Überraschungserfolgen am Ende in der persönlichen Katastrophe diese Mannes mündeten. An seinem Sterbelager auf der zerschossenen Burg Landstuhl versammelten sich die Herren von Trier, Pfalz und Hessen – nichts symbolisierte das Ende des mittelalterlichen Rittertums besser als dieser klägliche Tod in einem Verließ seiner allzu rasch gebauten und daher nicht widerstandsfähigen Burg.

Sickingens Schicksal hätte den Führern der Bauernbewegung als Menetekel dienen können. Wenn dies nicht der Fall war, so deswegen, weil die Forderungen der Bauern anders als die Sickingens keineswegs unvernünftig, gar revolutionär klangen. Eben weil die Gravamina der Bauern in das jahrhundertelange Klagelied der Gravamina der deutschen Nation eingebettet waren; eben weil sie zum allseits anerkannten Kanon dessen gehörten, was „an sich" der Reform bedürftig sei, gewann die Bewegung anfänglich ihre Kraft, ihre werbende Wirkung bezeichnenderweise auch auf viele aus dem Ritterstand; Namen wie Florian Geyer oder Götz von Berlichingen verweisen auf eine ähnliche Wurzel der Unzufriedenheit, und tatsächlich wären die anfänglichen Erfolge der Bauernhaufen ohne das militärische Know-how dieser ritterlichen Haudegen kaum möglich gewesen. Die Bauern hatten den Krieg wahrhaftig nicht gewollt; Vereinigungen wie der „Arme Konrad" oder der „Bundschuh" verfolgten vielmehr das „alte Recht". Dieses wiederherzustellen, wie es das Beispiel der nahen Schweiz zeigte: darum ging es anfangs. Der Bauernkrieg begann als Rechtsauseinandersetzung. Seine eigentliche Dynamik aber lieferte die Lehre Luthers: Indem den Bauern deutlich wurde, daß es ja gar nicht nur um das „alte“, sondern um nichts weniger als das „göttliche Recht“ überhaupt ging, gewann ihr verbaler, dann gewalttätiger Protest eine schier unangreifbare Legitimation. Das machte ihn so gefährlich, daß die davon Betroffenen, erneut in erster Linie die Landesherren, nur mit extremer Härte reagieren konnten. Die Grausamkeiten des Bauernkrieges nahmen die des Dreißigjährigen Krieges schon vorweg. 1525 enthüllte sich zum ersten Mal in aller Schärfe die militante Brisanz eines „Wortes“, das nunmehr jedermann nicht nur lesen, sondern auch verstehen und interpretieren sollte. Die von dem Memminger Kürschner Sebastian Lotzer ausgearbeiteten „12 Artikel der Bauernschaft in Schwaben“ stellten in ihrer wohlausgewogenen Mischung aus kirchlichen, sozialen und organisatorischen Forderungen einen Meilenstein in der Geschichte der deutschen Sozial- und Geistesgeschichte dar. Das war ein Fundament, auf dem man eine neue Gesellschaftsordnung hätte begründen können – aber es war vollkommen unzeitgemäß, es widersprach direkt den Interessen von Fürsten, Bürgern und Städten. Die „12 Artikel“ hätten das deutsche Bauerntum in die großen politischen Entscheidungsfindungsprozesse miteinbezogen, Deutschland hätte wirklich zu einem „Bürger- und Bauernstaat“ werden können (eben dies machte den Bauernkrieg im andern Teil Deutschlands einst zu einer Art Staatssymbol), es sollte aber zu einem absolutistischen Fürstenstaat werden.

Die Fürsten siegten, und die Sache der Bauern ging auch deswegen verloren, weil Luther selbst, als es darauf ankam, sich auf ihre Seite schlug. Es hatte sich gezeigt, daß die neue Lehre nicht nur die Forderung nach Freiheit, sondern auch die nach Gehorsam legitimieren konnte. Aber gerade weil das Luthertum den Landesherren zupaß kam, gewann es jenen staatlichen Rückhalt, dessen es bedurfte, um sich gegen die alten Gewalten, deren höchste Repräsentanten Kaiser und Papst waren, wenn nicht siegreich, so doch teilweise und auf Dauer zu behaupten. Die Reformation wurde durch die Ereignisse des Bauernkrieges endgültig zu einem Faktor im politischen Spiel der Kräfte, ja, sie war selbst zu einem Teil dieser Kräfte geworden. Was als rein geistige, theologische Auseinandersetzung begonnen, mündete im Machtkampf irdischer Gewalten.

3. Das Reich, der Kaiser, der Krieg ... und Hoffnung auf Frieden

Dennoch wäre es verkehrt, wollte man die Auseinandersetzungen der nachfolgenden zwanzig Jahre, bis hin zum großen Augsburger Frieden von 1555, als alleinige Folge der sich nun unumkehrbar vollziehenden Kirchenspaltung begreifen. Gewiß stand die Frage nach dem rechten Glauben und seiner Wiederherstellung im Vordergrund, und insbesondere der Kaiser selbst hielt eisern an seinem Wormser Versprechen fest, die Luthersche Häresie auszurotten und die Einheit der Kirche wiederherzustellen, aber auch er konnte sich den anderen großen Aufgaben eher irdischer Natur nicht entziehen; ja es zeigte sich, daß der Kaiser die Glaubenssache doch immer nur in zweiter Priorität verfolgte, auch wenn er subjektiv vom Gegenteil überzeugt sein mochte. Zwei andere Probleme erschienen als wichtiger: die Behauptung und Ausweitung der territorialen Macht des Hauses Österreich im oft kriegerischen Wettstreit mit den anderen sich herausbildenden europäischen Nationalstaaten und die Abwehr der osmanischen Expansion, die alles im Südosten Gewonnene zu verschlingen drohte, nachdem in der Schlacht von Mohacs (1526) das ungarische Heer vernichtend geschlagen worden war, und Suleiman scheinbar unaufhaltsam gegen Wien rückte. Weil diese beiden Komplexe der kaiserlichen Politik Vorrang genossen, mußte die Sache Luthers, aufs engste mit der Frage nach der inneren Organisation Deutschlands verknüpft, vom Kaiser zurückgestellt werden, eben dadurch gewann sie Zeit und Kraft, und als Karl V. endlich alle außenpolitischen Voraussetzungen geschaffen zu haben meinte, war das protestantische Prinzip durch nichts und niemanden mehr aus der Welt zu schaffen. Es bedurfte freilich eines langen und schmerzhaften Lernprozesses, bis auch der Kaiser hieraus die unvermeidlichen Konsequenzen zog – sie bestanden weniger in der Akzeptanz des Unvermeidlichen, als in einer großartigen Resignation. Dynastischer Ehrgeiz, eine rückwärts gewandte Reichsphilosophie mit dem utopischen Ziel einer „monarchia universalis" und ständige Türkennot wurden so zu Gehilfen der Evangelischen und der deutschen Fürsten – gleichgültig ob dem alten oder neuen Glauben anhängend. Da aber die Frage nach dem rechten Glauben untrennbar mit jener nach der notwendigen Reform des Reiches verknüpft blieb, wurde der verfassungsmäßige Umbau des Reiches bis 1555 zum Spiel der Auseinandersetzungen zwischen Kaiser und Fürsten, evangelisch und, wie man es sich zu nennen angewöhnte, katholisch.

1526 war es soweit freilich noch nicht, aber mit der Außerkraftsetzung des Wormser Ediktes auf dem ersten Reichstag zu Speyer deutete sich doch schon die Ausweglosigkeit in der Glaubensfrage an. Im Jahr zuvor war es zum ersten Bündnis zwischen evangelischen Landesfürsten auf der einen, katholischen auf der anderen Seite gekommen; die einen verlangten die Aufhebung des Wormser Ediktes, die anderen dessen konsequente Durchführung, das verhieß für den Frieden im Reich nichts Gutes. Zunächst schien es, als sei Ferdinand, der den abwesenden Kaiser im Reich vertrat, geneigt, den Evangelischen nachzugeben; der Beschluß, die Befolgung des Wormser Ediktes den Reichsständen schlichtweg anheimzustellen – „sovil inen muglich", im übrigen sollten sie sich so verhalten „wie ein jeder solches gegen Gott und Kayserl. Majestät hoffet und vertraut zu verantworten" –, setzte das Edikt praktisch außer Kraft. Gleichzeitig war damit ein weiterer Pfeiler in das entstehende Gebäude des Landeskirchenregiments eingezogen. Als der Hochmeister Albrecht von Brandenburg nach eingehender Beratung mit Luther sich entschloß, das Ordensland zu säkularisieren und als weltlicher Herzog von Preußen sich der Lehnshoheit des polnischen Königs zu unterstellen, entstand in dem Gebiet, das man später „Ostpreußen" nennen sollte, zum ersten Mal ein geschlossenes evangelisches Territorium – allerdings außerhalb des Reichsverbandes.

Gerade dieser Umstand machte die Sache für den Kaiser erträglich, noch brauchte die Fiktion von dem einheitlichen katholischen Reich nicht aufgegeben zu werden. Gleichzeitig hofften die Altgläubigen auf das schon lange geplante und energisch geforderte allgemeine Konzil. Erst nach und nach stellte sich heraus, daß dieses Konzil keineswegs ein Allheilmittel sein konnte, zumal der Papst nur sehr zögernd die Idee aufgriff – schließlich hatte die Kurie mit Konzilien schon ihre höchst problematischen Erfahrungen gemacht.

Während Karl V. in eine neue Runde des Krieges mit Franz I. verwickelt wurde, der wieder um die Macht beider Häuser in Italien, aber auch im burgundisch-niederländischen Raum ging, sah sich Ferdinand in Ungarn sowohl durch die Türken wie den Ehrgeiz des von den Großen des Landes zum König von Ungarn gewählten Johann Zapolya bedroht. Zwar war es Ferdinand 1526 gelungen, sich von den böhmischen Ständen zum König wählen und 1527 krönen zu lassen, nun aber mußte er alle Anstrengungen unternehmen, um dem Herrschaftsanspruch des ungarischen Magnaten zu begegnen. Das aber hieß: auch Ferdinand mußte sich um Hilfe und Ressourcen im Reich bemühen, das wiederum war nur möglich, wenn die leidige Frage nach der Gültigkeit des Wormser Edikts auf die lange Bank geschoben wurde, zumal der Abschluß eines Bündnisses zwischen Kursachsen und Hessen, dessen Intentionen sich gegen Kaiser und Reichsregiment richteten, nur deswegen nicht zu üblen Folgen führte, weil Luther persönlich jeden Gedanken an ein offensives Vorgehen verurteilte.

Alle Zugeständnisse Ferdinands waren unter der Voraussetzung erfolgt, daß das Konzil demnächst zusammentreten und die Verantwortung für die Wiederherstellung der Glaubenseinheit im Reich übernehmen würde. Als sich dies als Illusion herausstellte, glaubte der König es mit seinem Gewissen nicht länger vereinbaren zu können, die Dinge im Sinne der Speyerschen Beschlüsse von 1526 schleifen zu lassen. Auf dem 2. Reichstag zu Speyer erklärte er, das Wormser Edikt wieder voll in Kraft setzen zu wollen, das heißt den Reichsabschied von 1526 aufzuheben.

Eben dies war nicht nur ein inhaltliches, sondern auch ein formales, genauer: ein verfassungsrechtliches Problem. Die von Ferdinands Absicht Betroffenen, die evangelischen Reichsstände, haben deswegen auch vom Boden der Reichsverfassung aus argumentiert, wenn sie die Absicht Ferdinands als Verfassungsbruch deuteten, gegen den das altehrwürdige Verfassungsinstrument der „Protestation" aufgerufen wurde. Es war also prinzipiell gar nichts Neues, was die „Protestanten" 1529 taten, sie wollten vielmehr „nur" am Ergebnis des 1. Reichstags zu Speyer festhalten; sie protestierten gegen den Reichstagsabschied von 1529 und appellierten an ein allgemeines Konzil oder eine entsprechende Zusammenkunft deutscher Nation.

Dennoch bedeutete die Protestation von 1529 einen bemerkenswerten Einschnitt in der deutschen Geschichte. Indem sie in aller Form, doch aber auch aus religiösen und Gewissensgründen den Reichstagsabschied von 1529 nicht anerkannten, verletzten die Protestanten ihrerseits die Reichsverfassung und setzten sich daher den für diesen Fall vorgesehenen Sanktionen aus, also der kaiserlichen Acht. Umgekehrt war es für Kaiser und Reich nicht möglich, die Dinge einfach laufen zu lassen, weil damit die Gültigkeit der Reichsverfassung und aller ihrer Institutionen selbst zur Disposition gestellt worden wäre. Von nun an mußten die protestierenden Reichsstände der Reichsexekution gewärtig sein; wollten sie sich nicht freiwillig unterwerfen, mußten sie auf ihre Verteidigung sinnen. Das hieß: der erste Glaubenskrieg stand vor der Tür.

Unter diesem Eindruck der rasch heraufziehenden Gefahr bemühten sich die Führer der protestantischen Partei darum, die eigenen Reihen wenigstens theologisch fester zu schließen. Denn es hatte sich in den vergangenen Jahren immer deutlicher gezeigt, daß der neue evangelische Glaube zu zerplittern drohte. Dabei waren nicht so sehr die täuferischen Bewegungen ausschlaggebend als vielmehr das imponierende Reformationswerk des Schweizer Leutpriesters Huldrych Zwingli, der ganz anders als Luther von Anbeginn Reformation und weltliche Reform miteinander verknüpft sah und durch eine geschickte Politik es tatsächlich erreichte, daß sich die Stadt Zürich seinen Ideen öffnete, so daß hier sehr rasch eine Art von „Theokratie" entstand.

Anders als in Deutschland wurde die Zwinglische Reformation „von unten“ getragen, war also „demokratischer“ als die Luthers, der an der Verantwortung der „Obrigkeit“ für die neue Lehre unbedingt festhielt und damit den Weg zum Landeskirchenregiment auch theologisch legitimierte.

Zwingli war ein praktischer Mensch, jedem Mystizismus abhold; seine Lehre durchzieht, was man als „gesunden Menschenverstand“ bezeichnen könnte. Eben das machte sie erfolgreich – in einem zentralen Punkt für Luther freilich auch gefährlich: Zwingli hielt daran fest, daß Brot und Wein im Abendmahl Leib und Blut Christi „bedeuteten“, das Abendmahl war ihm nur christliches Symbol. Luther beharrte darauf: „Hoc est corpum meum“, „dies ist mein Leib“. In 14 von 15 Punkten konnten sich die beiden Reformatoren in dem berühmten „Marburger Religionsgespräch“, das der Landgraf von Hessen, nicht zuletzt aus politischen Erwägungen zustandegebracht hatte, einigen, was eher auf die Konzilianz Zwinglis denn das Nachgeben Luthers zurückging. Aber der entscheidende Punkt war der 15., die Abendmahlslehre: daran scheiterte das Gespräch, daran scheiterte für alle Zukunft das Bemühen, eine einheitliche reformatorische Lehre, damit eine einheitliche evangelische Kirche zu schaffen. Wieder trat die Doppelgesichtigkeit des Lutherschen Glaubens zutage: so sehr er seine Lehre mit dem Schicksal der weltlichen Obrigkeit verknüpfte, und dies in weit mehr als bloß formaler Hinsicht; so schlagkräftig gerade durch die Idee des Landeskirchenregiments die Sache Luthers selbst werden sollte – vielleicht war dies ja überhaupt die wesentliche Voraussetzung für die Behauptung der Evangelischen im Zeitalter der Glaubenskriege – so wenig ging Luther aus politischen oder gar machtpolitischen Gründen irgendwelche Kompromisse ein. Natürlich wußte auch er, wie sehr das zu über neunzig Prozent gemeinsame Anliegen der Reformation geschwächt wurde, wenn man die in der Schweiz erweckten reformatorischen Kräfte und Ideen sich nicht zum Bundesgenossen machte; die Unbedingtheit der eigenen Glaubensüberzeugung war für Luther jedoch ein absoluter Maßstab, mochte daraus werden, was wolle. Dennoch: War es nicht gerade diese Rigorosität, die von einer höheren Warte aus betrachtet das Luthertum erst zu einer „festen Burg" machte?

Geistliche Disputation und weltliches Lavieren: durch beides wurden diese Formationsjahre des evangelischen Prinzips bestimmt. Das Marburger Religionsgespräch trug völlig unabhängig von seinem letztlichen Scheitern dazu bei, die eigenen Positionen klarer zu umreißen. Das war nötig, wollte man sich den theologischen Argumenten der alten Kirche und den praktischen politischen Ansinnen des Kaisers gegenüber behaupten.

Dieser war 1530 entschlossen, noch einmal den Versuch zum gütlichen Ausgleich zu wagen. Karl V. schwebte dabei freilich niemals eine Art Kompromiß vor, sondern die Rückkehr der vom wahren Glauben Abgefallenen in den Schoß der römischen Kirche, freilich einer sich von Grund auf reformierenden Kirche. Deswegen setzte er noch stärker als die Protestanten auf das Konzil, glaubte jedoch wie im Jahr zuvor sein Bruder Ferdinand, daß es zu seinen herrscherlichen Pflichten gehöre, schon vorab und so rasch wie möglich die Glaubensspaltung im Reich zu beseitigen.

Anders als in den Jahren von 1526 bis 1529 standen die Chancen dafür in einem Punkt nicht schlecht: Die akute Türkengefahr war zunächst beseitigt, mit dem „Damenfrieden" von Cambrai 1529 war dem Kaiser praktisch ganz Italien zugefallen, seine Krönung zum römischen Kaiser durch den Papst am 24. Februar 1530 zu Bologna – es sollte die letzte Papstkrönung überhaupt sein – hatte sein Prestige europaweit gestärkt; das war ein ganz anderes Fundament als jenes von Worms, neun Jahre zuvor.

Aber auch die evangelische Seite fühlte sich stärker. Den „Protestanten" war bisher nichts geschehen, das engere, auch militärische Zusammenrücken der evangelischen Reichsstände hatte auf Karl und Ferdinand Eindruck gemacht. Mit Melanchthon, dem engsten Mitarbeiter Luthers, der als Gebannter und Geächteter nicht persönlich in Erscheinung treten, sondern nur vom äußersten Zipfel des Kurfürstentums Sachsen, der Feste Coburg, aus das Geschehen beobachten konnte, vertrat auf dem in Augsburg im Mai 1530 anberaumten Reichstag ein Mann die Protestanten, der geschmeidig und verbindlich zu argumentieren wußte und nichts mehr verabscheute als die Drohung mit Gewalt und Gegengewalt. Dennoch war Melanchthon, der nicht immer ganz Charakterstarke, in der Sache selbst hart. So war die von ihm entworfene „Confessio Augustana“ auf der einen Seite der Versuch, so weit wie nur möglich sich mit den Altgläubigen zu verständigen, ja zu versöhnen, auf der anderen das klare und eindeutige Bekenntnis zu den Kernaussagen der Lutherschen Lehre. Wahrscheinlich war dieses Augsburgische Bekenntnis, das seither allgemeine Gültigkeit besitzt und noch heute in jeder evangelischen Kirche Deutschlands gesprochen wird, der äußerste Punkt evangelischer Kompromißbereitschaft, eben deswegen wurde es zum größten Erfolg Melanchthons, nichts hat ihn berühmter gemacht. Und man darf auch annehmen, daß er ehrlich hoffte, mit diesem Schriftstück zumindest eine Brücke der Verständigung gebaut zu haben.

Darin täuschte er sich. Mit einem „Gegenbekenntnis“, der „Confutatio“, gaben die geistlichen Wortführer der Katholiken recht brutal zu verstehen, daß sie zu keinerlei Kompromissen bereit waren; neben Johannes Cochläus war es abermals Johannes Eck, der die Konfrontation mit Luther und seinen Anhängern bewußt suchte.

Die Brücke hatte nicht getragen. Die Protestanten verließen den Reichstag, der nun ohne weiteres die Wiederinkraftsetzung des Wormser Ediktes beschloß und jeden Widerstand dagegen zum Reichslandfriedensbruch erklärte. Der gescheiterte Ausgleich machte alles nur schlimmer, die Lage spitzte sich dramatisch zu. Was zuvor nur tastende, von Luther kaum gebilligte Versuche gemeinsamer Verteidigung gewesen waren, verfestigte sich nun zu einem umfassenden und soliden militärischen Bündnis. Die evangelischen Reichsstände schlossen es in Schmalkalden, der Name dieser Stadt im Thüringer Wald wurde zur Bezeichnung des am 27. Februar 1531 hier geschlossenen Bundes. Man war zum Widerstand gegen die in Augsburg verhängte Reichsexekution entschlossen. Selbst Luther stimmte nun zu; mehr und mehr sah er die Entwicklung unter einem apokalyptischen Vorzeichen: Wenn der Kaiser als Vollstrecker des vom Papst gebannten evangelischen Prinzips auftrat, besaßen die Obrigkeiten der evangelischen Reichsstände ein Widerstandsrecht. Und je deutlicher Luther zu erkennen vermeinte, daß der Papst der eigentliche Anti-Christ war, desto fröhlicher und unbesorgter konnten die Waffen zur Verteidigung des Evangeliums, wenn es sein mußte auch gegen den Kaiser des Anti-Christen, eingesetzt werden. Die Dinge radikalisierten sich erneut.

Und schon war die Kriegsfurie losgelassen: im sogenannten „ersten Kappeler Krieg" hatte Zwingli 1529 bewiesen, daß es rechtens und erfolgreich sein konnte, den neuen Glauben mit der Waffe in der Hand zu verteidigen. Sein Erfolg beflügelte die Evangelischen überall im Reich, der Schmalkaldische Bund strotzte vor Selbstbewußtsein, die Phase des Zweifelns war vorüber, man glaubte klarer zu sehen und merkte nicht, daß man dem Abgrund ein gutes Stück näher gerückt war.

Dafür sorgten die Türken. Der erste Ansturm auf Wien war zwar 1529 abgewiesen worden, nun aber rüstete Suleiman der Prächtige, ein ebenso zäher wie verschlagener und geschickter Staatsmann und Feldherr zu einem zweiten Versuch. Wieder sah sich der Kaiser genötigt, dagegen nicht nur die katholischen, sondern nach Möglichkeit alle Kräfte im Reich zu sammeln. So wiederholte sich alles, und deswegen blieb das in Augsburg so jäh aufgezogene kriegerische Unwetter noch einmal Deutschland erspart.

Der Nürnberger „Anstand" von 1532 war nichts anderes als ein konfessioneller Waffenstillstand. Religionsprozesse sollten ausgesetzt bleiben, dafür sagten die evangelischen Reichsstände dem Kaiser Hilfe gegen die Türken zu. Auf dem religiösen Feld schien sich die Vernunft durchzusetzen. Der Kaiser glaubte eine gesamtabendländische, vielleicht sollte man besser sagen: europäische Mission erfüllen zu müssen; sämtliche Reichsstände waren bereit, ihm beizustehen. Die Integrationskraft der Türkengefahr bestimmte die nachfolgenden zwölf Jahre. In diesem langen Zeitraum konnten sich die evangelischen Territorien konsolidieren. Das kaiserliche Selbstbewußtsein forderte aber auch nach Abwehr der unmittelbar drohenden Gefahren die Fortsetzung des Türkenkrieges, damals zuerst tauchte die Idee eines „roll backs" im Südosten Europas auf; es waren die Jahre, in denen der Kaiser, beflügelt durch seine maritimen Teil-Erfolge gegen die Türken im Mittelmeer, auch ostwärts von Wien in universalen Dimensionen zu denken begann. Die Querelen in Deutschland wurden dadurch in ihrem politischen Stellenwert herabgesetzt, was es Karl zweifellos erleichterte, 1541 auf dem Reichstag zu Regensburg den Nürnberger Stillstand zu verlängern, nachdem erneute Religionsgespräche zwischen den beiden Parteien wieder zu keinem Ergebnis im Sinne der Überwindung der Kirchenspaltung geführt hatten. Dennoch waren diese Diskussionen auf höchstem geistigen und theologischen Niveau ernsthafte Versuche zum Ausgleich, zumindest aber befruchteten sie die katholische Reform, die mit dem Konzil von Trient, zuerst ein wenig schleppend, dann unter dem Einfluß des jäh zu Macht und Einfluß gelangenden neugegründeten Jesuitenordens, erfolgreich voranschreiten sollte.

Karl V. hielt an seinen ursprünglichen Ansichten allerdings mit erstaunlicher Zähigkeit fest. So wie er in immer erneuten Kämpfen mit Franz I. die „Casa d'Austria" im Westen abzusichern und zu erweitern suchte, so blieb ihm die Glaubenssache Herzensanliegen. Wann immer es Zeit und Umstände erlaubten, kehrte der Kaiser zu diesem ungelösten Problem zurück. Vielleicht hat er dadurch einen auf die Dauer friedlichen Ausgleich im Sinne eines konfessionellen Leben-und-Lebenlassens unmöglich gemacht. Manches schien nämlich in diese Richtung sich zu entwickeln, zumal die Landesherren bald erkannten, daß man ungeachtet des Bekenntnisses zusammenwirken konnte, ja mußte, um absolutistischen Gelüsten des Kaisers entgegenzutreten. Die beiden Prinzipien überschnitten sich, sie waren nicht deckungsgleich: das der Ausbildung der Landesherrschaft und das des neuen oder alten Glaubens.

Auf ebenso drastische wie unappetitliche Weise illustrierte das Verhalten Philipp von Hessens diese Diskrepanz: dieser Fürst hatte zu den vornehmsten und mächtigsten Vertretern der evangelischen Reichsstände gehört. Hessen und Kur-Sachsen bildeten das Gravitationszentrum der evangelischen Mächte in Deutschland. Der Kaiser wußte, daß ein militärischer Erfolg gegen die Protestanten nur möglich war, wenn er diese Bastion erschüttern konnte. Eben dazu bot ihm Philipp die Gelegenheit: Als Preis für die Nichtverfolgung einer Bigamieverfehlung des Landgrafen durch Kaiser und Reich verriet Philipp die Sache der Schmalkaldener, indem er sich dem Kaiser gegenüber verpflichtete, sich nicht gegen ihn zu wenden, sondern ihn in seinen Ansprüchen auf Geldern wie überhaupt außerhalb des Reiches militärisch zu unterstützen und dafür zu sorgen, daß Kleve in den Schmalkaldischen Bund nicht aufgenommen wurde. Dieser Verrat erst ermöglichte es dem Kaiser wenige Jahre darauf, erfolgreich mit den Schmalkaldenern fertigzuwerden, Philipp von Hessen eingeschlossen, denn listigerweise hatte der dem Landgrafen nur für den Fall Schonung versprochen, daß es nicht zu einem allgemeinen Krieg gegen die Protestanten kommen sollte.

Nach dem Wormser Reichstag von 1545 war Karl V. entschlossen, mit den Schmalkaldenern endgültig abzurechnen. Zuvor hatte ein erneuter Sieg über den französischen König (Frieden von Crépy 1544) auch den Papst willfährig gemacht. Mit erheblicher finanzieller und militärischer Unterstützung der Kurie gelang Karl die Aufstellung einer Streitmacht, die es mit der durchaus imponierenden des Schmalkaldischen Bündnisses aufnehmen konnte. Außerdem wußte der Kaiser den jungen ehrgeizigen Moritz von Sachsen auf seine Seite zu ziehen, mit dem Versprechen, ihm die sächsische Kurwürde zu übertragen. Dieser Verlockung konnte Moritz nicht widerstehen, und ohne weiteres abzuwarten, fiel er eigenmächtig in das sächsische Kurfürstentum ein. Damit waren die Würfel gefallen, und wenig später besiegten die Kaiserlichen in der Schlacht von Mühlberg die Schmalkaldener. Der sächsische Kurfürst Friedrich und Philipp von Hessen gerieten in kaiserliche Gefangenschaft, Moritz erhielt tatsächlich die so heiß begehrte Kurwürde; es schien, als sei nun der Moment gekommen, mit der Sache der Evangelischen kurzen Prozeß zu machen. Auf dem entsprechend „geharnischten" Reichstag zu Augsburg setzte der Kaiser aus der Fülle seiner Macht das sogenannte „Interim" durch, eine neue vergleichende Bekenntnisformel, die Karls spanische theologische Berater zu keinem anderen Zweck ausgearbeitet hatten, als die Zeit bis zur endgültigen Lehrentscheidung des Trienter Konzils zu überbrücken. Denn auch dem Kaiser war klar, daß eine einfache Rückkehr zu den Zuständen aus der Zeit vor dem Wormser Reichstag von 1521 unmöglich war.

Aber wenn er gehofft hatte, damit die Religionsfrage in der Hand behalten zu können, sah er sich getäuscht. Weder die Protestanten noch die Katholiken konnten sich mit den verwaschenen Formulierungen des Interims anfreunden, zumal die Reichsstände hinter alledem erneut absolutistische Gelüste des Kaisers witterten. Wieder standen sich die Prinzipien der Religion und die der Staatsräson entgegen. Sollte der Kaiser mit Hilfe der Glaubenssache Einfluß auf die Landesherren und ihre sich herausbildende Souveränität zu nehmen suchen, so fanden sie sich gegen den Kaiser zusammen, gleichgültig ob evangelisch oder katholisch. Die Furcht vor einem neuen universalen Imperium unter Führung der Habsburger beschlich in regelmäßigen Abständen sowohl die Stände im Reich wie die Nachbarn des Hauses Habsburg in ganz Europa, und so ließ sich ein immer gleicher Vorgang beobachten: Wenn der Kaiser schwach war, seine Stellung gefährdet, konnte er auf Unterstützung durch die Reichsstände, sogar die evangelischen rechnen. Kam er zu Macht, wendeten sie sich von ihm ab. Das war nicht etwa ein „Verrat" an der Institution „Kaiser und Reich", das war vielmehr der durchaus verständliche und vernünftige Versuch, das noch nicht fixierte und daher labile Gleichgewicht zwischen der kaiserlichen Gewalt und dem föderativen Element der Landesherrschaft unter der Kuppel eines sich modernisierenden Reiches zu erhalten. Und je besser dieser Mechanismus funktionierte, desto klarer bildete sich die „Räson" aller Beteiligten heraus: die des Kaisers, die des „Hauses Österreich", die der Landesfürsten und, last but not least, die des „Reiches" selbst.

Wie eine Illustration dieser Prinzipien wirkt im nachhinein das Verhalten des Herzogs Moritz von Sachsen: dieser hatte sich der kaiserlichen Sache verpflichtet, nachdem ihm Karl die Übertragung der sächsischen Kurwürde in Aussicht gestellt hatte. Kaum in den Genuß des Kurfürstentums gelangt, glaubte Moritz sich jedoch genötigt, dem übermächtig werdenden Einfluß des Kaisers entgegentreten zu müssen. Moritz wurde zum Initiator, zur

Seele jener Fürstenopposition (oder „Verschwörung", das kam auf den Standpunkt an), deren erklärtes Ziel in der Beschränkung der habsburgischen Macht lag. Dabei spielten religiöse und politische Faktoren eine gleichberechtigte Rolle. Durch des Kaisers Sieg über den Schmalkaldischen Bund drohte auf längere Sicht den evangelischen Reichsständen die Überwältigung durch die katholischen im Bündnis mit einem übermächtigen absolut herrschenden Kaiser. Das lag nicht im Interesse der Fürsten und schon gar nicht in dem Frankreichs, das sich von den Habsburgern zunehmend bedrängt und „eingekreist" fühlte. Der König von Frankreich, Heinrich II., wußte daher das Bündnisangebot des Kurfürsten Moritz von Sachsen zu schätzen: Im Vertrag von Chambord sagte dieser dem Franzosen das „Reichsvikariat" über die Bischofsstädte Cambrai, Toul, Metz und Verdun zu, unbestreitbar Städte des Reiches, ebenso unbestreitbar mit einer französisch sprechenden Bevölkerung. Eben darauf wurde in dem Vertrag, der im 19. Jahrhundert als blanker „Verrat" an Deutschland gewertet wurde – was Moritz zu einem „Vaterlandsverräter" stempelte – hingewiesen. Heute sieht man die Politik des sächsischen Politikers in einem anderen Licht: Indem diese Städte praktisch an Frankreich fielen, verlor das Haus Habsburg einen strategischen Rückhalt auf seinem Verbindungsweg von Spanien in die habsburgischen Niederlande. Eben dies sollte später deren Loslösung vom habsburgischen Spanien erleichtern. Der Schachzug Moritz' stellte darüber hinaus das machtpolitische Gleichgewicht zwischen dem Haus Habsburg und den Landesherren im Reich wieder her; überstürzt, fluchtartig mußte der Kaiser vor den Heeren der vereinigten „Kriegsfürsten" sich nach Villach retten. Zwei Dinge waren damit geklärt: Es war aussichtslos, die Sache der Evangelischen bloß nach dem kaiserlichen Willen zu erledigen, es war genauso aussichtslos, in Deutschland eine flächendeckende kaiserliche Herrschaft in Analogie zu dem „viehischen spanischen servitut" anzustreben. Die Zukunft Deutschlands wurde vom Mit- und Gegeneinander zweier ziemlich gleichstarker Konfessionen und zunehmend selbständig, „souverän" handelnder Landesherren bestimmt. Das hieß nicht, daß das Prinzip „Kaiser und Reich" tot war, es war nur auf eine neue Ebene gehoben, es paßte sich den Prinzipien des frühmodernen Staatswesens in Europa ganz eigentümlich an und ging mit der Idee von der fürstlichen „Libertät" eine fruchtbare Symbiose ein. Persönlichkeit und Charakter des Moritz von Sachsen wirkten fast wie die Illustration eines Werkes, das wie wenige andere von welthistorischer Bedeutung werden sollte: Niccolò Macchiavellis Buch über den Fürsten, „Il Principe". Es kommt nicht von ungefähr, daß die lebendige Anschauung der Ausbildung des italienischen Mächtesystems im Gefolge des Ringens zwischen den Häusern Habsburg und Valois Anstoß zu jenen grundsätzlichen Überlegungen gegeben hat, die man später mit dem Begriff der „Interessen des Staates" oder der „Staatsräson" bezeichnete. Was nämlich im Reich sich vollzog, spiegelte das Geschehen in Italien in gleichsam verfremdeter Form. Die Ausbildung der Territorialherrschaft war notwendig mit der Frage nach dem Sinn dieses „Territoriums" verknüpft. Das war eine moderne Frage, die im Mittelalter, als man in den Kategorien des Personenverbandsstaats und des Lehnssystems dachte, gar nicht sinnvoll gewesen wäre. Nun aber erwies es sich, daß die Landesherren, indem sie ihre „Souveränität" einforderten, ihre Herrschaft selbst legitimieren mußten. Das „Gottesgnadentum", ein dankbar angenommenes theologisch-philosophisches Konstrukt beider Konfessionen, genügte alleine nämlich nicht; das von Luther propagierte Widerstandsrecht wies dem Land, besser nun: dem Staat eine eigene Dignität zu, eine „Vernunft" sui generis, der auch der absolute Fürst zu dienen hatte. Mitte des 16. Jahrhunderts war Deutschland freilich noch ein gutes Stück von der vollendeten Ausbildung des fürstlichen Absolutismus entfernt, aber es ist keine Frage, daß das jahrzehntelange Ringen zwischen Kaiser und Reichsständen unter dem Aspekt der Landesherrschaft und der Religionsfreiheit wesentliche Voraussetzung dafür gewesen ist.

Karl V. selbst ist mit den sich hieraus ergebenden grundsätzlichen Problemen nicht fertig geworden. Soviel er selbst oder das von ihm eingesetzte „Reichsregiment" auch zur Umwandlung des Reiches hin zu einer frühmodernen Staatengesellschaft beigetragen haben mochte, der Kaiser blieb persönlich doch den älteren universalen Vorstellungen verhaftet. Aber er war zugleich weltklug, ein Mann, der am Ende seine Grenzen erkannte und nicht blindwütend wie andere, man denke an Sickingen oder an den Markgrafen Albrecht Alcibiades, gegen den Zeitgeist anstürmte. Vor den scharfen Windstößen der neuen Zeit zog er sich in die Abgeschiedenheit eines mittelalterlichen Klosters zurück. Karls Abdankung im Jahre 1555 war ein Akt voller Würde und voll von Symbolen, daß er seine letzten Lebensjahre in einem einsamen Kloster in Spanien verbrachte, nur konsequent.

Unterdessen kam die 1495 in Worms angestoßene Verfassungsdiskussion zu einem Abschluß: In Augsburg wurde 1555 im Reichstag unter Vorsitz Ferdinands ein Friede gemacht, der zwar nicht „endgültig" war, weil in der Geschichte niemals etwas „endgültig" ist, dessen Dimensionen es jedoch rechtfertigen, ein ganzes Zeitalter, das der Reformation, mit ihm zu Ende gehen zu lassen.

Der Augsburger Religionsfriede zog unter die Bemühungen des Kaisers um die Wiederherstellung der religiösen Einheit einen Schlußstrich. Die Bi-, später Tri- und Mehrkonfessionalität des Reiches wurde formell anerkannt. Mit dem Grundsatz „cuius regio, eius et religio" – wem das Territorium gehört, bestimmt die Religion – war aber weit mehr festgelegt als die Aufteilung des Reiches in „evangelische" oder „katholische" Territorien: dieser Grundsatz bedeutete gleichzeitig die Schaffung einer Reichsterritorialverfassung, so daß man die Augsburger Regelung zu Recht als das 2. „Grundgesetz" des Reiches nach dem der „Goldenen Bulle" bezeichnen kann (Heinz Schilling). Kirchen- und Landeshoheit wurden zusammengefaßt, eben dadurch gewann die Idee des frühmodernen Staates ihre eigentliche Kraft. Der Augsburger Religionsfrieden war die Summe reichhaltiger Erfahrungen und unterschiedlichster Experimente, das ließ ihn außerordentlich pragmatisch erscheinen. Diejenigen, die ihn ausgehandelt hatten, wußten nur zu genau, daß irgendwelche „absoluten" Lösungen unmöglich waren, und so steht vielen Bestimmungen des Friedens der Kompromißcharakter an die Stirn geschrieben. Aber es waren bemerkenswert wenige „faule" Kompromisse darunter, auch der „Geistliche Vorbehalt", mit dem der Säkularisation der geistlichen Territorien ein Riegel vorgeschoben werden sollte, behagte zwar den evangelischen Ständen nicht, war im Interesse der Erhaltung des politischen und religiösen Gleichgewichts in Deutschland dennoch vernünftig. Mit der Reichsexekutionsordnung wuchsen den zehn Kreisen des Reiches neue, wichtige Kompetenzen zu, sie wurden zu Mittelinstanzen zwischen dem „vorstaatlichen" Reich und den modernen Territorialstaaten. Die Einrichtung von „Reichsdeputationstagen", auf denen es zu Absprachen zwischen einzelnen Kreisen unter Mitwirkung des Kaisers kommen konnte, strukturierte die Reichsverfassung auf einer weiteren Ebene, desgleichen die Möglichkeit zur Einberufung von „Kreistagen". Auf diesen sollten Probleme der Gesetzgebung, des Verkehrswesens, der Polizei, des Militärs, von Handel und Wirtschaft gemeinschaftlich beraten werden – all das wirkt schon ganz modern.

Der Augsburger Frieden war umfassend. In der Kette großer europäischer Friedensschlüsse der Neuzeit steht er am Anfang, und er setzte Maßstäbe. Deswegen ist es begreiflich, daß zumindest in Augsburg bis zum heutigen Tage dieses Ereignisses in Form eines Feiertags gedacht wird.

4. Verlust der Toleranz: Das Gespenst des Glaubenskrieges

Der Augsburger Religionsfriede war für die deutsche Geschichte eine wichtige Zäsur, und er bescherte den Menschen ein halbes Jahrhundert relativen Friedens; von außen betrachtet mochte das zugleich modernisierte und doch „vorstaatliche" Reich sogar als eine „Insel der Ruhe" erscheinen. Den hochdramatischen politischen und religiösen Jahrzehnten folgten solche halber Besinnung, nur vorsichtig-tastender Versuche neuerlicher Veränderung, dabei stellte sich nur allzubald heraus, daß die Konfessionsfrage in Augsburg eher nach den Kategorien der Staats- und Ständeinteressen, nicht aber auf der Grundlage eines beruhigten religiösen „Gewissens" gelöst war. Die innere Kraft aller Konfessionen – am wenigsten war dies noch beim orthodoxen Luthertum zu beobachten – war 1555 keineswegs erschöpft; ganz im Gegenteil: erst in den dem Frieden folgenden Jahrzehnten entfaltete der in Augsburg noch nicht berücksichtigte Calvinismus, die Sache der „Reformierten", wie man sie im Reich nannte, eine ständig wachsende Dynamik. Nicht weniger lebendig erwies sich die katholische Kirche: Zwar hatte diese in Augsburg die Existenz einer anderen Konfession grundsätzlich anerkannt, verharrte also nicht mehr auf der Behauptung, die Reformation sei eine Ketzerbewegung, gegen die mit Interdikt, Acht, notfalls Feuer und Schwert vorgegangen werden müsse, aber die Transformierung der Evangelischen in der katholischen Perzeption zu neuen „Heiden", auf die das Missionsgebot anzuwenden sei, stellte auf die Dauer doch keine Basis dar, auf der sich die Idee religiöser Toleranz hätte entwickeln können. Tatsächlich lag allen Konfessionen der Gedanke der Toleranz ganz fern, nicht zuletzt das machte ihre innere Durchschlagkraft aus. Es war vielmehr der Staat, der die Vorstellung von der Toleranz nach und nach in seine Räson aufnahm, freilich erst nach einem furchtbaren „Lernprozeß", dessen schauriger Höhepunkt zweifellos der Dreißigjährige Krieg werden sollte.

Es ist die Frage, ob man das gute halbe Jahrhundert bis zum Ausbruch dieser Kriegskette unter dem modernen Gesichtspunkt einer „Vorkriegszeit" interpretieren kann. Augsburg hatte ja die Idee einer religiösen europäischen Koexistenz in die Welt gesetzt. Von ihrer Lehre und ihren religiösen Überzeugungen her tendierten die großen Konfessionen dahin freilich nicht, aber auch in den Jahren bis 1618 zeigte eine Fülle von Beispielen, daß es keine Einbahnstraße zum großen europäischen Krieg von 1618 gab. Wie so häufig in der Geschichte Europas, durchdrangen sich säkulare Tendenzen, denen man das Epitheton des „Unvermeidlichen", ja „Schicksalhaften" zuerkennen möchte, mit punktuellen, aktuellen, auf eindeutige Ursachen zurückgehenden historischen „Momenten", die zur Katastrophe hintrieben. Im Reich wäre hier beispielsweise an die aggressive Politik der Kurpfalz oder auch an die Bayerns zu denken, außerhalb desselben an die Politik der Habsburger in Böhmen, Ungarn, in „Vorderösterreich", vor allem auch an die rigorose Machtpolitik eines

Philipp II. von Spanien. Es war ja überhaupt die Frage, ob der „unermeßliche Haß", mit dem rings um Deutschland seit dem letzten Drittel des 16. Jahrhunderts gekämpft wurde, nicht unvermeidlich eines Tages auf das Zentrum Europas zurückschlagen mußte. Im Zeitalter der „Gegenreformation" und dem der „Katholischen Reform" – um die beiden konfessionellen Sichtweisen dieser Epoche in der Geschichtsschreibung bis zur Mitte des 20. Jahrhunderts anzudeuten – zeigte sich ein typisch werdendes Charakteristikum der Geschichte: das Zentralland des Kontinents verband wie eine Art Drehscheibe sämtliche Probleme Europas. War es selbst in sich gefestigt, konnte es beruhigend und ausgleichend wirken, wie zuletzt im Zeitalter Karls V. War es innerlich zerrissen, drängten die Nachbarn nach Zentraleuropa hinein. Ende des 16. Jahrhunderts war ein erster Höhepunkt dieser politischen Tidenbewegung erreicht: bis dahin „rotierte" Europa gleichsam um den Kern des Kontinents, die im Reich betriebene Politik wirkte zentrifugal, danach eher zentripetal, und die Machtinteressen der deutschen Nachbarn wurden zuerst vorsichtig, auf dem Höhepunkt des Dreißigjährigen Krieges massiv und brutal nach Deutschland hineinprojiziert. Der Idealzustand: die Ruhe des Reiches in der Ruhe Europas wurde als Kernproblem der europäischen Geschichte erst später überhaupt begriffen; das Konstrukt von „Gleichgewicht oder Hegemonie" entwickelte erst ausgangs des 17. Jahrhunderts seine theoretische, dann auch praktische Kraft.

Die europäische „Politik" im 16. Jahrhundert wurde nur teilweise von rationalen Gesichtspunkten bestimmt. Wie anders hätte es auch sein sollen, da die Konfessionen allesamt mit dem Anspruch auf höchste Priorität für das Wohl des Ganzen daherkamen, und die meisten Fürsten dieses Wohl als das ihrer Landeskirche, ihrer Konfession mißverstanden – und dies besten Gewissens; man gab sich „allerchristlichst" und konnte im Schatten der Religion das Gut der höchst säkularen „Libertät" verteidigen. Die Brisanz des Zeitalters der „Gegenreformation" rührt nicht zuletzt aus kirchlichen und staatlichen Interessen in Person und Politik der Fürsten selbst. Die waren noch nicht „absolut" im Sinne des späten 17. Jahrhunderts, aber sie waren doch schon

„Landesherren" und auf dem Wege zur immer vollständigeren „Souveränität". Das Reich mit seinen oft altertümlichen und schwerfälligen Institutionen empfanden sie häufig als Stolperstein ohne sich recht klar zu machen, daß es gerade das große Dach dieses Reiches immer noch war, das die innere Entwicklung der einzelnen Territorien überhaupt erst ermöglichte. Denn so schwer im Einzelfall auch abzuschätzen sein mag, wie hoch die Sicherheitsfunktion des Reichsganzen für seine einzelnen Teile war – ohne die Reichsklammer wären zumindest die kleineren Herrschaften zum absoluten Spielball der größeren geworden, so wie dies ja tatsächlich das Schicksal der meisten „Reichsstädte" und „Reichsdörfer" im Verlauf der nächsten beiden Jahrhunderte sein sollte. Mit der Abdankung Karls V. war die Idee des universalen Kaisertums endgültig gestorben, das erleichterte fortan den Umgang der anderen europäischen Staaten mit dem Reich, aber indem der Kaisertitel, nun praktisch beim Haus Österreich „erblich" erhalten blieb und immer noch etwas qualitativ anderes bedeutete als der eines bloßen „Königs", erhielten die Deutschen eine politische Organisationsform sui generis. Das war nicht „fortgeschriebenes Mittelalter", das war ein kongenialer Versuch in der frühen Neuzeit, den deutschen Gemeinwesen eine Struktur zu verleihen, die es sonst nirgendwo in Europa oder Übersee gab. Daran ändert auch nichts der Umstand, daß in den heraufziehenden Stürmen der Religions- und Mächtekriege des 17. Jahrhunderts nach und nach die Funktionsfähigkeit der Reichsinstitutionen nachließ oder überhaupt aufhörte – so wie dies für das Reichskammergericht oder auch den Reichstag selbst gilt – jetzt war es das politische Gewicht des österreichischen Hauses, das dem Kaiser immer noch ein gehöriges Stück Macht auch im Reich sicherte. In dem Maße, in dem es Österreich dann seit dem Ende des 17. Jahrhunderts gelang, seine Herrschaft im ständigen Türkenkrieg nach Südosteuropa auszuweiten, gewann es an Einfluß auch im Reich. Es bedurfte erst einer neuen Kette von Kriegen, 1740 von Friedrich II. ausgelöst, um aus der Vormacht Österreich samt seinem Kaiser, dem immer noch „Römischen Kaiser deutscher Nation", jenen deutschen Antagonismus zu entwickeln, der die „deutsche Frage" des 19. Jahrhunderts hervorbringen sollte.

Die sich nur langsam, oft unmerklich vollziehenden Veränderungen in der Gesamtreichsverfassung – alles in allem war diese doch weit besser als ihr Ruf, den ihr insbesondere die rational aufgeklärten Geister des späten 17. und des 18. Jahrhunderts vom Schlage eines Pufendorf eingetragen haben – waren nicht allein Folge klarer machtpolitischer oder, wie man ab Mitte des 17. Jahrhunderts schon sagen kann, diplomatischer Entwicklungen und Entscheidungen, sondern ebensolche geistiger Prozesse, und zwar auf den unterschiedlichsten Feldern. Gewiß, das religiöse, besser konfessionelle Moment stand im Vordergrund. Die Lehren Calvins, die an jene Zwinglis anknüpften, faßten insbesondere in Westeuropa Fuß und wurden in Frankreich wie England, aber auch in den Niederlanden und teils in Ungarn und Polen zum eigentlichen Ferment der großen Auseinandersetzungen. Vor allem Frankreich versank seit 1559 in den Strudel eines insgesamt vierzigjährigen, nur von kleinen Atempausen durchwirkten Religionskrieges. Erst mit dem Edikt von Nantes 1598 endete hier das blutige Ringen – vorübergehend nur, wie sich im Zeitalter Richelieus, Mazarins und Ludwigs XIV. zeigen sollte. Vierzig Jahre auch kämpften die „Generalstaaten" um ihre Freiheit von Spanien; eine unentwirrbare Mischung aus politischen und religiösen Motiven bildete den Hintergrund dieses Kampfes, der bis zum heutigen Tag in die heroischen Freiheitserinnerungen Europas eingegangen ist. Der Calvinismus erwies sich als eine weltgreifende Bewegung, insoweit gesehen weit „effizienter" als das Luthertum, das außerhalb des Reiches nur in den nordischen Staaten sich einigermaßen durchsetzte. Aber auch in Deutschland selbst gesellte sich der Auseinandersetzung zwischen Protestanten und Katholiken solche zwischen Lutheranern und Calvinisten hinzu; weil es niemals gelang, die evangelischen Kräfte zu vereinen, zersplitterte oft der Widerstand der Protestanten gegen die zu neuem Selbstbewußtsein erstarkten katholischen Mächte. Die endliche Konvergenz zwischen lutherischer Orthodoxie und dem reformierten Calvinismus setzte erst ein, nachdem die konfessionelle Landkarte Deutschlands mit dem Westfälischen Frieden dauerhaft fixiert war.

Die Rückbesinnung des Katholizismus auf seine Tradition und seine dogmatischen Wurzeln war die andere große geistig-geistliche Bewegung des Zeitalters. Auch sie hatte bereits zu Beginn des 16. Jahrhunderts eingesetzt, ja sieht man genauer hin, so wird eine ununterbrochene Kette von inneren Reformbemühungen der Kirche erkennbar, aber es war doch wohl erst die Herausforderung von Luther, Zwingli und Calvin, die den Reformbestrebungen hier zum Durchbruch verhalf. Wo immer die Wurzeln des Konzils von Trient und des Ordens von der Gesellschaft Jesu in der Geschichte liegen mögen, beide Phänomene waren in der kirchenpolitischen Praxis doch Reaktionen auf das immer präziser sich entwickelnde Lehrgebäude der großen reformatorischen Bewegungen. Gerade deswegen hatte man in Trient nicht mit den politisch wichtigen Reformfragen, sondern mit der neuen dogmatischen Fixierung des Glaubens begonnen – sehr zur Enttäuschung Karls V. übrigens, der damit zu Recht jede Chance auf die Wiederherstellung der kirchlichen Einheit aufgeben mußte. Aber beides zusammen: die wohlfundierten, von allen Unklarheiten und Verunreinigungen der Zeit gereinigten dogmatischen Prinzipien von Trient sowie die bewußte Anerkennung der Tradition als Wesenselement des katholischen Glaubens, schufen erst die Voraussetzung zur Behauptung des Katholizismus nach 1555, denn niemals wäre es den katholischen weltlichen Gewalten gelungen, ihren Besitzstand zu wahren oder wiederzugewinnen, wie es beispielsweise im „Kölner Krieg", als die Reformation im Erzbistum Köln vor der Tür stand, dann doch gelang, wenn der katholische Glauben selbst nur noch ein blutleeres, der Lächerlichkeit anheimgegebenes, überlebtes Phänomen gewesen wäre.

Die Neubelebung des katholischen Prinzips ging nicht zuletzt auf Ignatius von Loyola zurück, der mit dem Jesuitenorden nicht nur einen unter verschiedenen anderen neuen Orden im 16. Jahrhundert schuf, sondern ein schlagkräftiges theologisches Instrument, dessen sich die Kurie ebenso oft erfolgreich bediente, wie sie es voller Entsetzen fallen ließ. Die geistige Potenz dieses Ordens war tatsächlich die adäquate Antwort vor allem auf Calvin und dessen ebenso faszinierende wie letztlich erschreckende

Prädestinationslehre. Denkt man an Persönlichkeiten wie Nikolaus von Kues oder Erasmus von Rotterdam, so wird deutlich, daß Ignatius von Loyola in den Kreis jener großen katholischen Denker gehört, die weit über einen bloßen schematischen Dogmatismus hinaus die Flexibilität der Römischen Kirche „getestet" und sie am Ende elastisch-widerstandsfähig, zugleich aber auf neue Weise selbstbewußt gemacht hatten. Die unbedingte Kirchlichkeit des Ignatius war genau das, wessen die Kurie nun bedurfte; hatten Nikolaus und Erasmus in kühnen Spekulationen die mittelalterlichen scholastischen Grundlagen der katholischen Theologie aufgebrochen, so gelang es dem Tridentinum und dem Wirken der Gesellschaft Jesu in erster Linie den Katholizismus zu reformieren. Erst von hier aus konnte er sich weiterentwickeln.

Ohne Friktionen ging das freilich nicht ab. Sie ergaben sich in der Epoche der Glaubenskriege und der katholischen Reform nicht allein aus der theologischen und praktischen Auseinandersetzung mit den Protestanten aller Schattierungen, sondern in zunehmendem Maße auch durch die Fortschritte insbesondere auf wissenschaftlichem Gebiet.

Angefangen hatte all dies in Italien, im Zeitalter der Renaissance, deren Ende gemeinhin mit der „sacco di Roma" 1527 angenommen wird. Die neuen naturwissenschaftlichen Erkenntnisse waren auch Frucht des Entdeckungszeitalters, das galt insbesondere für die der Astronomie. Was Giordano Bruno, Nikolaus Kopernikus, Tycho Brahe, Johannes Kepler und Galileo Galilei in rasch aufeinanderfolgenden, sich bald aufeinanderbeziehenden Schritten entdeckten, wobei präzise naturwissenschaftliche Erkenntnisse oft noch mit theologischen Spekulationen vermischt erschienen, bedeutete das eigentliche „Zeitalter der Entdeckungen", nämlich der des Geistes, und damit war von seiten der römischen Kirche nicht so einfach fertigzuwerden wie mit denen in Amerika. Die Ende des 16. Jahrhunderts aufblühende neue Welt-Anschauung stellte sich als nicht geringere Herausforderung als jene Luthers und Calvins dar, die Kirche reagierte dementsprechend. Bruno konnte, wie einst Hus, noch verbrannt werden, Galileis Prozeß war schon ein Rückzugsgefecht, das der

Kirche noch jahrhundertelang schwer im Magen liegen sollte: Kopernikus, Kepler, Brahe bewiesen, daß Naturwissenschaft und Staat schon miteinander zu kommunizieren wußten. Dabei kommt es nicht auf die alchimistischen und astrologischen Verirrungen an, die auf die Mächtigen in ganz Europa noch ein Jahrhundert lang große Faszination ausüben sollten, sondern auf den Grundsatz des Zusammenwirkens zwischen politischer und wissenschaftlicher Macht. Das war ein in der Geschichte neues Moment, es trug langfristig zum weiteren Prozeß der Säkularisierung bei. Auch die schließlich sich triumphierend durchsetzende Aufklärung des 18. Jahrhunderts basierte auf diesen frühen Pionieren der Naturwissenschaften, allerdings gewiß nicht minder auf Descartes, dessen „cogito ergo sum" zum Schlachtruf der späteren Aufklärung werden sollte. Sieht man nun, woher alle diese Männer der Wissenschaft stammen, so wird deutlich, daß der Aufstieg der Natur- und Geisteswissenschaften ein internationales, ein gesamteuropäisches Phänomen gewesen ist. Deutschland hatte an ihm keineswegs den größten Anteil, es scheint, als habe sich dessen schöpferische Kraft nach Gutenberg, Dürer und Luther vorübergehend verzehrt. Aber alles, was aus Frankreich oder Italien, England oder Polen kam, durchdrang ganz Europa, und waren in Deutschland die religiösen Visionen vielleicht am ausgeprägtesten in die historische Erscheinung getreten, so zeigte sich der Vorsprung der Nationalstaatsbildung außerhalb des Römischen Reiches Deutscher Nation vielleicht auch in der Hervorbringung der ersten säkularen, der ersten Staatsutopien wie bei Thomas Morus, dessen „Utopia" bis heute sprichwörtlich ist, oder Bacons „Nova Atlantis" und Campanellas „Sonnenstaat". Parallel damit einher ging die Selbstbesinnung Europas auf das „ius publicum Europaeum", das Internationale und Völkerrecht. Aber vielleicht bedurfte es erst des politischen und moralischen Chaos des Dreißigjährigen Krieges, um dessen Bedeutung ins rechte Licht zu rücken.

Dieses Chaos warf mit dem Zusammenbruch der Reichsjustiz um 1600 seine Schatten voraus. Der Kompromißcharakter des Augsburger Friedens befriedigte diejenigen, die die Schrecken des Krieges nicht mehr persönlich erlebt hatten, je länger je weniger. Eine junge selbstbewußte Fürstengeneration urteilte schärfer und fühlte sich stärker. Sie war viel weniger als ihre Vorgänger bereit, auf tatsächliche oder vermeintliche Rechte zugunsten des Ganzen zu verzichten. Man kann gegen Ende des 16. Jahrhunderts damit einen Prozeß beobachten, der sich in der deutschen Geschichte noch mehrfach wiederholen sollte, da genügt es an die Abfolge der Zeitalter Bismarcks und Wilhelms II. zu denken. Anstatt die Unzulänglichkeiten der Reichsverfassung in gemeinsamem Bemühen zu beseitigen, nutzten die Fürsten sie aus, um die eigene Herrschaft zu befestigen, zumeist auf Kosten der Nachbarn und des Reichsganzen.

Hinzu kam, daß nach dem Tode Ferdinands I. mit Maximilian II. (1564–1576), Rudolf II. (1576–1612) und Matthias (1612–1619) nicht gerade starke politische Persönlichkeiten das „Amt" des Kaisers versahen. Zwar hatte Maximilian insbesondere auf dem Reichstag von Speyer 1570 noch einen Anlauf zum Ausbau der Reichsverfassung unternommen, scheiterte damit aber ebenso wie sein Nachfolger, der es mit Ausnahme einer Reichspolizeiordnung, die bis 1806 Bestand hatte, zu keinen weiteren Verfassungsreformen mehr brachte. Viel wichtiger war den Habsburgern der Ausbau der eigenen Hausmacht und die Lösung des türkischen Problems. Ihr Reichsinteresse verengte sich auf die Frage nach der möglichen finanziellen und militärischen Hilfe des Reiches. Erstaunlicherweise kam diese immer noch gelegentlich zustande, ein weiteres Indiz für die starke Kraft der religiösen Vorstellungen auch im Zeitalter der allgemein um sich greifenden Säkularisation. Aber die reichte niemals aus, um gegen die osmanische Expansion einen soliden Wall zu errichten; ein System der Aushilfen wurde für die Zeit der „Türkenkriege" typisch. Dazu zählten auch die fortlaufenden Zugeständnisse der Kaiser an jene Stände, auf die es am meisten ankam: die böhmischen. Eben dies sollte wenig später zu einem der den großen Krieg auslösenden Faktoren werden.

Latente Aggressivität und wachsende Unzufriedenheit mit den Verhältnissen im Reich standen auch an der Wiege jener beiden konfessionellen Bündnisse, mit denen der Beginn des Dreißigjährigen Krieges in der Erinnerung verknüpft wird:

Union und Liga. Unter Führung von Kurpfalz entstand 1608 die „Union", der Zusammenschluß von zuletzt acht Fürsten, einem Grafen und 17 Städten, der im Jahr darauf das Gegenbündnis der katholischen „Liga" folgte, der nahezu alle katholischen Stände Süddeutschlands unter Führung des Herzogs von Bayern angehörten. Beide Gruppierungen waren entschlossen, das, was sie für ihr Recht hielten, notfalls mit Waffengewalt durchzusetzen. Der praktische Stillstand der Rechtssprechung des Reiches war dabei Grund und Vorwand zugleich, denn es ging den beiden Organisationen nicht in erster Linie darum, im Interesse des Reiches zu handeln, sondern um die eigene Machtbehauptung und -ausweitung. Nachdem auch Brandenburg der Union beigetreten war, ergab sich zum ersten Mal in der neueren Geschichte Deutschlands ein politischer Zustand, der für die nachfolgenden Jahrhunderte typisch sein sollte: der Antagonismus zwischen einem eher protestantischen Norden unter Führung des Hauses Brandenburg und einem eher katholischen Süden unter Führung Bayerns.

Die Union war von Anfang an das schwächere Bündnis, vor allem weil der potentiell stärkste Bundesgenosse, nämlich Österreich, aller Wahrscheinlichkeit nach immer nur auf Seiten der Liga zu finden sein konnte. Das aber bedeutete, daß die Liga von Anbeginn eine Chance besaß, auch im Namen von Kaiser und Reich auftreten zu können, wohingegen die Union in letzter Konsequenz nur eine fundamentale Alternative zum römisch-katholischen Reichsganzen bilden konnte – aber an die dachte zu Beginn des 17. Jahrhunderts wohl niemand.

Union und Liga gehörten zu jenen nicht seltenen „Zwischengewalten", die in der deutschen Geschichte immer wieder eine wichtige Rolle spielten. Neu war, daß die Union noch viel unbesorgter als seinerzeit der Herzog von Sachsen sich auch nach Verbündeten außerhalb des Reiches umsah. Das Frankreich Heinrichs IV., die Generalstaaten und England schälten sich als mögliche Bündnispartner heraus, mit Schweden geriet die sich entfaltende nordische Großmacht in den Blickpunkt der Evangelischen – die Frage war, wozu diese politischen Orientierungen gut sein sollten, wollte man sie nicht als Versuch werten, die

Grundlagen des Augsburger Friedens generell in Frage zu stellen, ja den Religionsfrieden insgesamt zu revidieren.

Im nachhinein erscheinen solche Gedanken als einigermaßen hybrid, dennoch wird man die Formation der konfessionellen Bündnisse und deren Eingliederung in europäische Mächtekonstellationen als Hinweis darauf verstehen können, daß zu Beginn des 17. Jahrhunderts die Kernfrage nach der Zukunft Deutschlands noch als offen empfunden wurde. Es war ja tatsächlich keineswegs ausgemacht, daß das katholische Prinzip auf alle Zeiten ein römisch-katholisches Reich zur Folge haben mußte. Sieben Zehntel des Reiches, davon gingen neutrale zeitgenössische Schätzungen aus, waren Ende des 16. Jahrhunderts evangelisch, und vorübergehend schien es, als würde von den großen europäischen Mächten nach England und den Generalstaaten auch Frankreich sich der Sache der Reformierten anschließen. Nimmt man hinzu, daß mit der Erhebung des Moskauer Bischofs zum „Patriarchen" der Ostkirche 1593 der Anspruch Rußlands unterstrichen wurde, als „3. Rom" zu gelten; denkt man daran, wie nahe Schweden einem großen politischen Erfolg in Polen und Litauen war – mit all den hieraus sich ergebenden konfessionellen Folgen –, so versteht man schon, daß die Liga anders als die Union sich als ein Defensivbündnis begriff und sich anders als diese in straffer und effizienter Form organisierte.

Die internationalen Verwicklungen ließen tatsächlich nicht lange auf sich warten. Ausgelöst wurden sie durch den Erbstreit um die Herzogtümer Kleve-Jülich-Berg. Nach dem Tod des letzten einheimischen Herzogs Johann Wilhelm erhoben Brandenburg und Pfalz-Neuburg Erbansprüche und versuchten diese durch ein fait accompli auch sofort durchzusetzen, indem sie mit Truppen in das Land einrückten. Der Kaiser erklärte alles für null und nichtig, daraufhin trat Kurbrandenburg der Union bei, und diese stellte Hilfe in Aussicht. Gleichzeitig wurden Verbindungen zu Frankreich geknüpft, Heinrich IV. drohte ganz offen mit Krieg – da wurde Heinrich IV. ermordet, die Kriegsmaschine kam noch einmal zum Stillstand, nach einigem Hin und Her einigten sich die rivalisierenden Parteien, nachdem sie aus Gründen der Zweckmäßigkeit noch rasch die Konfession gewechselt hatten, auf eine Teilung der Erbmasse: Der Pfalzgraf erhielt das vereinigte Herzogtum Kleve-Berg, der Kurfürst Kleve mit den Grafschaften Mark und Ravensberg sowie der Herrschaft Ravenstein. Der Vertrag von Xanten (1614) begründete auf diese Weise die brandenburgische Position im Westen des Reiches; als vier Jahre darauf mit dem Erlöschen der Herzogslinie in Preußen auch dieses Land an die brandenburgische Hauptlinie fiel, zeichnete sich schon jene Konstellation ab, die für die deutsche Geschichte bis 1945 konstitutiv werden sollte: die Dominanz des Hauses Hohenzollern in ganz Norddeutschland. Den östlichsten Pfeiler des nachmaligen Gesamtstaates bildete Preußen, den westlichsten die Herzogtümer am Niederrhein, die Grafschaft Ravensberg erschien wie ein Bindeglied zwischen Kurbrandenburg und der Grafschaft Mark, es lag auf der Hand, daß Kurbrandenburg in der Folgezeit alles versuchen würde, um aus diesem strategisch so interessant gelegenen Streubesitz ein einheitliches Ganzes zu machen.

Um eine günstige Ausgangsposition für die als immer unvermeidlicher angesehenen kriegerischen Auseinandersetzungen bemühte sich aber auch das Haus Habsburg. In geheimer Absprache mit dem spanischen Königshaus gelang es dem Kaiser, eine solide Grundlage für ein gemeinsames Handeln aller habsburger Linien zu legen. Es war klar, daß die Generalstaaten wie auch Frankreich deswegen die „Umklammerung" umso unangenehmer empfinden mußten und nun ihrerseits nach möglichen Bundesgenossen Ausschau hielten.

Man wird in all diesen Überlegungen und Aktionen nicht eine bewußte und gewollte Planung für einen großen europäischen Krieg sehen dürfen. Daß aus einem der üblichen Konflikte zwischen Territorialherren und Ständen ein Weltenbrand entstehen sollte, war nicht voraussehbar. Aber es gab auf der anderen Seite auch nicht ansatzweise so etwas wie eine Art „Krisenmanagement". Gewiß war man noch meilenweit von jenem berüchtigten Philosophem entfernt, nach dem der Krieg nicht nur etwas „Natürliches", sondern auch etwas „Notwendiges", ja „Gutes" ist, dennoch wurden diese letzten Friedensjahre wieder, wie schon im 14. Jahrhundert, von Endzeiterwartungen überschattet, und diese apokalyptische Komponente mag dazu beigetragen haben, daß man das Hineingleiten in die große Katastrophe fatalistisch hinnahm. Die Vorgeschichte des Dreißigjährigen Krieges macht eindrucksvoll deutlich, daß es fragwürdig ist, sich auf den Krieg vorzubereiten, um den Frieden zu bewahren. Der Parallel-Weg zu friedlichen, evolutionären Lösungen wurde nämlich gar nicht erst beschritten. Deswegen führte die Aufrüstung aller Parteien zum Krieg. Niemand wußte, worauf man sich einließ. Der Krieg sollte anders sein als alles, was man bisher in der europäischen Geschichte erlebt hatte. Er entwickelte sich zu der bis dahin größten politischen, sozialen, wirtschaftlichen, demographischen und moralischen Katastrophe der Deutschen. Von daher mag es seine Berechtigung haben, vom Dreißigjährigen Krieg als der „Urkatastrophe" der deutschen Geschichte zu sprechen.

5. Die erste Urkatastrophe: Der Dreißigjährige Krieg

Es waren die Auseinandersetzungen zwischen Ferdinand II. als König von Böhmen mit seinen Ständen, die alles auslösten. Hatten sich derartige Querelen bislang jedoch immer noch auf dem Boden der Reichsverfassung im weitesten Sinne bewegt, so war das, was sich 1618 in Prag ereignete, schon so etwas wie eine Revolution. Wie anders hätte man die Absetzung des Königs durch die Stände und die Wahl des Kurfürsten Friedrich V. von der Pfalz zum böhmischen König deuten sollen, zumal damit tiefgreifende verfassungsändernde Beschlüsse verknüpft waren? Sie erinnerten manchen Beobachter an Ereignisse, wie sie sich in den Generalstaaten kurz zuvor abgespielt hatten. Es gab auch noch eine andere Reminiszenz: schon einmal war es über Fragen des Glaubens und der ständischen Freiheiten zu bürgerkriegsähnlichen Auseinandersetzungen gekommen, die mit der militärischen Niederlage des Hussitentums geendet hatten. Seitdem war es das Bestreben der österreichischen Habsburger gewesen, ganz Böhmen fest in das gesamtösterreichische Territorium einzubinden, eben dies weckte erneut den Widerstand der selbstbewußten Magnaten.

Der „Prager Fenstersturz“ schnitt alle Hoffnungen auf einen friedlichen Ausgleich rigoros ab. Zwar hatte es sich um eine zuvor sorgfältig überlegte Aktion gehandelt, die sogar einer gewissen rechtlichen Legitimation nicht entbehrte, aber Ferdinand sah nur die Rebellion, an Kompromisse dachte er keinen Augenblick.

Friedrich von der Pfalz, von Abenteuer und Ehrgeiz getrieben, dazu schlecht beraten, glaubte hingegen die ihm durch die böhmischen Stände gebotene Chance wahrnehmen zu sollen. Er verließ sich auf seine Glaubensbrüder von der Union, auf das mächtige Kursachsen, auf Kurbrandenburg, denn seine eigene militärische Basis war allzu schwach. Auch Ferdinand besaß für den Augenblick zumindest keinen ausreichenden militärischen Rückhalt, er mußte sich daher auf die Kräfte der Liga verlassen. Während deren Führer, Maximilian von Bayern, keinen Moment zögerte, dem bedrängten Habsburger beizuspringen, wurde Friedrich auf der ganzen Linie enttäuscht. Offensichtlich gaben die Herren der Union seine Sache von Anfang an verloren; kurzum, der frisch gewählte Böhmenkönig sah sich nahezu alleingelassen, die Söldnertruppen Ernst von Mansfelds waren alles, was er dem Heer der böhmischen Stände zur Seite stellen konnte.

Natürlich half auch Maximilian nicht uneigennützig. Der Habsburger mußte ihm den Ersatz der Kriegskosten, eine Entschädigung eventuell verlorengehender Ländereien, vor allem aber die Übertragung der pfälzischen Kur zusagen. Wie einst der Sachsenherzog, so sollte es jetzt dem von Bayern gelingen, die Notlage des zukünftigen Kaisers zur eigenen Standeserhöhung auszunutzen, all das hatte schon Tradition.

Am Erfolg der kaiserlichen und bayerischen Truppen war nicht zu zweifeln, in der Schlacht am Weißen Berge wurde das Heer der Böhmen innerhalb zweier Stunden vernichtend geschlagen. Der Pfälzer floh, wurde geächtet, verlor, wie schon zuvor ausgemacht, seine Kur, die fortan auf die bayerische Linie des Hauses Wittelsbach übertragen wurde.

Die Folgen für Böhmen waren schwer: die Anführer des Aufstandes wurden hingerichtet, ihre Güter eingezogen und an landfremde, dem König genehme Adlige ausgegeben; allein Wallenstein soll damals an die fünfzig Güter billig an sich gebracht haben. Etwa 150 000 Protestanten blieb nur die Auswanderung. Böhmen wurde zu einem festen Bestandteil der „Donaumonarchie"; seit 1621 sollte diese erblich und unteilbar sein. Es war die Geburtsstunde der österreichischen Großmacht.

In Böhmen waren „Ruhe und Ordnung" wiederhergestellt, dennoch ging der Krieg fort. Mit einem spanischen Heer, auf die spanischen Territorien in Burgund und in den Niederlanden gestützt und den Truppen der Liga unter Johann von Tilly, dessen militärischer Stern nun aufzuleuchten begann, wurde der unglückliche „Winterkönig", wie man den Pfälzer spöttisch nannte, aus seiner Heimat vertrieben; zum ersten Mal ging der Krieg verwüstend über die Pfalz hinweg. Als 1621 der Waffenstillstand zwischen Spanien und den Niederlanden ablief, war schon abzusehen, daß sich der Krieg auch nach Norden ausweiten würde, denn die zurückgeschlagenen Heerführer des Pfälzers wichen nach Norden aus und hofften, mit den niedersächsischen Ständen, vielleicht auch den Generalstaaten eine Allianz eingehen zu können. Die Kaiserlichen Truppen folgten und trugen die Kriegsfackel jetzt auch nach Nordwestdeutschland. Gleichzeitig mischte sich Spanien zugunsten eines Aufstands der katholischen Stände im Veltlin ein und gewann damit die strategisch wichtige Landbrücke zwischen den deutschen und italienischen Ländern des Hauses Habsburg. Genau das aber mußte Frankreich auf den Plan rufen, denn die Umklammerung des Hauses Bourbon durch die beiden Habsburger Territorien erschien dem Kardinal Richelieu als so gefährlich, daß er von nun an, zunächst in Form einer „verdeckten" Kriegführung, alle Hebel in Bewegung setzte, um die Habsburger überall zu schwächen.

Damit war die Ausweitung des lokalen, dann immerhin nur deutschen Krieges zu einem europäischen Konflikt programmiert, und nachdem die katholischen Streitkräfte, ohne viel Widerstand zu finden, bei der Verfolgung der protestantischen Heeresreste in Norddeutschland Fuß faßten, rückten auch die nordischen Staaten in den Brennpunkt des politischen Interesses der bedrohten evangelischen Stände. Vor allem Dänemark konnte als gleichsam „natürlicher" Verbündeter erscheinen, denn es gehörte mit Holstein dem niedersächsischen Kreis und dem Reich selbst an. Natürlich ging es Christian IV. auch um die Unterstützung der Glaubensgenossen, viel wichtiger war ihm, als er mit den Generalstaaten, England und einem Teil der evangelischen Reichsfürsten ein Bündnis abschloß, die Aussicht auf territoriale Zugewinne. Am Ende war es dann freilich Schweden, das den größten Territorialgewinn in Deutschland machen sollte; Christian wurde mit seinen Verbündeten 1626 entscheidend geschlagen, seitdem spielte Dänemark keine entscheidende Rolle mehr.

Zu diesem Zeitpunkt hatten sich die militärischen Verhältnisse weiter anscheinend unumkehrbar zugunsten der Liga, vor allem aber des Kaisers entwickelt. Dessen Entschluß, das Angebot Wallensteins anzunehmen, eine zweite, von der Liga unabhängige Armee aufzustellen und dem Kaiser anzudienen, veränderte den Charakter des ganzen Krieges. Zwar hatten sich römische Kaiser auch schon in früheren Jahrhunderten von Landsknechtsführern und Condottieri helfen lassen, Friedrich von der Pfalz hatte sich ganz auf solche Figuren verlassen müssen, Wallenstein trat ganz anders auf: auf der Grundlage seines eigenen, oft höchst merkwürdig zusammengekommenen Reichtums schuf er eine von allen fremden Ressourcen und Einflüssen unabhängige Streitmacht, über die er wie ein Eigentum unumschränkt verfügen konnte. Er stand demnach nicht an der Spitze „kaiserlicher" Truppen, sondern letztlich seiner eigenen. Ferdinand wußte sicherlich, worauf er sich einließ, als er Wallenstein mit seinem ersten „Generalat" betraute, denn dessen schon zuvor bewiesener Ehrgeiz hätte ihn warnen sollen. Aber es blieb ihm keine Wahl, wollte er sich nicht vollständig von seinem Wittelsbacher bayerischen Rivalen abhängig machen, denn auch dessen Ehrgeiz war mit der frisch gewonnenen Kur offensichtlich ebenfalls noch keineswegs gestillt.

Wallensteins Heer, das mit dem Grundsatz, daß der Krieg den Krieg ernähren müsse, ein neues, die Zivilbevölkerung schrecklich bedrängendes Element in die Kriegführung der Zeit einführte, eroberte binnen weniger Monate ganz Norddeutschland, drang nach Jütland vor und kam erst an den Küsten von Nord-

und Ostsee zum Stillstand. Einzig Stralsund vermochte sich zu halten, denn es besaß den Rückhalt der See. Die aber bedeutete auch für Wallenstein ein unüberwindbares Hindernis; der ihm vom Kaiser verliehene großspurige Titel eines „Generals der Baltischen und Ozeanischen Meere“ machte die maritime Ohnmacht nur umso deutlicher. Vielleicht wäre die Gründung einer Flotte dennoch schon damals möglich gewesen. Da aber die Küstenstädte, mit Lübeck an der Spitze, der einzigen Stadt, die über eine echte Seemachttradition aus hansischen Zeiten verfügte, evangelisch waren und eben nicht auf seiten des Kaisers standen, fehlten die einfachsten Voraussetzungen. Im jeweiligen Abstand eines runden Jahrhunderts sollte das hier sichtbar werdende Problem erneut auftauchen: Zuerst versuchte nach Wallenstein der Große Kurfürst noch im 17. Jahrhundert sich mit der Gründung einer Flotte, dann spukten solche Gedanken im Kopf Friedrichs des Großen. Schließlich führte die Revolution von 1848 zum Versuch, eine „Reichsflotte“ zustande zu bringen. Dauerhafte Erfolge erzielte freilich erst einige Jahrzehnte später Preußen, dann das neue deutsche Reich unter Bismarck.

Wallenstein stand mit seinem Heer siegreich und erfolgsverwöhnt an der deutschen Küstenlinie, Dänemark besaß zwar eine Flotte, aber kein Heer, das den kaiserlichen Truppen noch ernsthaft Widerstand hätte leisten können, der 1629 zu Lübeck abgeschlossene Frieden ließ dieses Land aus dem Dreißigjährigen Krieg vorübergehend verschwinden. Freilich war die Ruhe des Nordens damit keineswegs hergestellt, denn die dänische Niederlage bedeutete nicht nur die der norddeutschen Protestanten, sondern auch den indirekten Sieg der anderen großen nordischen Macht: Schwedens.

Dieses führte schon seit Jahren Krieg mit Polen, in dem es letztlich schon um das „dominium maris baltici“, die Hegemonie in der Ostsee und in den Ostseeterritorien ging. Auch Dänemark hatte zu den Rivalen Schwedens gehört, diese Gefahr war nun gebannt. Als ungleich größer wurde jetzt die eines möglichen Zusammenwirkens der kaiserlich-wallensteinischen mit den polnischen Truppen von seiten Schwedens eingeschätzt. Tatsächlich lag eine solche Allianz nahe: Indem sich der Kaiser auf die Seite Polens schlug, hätte er an der Ostsee mit polnischer Hilfe Fuß fassen und den schwedischen Herrschaftsanspruch bestreiten können; daß Schweden die Vormacht des evangelischen Glaubens, Polen aber katholisch war, machte eine solche Konstruktion nur noch wahrscheinlicher.

Aber Ferdinand dachte nicht so weit, ihm kam es darauf an, die Erfolge Wallensteins, die er für die seinen hielt, nun im Interesse der katholischen Sache auszunutzen – ein schwerer politischer Fehler, wie sich bald herausstellen sollte. Der Kaiser verkannte, daß der Krieg schon gar nicht mehr in erster Linie um den rechten Glauben ging, dieser Irrtum war freilich die unvermeidliche Folge seines eigenen strengen katholischen Glaubens, der sich immer noch mit der Hoffnung trug, das schier Unmögliche doch noch zustandezubringen: die Rückführung der Häretiker in den Schoß der römischen Kirche, die Rückgängigmachung der Konfessionsbildung – Revisionsvorstellungen, ebenso kühn wie utopisch. Wenn dem Kaiser 1629 die Idee vorschwebte, das Rad der Geschichte bis nach Worms, ins Jahr 1521 zurückzudrehen, so zeigte dies einen politischen Realitätsverlust, der für die Zukunft des Reichsganzen nichts Gutes verhieß.

Mit dem Restitutionsedikt von 1629 wollte er den Anfang machen. Es bezog sich auf den Augsburger Frieden und setzte fest, daß der „Geistliche Vorbehalt" wieder unumschränkt gelten und alle Bistümer und Stifte, die seit dem Passauer Vertrag von 1552 in evangelische Hand übergegangen waren, wieder katholisch werden sollten. Die Masse dieser Bistümer aber lag im Norden Deutschlands; hätte der Kaiser sein Edikt durchsetzen können, so wäre der norddeutsche Protestantismus durch katholische Enklaven gleichsam durchsiebt und in seinem Grundbestand gefährdet gewesen. Eben das wollte der Kaiser. Ob er selbst die machtpolitischen Konsequenzen eines strikt durchgeführten Restitutionsediktes erwogen hat, mag dahinstehen, ihm ging es tatsächlich in erster Linie um die Religion; der Widerstand, der sich gegen seine Verfügung regte, kam aber gar nicht allein von den betroffenen protestantischen Ständen, sondern von den Reichsständen überhaupt, gleichgültig ob evangelisch oder katholisch. Denn das Restitutionsedikt hätte dem Kaiser, genauer:

dem Hause Österreich im Reich einen ganz unerhörten Machtzuwachs beschert. Plötzlich ging es nicht mehr um die Religion, es ging um die „Libertät". Und die war den Fürsten allemal wichtiger als die Konfession.

Die fürstlichen Bedenken wurden durch das System Wallenstein zusätzlich verschärft: Zum ersten Mal hatte der Kaiser unabhängig vom Willen und der Zustimmung der mächtigen Landesherren ein militärisches Instrument auf die Beine gestellt; auch die Tatsache, daß dieser Abenteurer fragwürdiger Herkunft mit allerlei Titeln und sogar einem Herzogtum „belehnt" wurde, konnte doch nichts daran ändern, daß ihn die Fürsten als Parvenu ansahen. Wallenstein war also auch ein Verfassungsproblem: woher eigentlich nahm der Kaiser das Recht, ohne Bewilligung durch die dafür zuständigen Kurien eine Armee aufstellen zu lassen?

Kontrolle der Armee durch die Reichsstände: auch das gehörte zu den Forderungen des Regensburger Kurfürstentages von 1630. Wichtiger war die nach der Entlassung Wallensteins. Ferdinand beugte sich diesen, vor allem von Maximilian von Bayern energisch vorgetragenen Ansinnen, erreichte dennoch nicht, daß die Kurfürsten seinen Sohn zum römischen König wählten. Auf dem vermeintlichen Höhepunkt der kaiserlichen Macht demonstrierten die Großen des Reiches in seltener Geschlossenheit, unabhängig von der Konfession, daß man unter keinen Umständen gewillt war, einer Entwicklung zuzustimmen, die Deutschland auf eine Verfassungsbahn gebracht hätte wie Spanien oder Frankreich. Aber wenn der Kaiser in der Fülle der Macht nichts erreichte – was würde ihm an Macht bleiben, wenn er, selbst in Bedrängnis geraten, wirklich nur auf Hilfe der Fürsten angewiesen sein sollte? Wie schon einst Karl V. erfuhr nun auch Ferdinand II., daß die Idee der „Libertät" jene der Einheit des Reiches, ja auch der Kirche überflügelt hatte. All dies wurde für die Zukunft konstitutiv, und schon auch der französische Einfluß spürbar. Für Frankreich bedeutete jede Schwächung der habsburger Macht, mochte sie sich nun auf das „Haus Österreich" oder den Kaisertitel stützen, eine Verminderung des Drucks der Umklammerung durch die Habsburger; geschickt sollten es die französischen Gesandten in Zukunft verstehen, dieses machtpolitische Kalkül mit der Behauptung zu verbrämen, es ginge Frankreich in erster Linie um die Verteidigung der „Libertät“, der Freiheit, wenn man so will – freilich nur die der Fürsten. Aber auch in späteren Epochen der deutschen Geschichte sollte das Pathos der deutschen Freiheit oft zum diplomatischen Instrument werden; Freiheit und Einheit: Sie bildeten fortan in der deutschen Geschichte keine dialektische Einheit. Epochen, in denen die Idee der „Freiheit“ siegte, wechselten mit solchen, in denen an der Spitze der Werteskala die „Einheit“ rangierte.

„Freiheit“: Das war auch die Parole von Gustav Adolf, dem schwedischen „Löwen aus Mitternacht“. Freiheit für die evangelische Sache, Schutz des protestantischen Glaubens, Kampf gegen den papistischen Kaiser und seine bigottkatholische Klientel: Mit solchen Propagandaparolen landete der schwedische König mit seinem Bauernheer von 12000 Mann in Deutschland, gewann rasch Zuzug und schickte sich an, den Bewegungskrieg von Süd nach Nord umzukehren, unterstützt auch durch französische Subsidien. Allein daß Gustav Adolf die Gelder des Kardinals Richelieu nahm, zeigte, daß es ihm zumindest nicht nur um den Glauben ging – ebensowenig wie Richelieu, dessen politisches Bündnis mit Schweden ja noch viel enger werden und alle religiösen Argumente als Heuchelei entlarven sollte. Um des Glaubens willen starben im Dreißigjährigen Krieg Hekatomben von Menschen, die Staatsmänner und Generäle nicht. Die handelten nach „Staatsräson“, auch wenn dieser Begriff gerade erst sich ins politische Bewußtsein der Zeit einzugraben begann.

Natürlich wäre es verfehlt, wollte man hieraus irgendwelche Schuldzuweisungen ableiten. Jede Partei verfolgte subjektiv legitime Interessen, und um das irdische Wohl oder Wehe der Untertanen machte niemand sich Gedanken, wenn es um das vermeintliche jenseitige ging. Die Verheerungen des Krieges, die abgrundtiefe Verachtung der Menschenwürde durch eine Soldateska, wie sie von Grimmelshausen oder Callot unvergeßlich beschrieben und gezeichnet worden ist, rührten diejenigen, die dafür verantwortlich waren, nur in den seltensten Fällen, und umso weniger, je weiter sie vom Brennpunkt des grausamen Geschehens entfernt waren. Das galt für Richelieu wie für den Kaiser und zahlreiche Fürsten, es galt freilich nicht für Gustav Adolf. Weil dieser sich selbst in die schlimmsten Gefahren begab, schließlich in ihnen umkam, umstrahlte ihn der Glanz des Heroischen. Sein Prestige, das er noch Jahrhunderte im Protestantischen genoß, ging freilich auch darauf zurück, daß seine großen militärischen Widersacher alles andere als moralisch integre Persönlichkeiten waren: Tilly wurde in der historischen Erinnerung nie mehr das Blut los, das er über Magdeburg gebracht hatte, Wallenstein nie den Geruch des Hochverrats, der ihm zum Schicksal werden sollte. Gustav Adolf hingegen fiel als tapferer Kämpfer in der Schlacht, allein das machte ihn in der sentimentalen Erinnerung der Evangelischen groß.

Glaubenseifer war dem Schwedenkönig gewiß nicht abzusprechen, er verlieh seinen Aktionen jenen Zug von Großartigkeit, die ihn als charismatischen Führer erscheinen ließ. Auf die norddeutschen evangelischen Reichsstände wirkte dieses Charisma allerdings kaum, denn sie fürchteten, vom Regen in die Traufe zu kommen: vertauschte man, sollte Gustav Adolf dauerhaft erfolgreich sein, die „viehische spanische Servitut" vielleicht nicht nur mit einer schwedischen? Als der König seinen Siegeszug nach Süden, gegen den Kaiser und seine Armeen aufnahm, wären die evangelischen Reichsstände am liebsten wie eine Art „dritter Partei" neutral geblieben; wieder war ihnen das Hemd der eigenen „Libertät" näher als der Rock des gemeinsamen Glaubens. Das eigentliche Ziel Gustav Adolfs war die Schaffung eines Ostseegroßreiches, das „dominium maris baltici". Als die Schweden, nun endlich doch mit Kursachsen verbündet, in der Schlacht von Breitenfeld am 17. November 1631 die Katholiken vernichtend schlugen, zerfiel mit der katholischen Machtstellung in Norddeutschland auch die Liga selbst. Seitdem war entschieden, daß der Norden Deutschlands evangelisch bleiben würde.

Nicht entschieden war das Schicksal des katholischen Südens, denn natürlich hielt sich der Schwedenkönig mit Breitenfeld nicht auf. Jetzt zeigten sich die verheerenden Folgen des Regensburger Kurfürstentages. Die Not spülte alle verfassungsrechtlichen und „libertären" Argumente fort, es galt gegen die Schwedenflut Dämme zu errichten, niemand zweifelte, daß nur Wallenstein in der Lage sein würde, das Unglück aufzuhalten. Er und Maximilian von Bayern, die stärksten Potenzen der katholischen Partei, wurden gegen Gustav Adolf und dessen Verbündete nun aufgeboten. Für Wallenstein war das ein ungeheurer persönlicher Triumph, und als es ihm tatsächlich gelang, das Vordringen Gustav Adolfs zuerst zu stoppen, dann die Schweden und Sachsen aus Bayern und Franken herauszudrängen, stand er im Zenit des Ruhmes und der Macht.

Freilich waren er und seine Verbündeten nicht stark genug, um die Schweden gänzlich aus Deutschland zu verjagen, ein zweites „roll back" war kräftemäßig nicht möglich. Nicht ohne Besorgnis hatte Richelieu die betäubenden Anfangserfolge seines schwedischen Schützlings verfolgt, denn natürlich lag dem Kardinal nichts an einer starken protestantischen Dominanz Schwedens in Zentraleuropa – die wollte er für Frankreich irgendwann einmal erringen. Dafür war die Etablierung einer Machtbalance im Reich wesentliche Voraussetzung.

Die unentschiedene Schlacht von Lützen behob solche Sorgen und entschied 1632 dann alles. Der Schlachtentod Gustaf Adolfs führte zwar nicht zum Zusammenbruch der schwedischen Stellung im Reich, dem Kanzler Oxenstjerna gelang mit dem „Heilbronner Bund" sogar eine engere Allianz mit den evangelischen Reichsständen, aber der Angriffsschwung der schwedischen Armee war gebrochen, nun war man froh, in Norddeutschland zu halten, was man besaß.

Kaum war die Gefahr für den Kaiser und seine Klientel einigermaßen gebannt, schob sich das ungelöste Problem Wallenstein wieder in den Vordergrund – das war ein schier unvermeidlicher Mechanismus. Wallenstein selbst glaubte wohl unentbehrlich zu sein, das machte ihn kühn, am Ende tollkühn, wenn er beispielsweise seine Armee auf sich selbst vereidigte und hinter dem Rücken des Kaisers seine eigenen politischen Pläne zu spinnen begann. Was dem Friedländer als letztes Ziel vorschwebte, weiß man nicht; wenn der Kaiser Hochverrat witterte, hatte er genügend Gründe, dies anzunehmen. Proskription und Ermordung Wallensteins am 25. Februar 1634 in Eger waren dennoch ein weithallendes Fanal in der Geschichte Deutschlands. Der Kaiser berief sich auf die Staatsnotwendigkeit und verwies auf das vermeintliche alte Recht des Herrschers, auch legitim morden zu dürfen, wenn anders eine existentielle Gefahr für das Wohl des Staatsganzen nicht abzuwehren sei, dennoch war es ein blanker Mord. Es sprach allerdings für den Kaiser, daß der Fall Wallenstein für ihn auch ein solcher des Gewissens blieb: vielleicht ist der so oft strapazierte Begriff des Tragischen hier angemessen.

Der Kaiser trug die Verantwortung, die Fürsten ließen ihn sie tragen, auch darin lag ein Urteil. Im übrigen verscheuchte der große Erfolg der kaiserlichen Truppen über die Schweden 1634 bei Nördlingen alle Grübeleien. Wieder hatte der Kaiser in Deutschland die Oberhand gewonnen, allerdings weit weniger deutlich und umfassend als 1629. Alle Anstrengungen der vergangenen Jahre hatten gezeigt, daß die beiden Parteien annähernd gleich stark waren, es schien nach 17 Jahren Krieg aussichtslos, an dieser Machtbalance etwas ändern zu wollen.

Der Kaiser selbst zog die Konsequenzen. 1635 kam es mit Einwilligung nahezu aller Reichsstände zum Frieden von Prag, dem „deutschen" Frieden in der Gesamtepoche des europäischen Krieges. Er spiegelte, wie einst der von Augsburg, die Erfahrungen der Vergangenheit; er zeigte, daß die Verantwortlichen aus den Katastrophen gelernt hatten. Der Kaiser nahm das Restitutionsedikt, das die Schweden recht eigentlich erst auf den Plan gerufen hatte, im wesentlichen zurück – nun galt das Jahr 1627 als Stichjahr für die Fixierung der Bekenntnisse –, bestätigte die Übertragung der pfälzischen Kur an den Wittelsbacher, schlug Magdeburg und die Lausitzen dem Kurfürstentum Sachsen zu. Unmittelbare Lehre aus dem Fall Wallenstein war die Übertragung des Oberbefehls über die Reichsarmee auf den Kaiser selbst, damit verzichteten die Stände auf das ehrwürdige Recht des „ius armorum" und des „ius foederis". Insgesamt ging der Kaiser gestärkt aus dieser Fortentwicklung der Reichsverfassung hervor. Es schien, als könne der Frieden im Reich nun endgültig wiederhergestellt werden, alle wesentlichen Probleme waren gelöst.

Der Krieg sollte jedoch noch 13 Jahre weitergehen, ja eine neue Dimension des Schreckens gewinnen. Aber das war weder ein „deutscher" noch ein „Religionskrieg". Es war ein europäischer Krieg. Die meisten Reichsstände wurden zum Spielball auswärtiger, vor allem schwedischer und französischer Interessen. Frankreich konnte einen Frieden in Deutschland umso weniger gebrauchen, als die Auseinandersetzungen mit Spanien noch keineswegs entschieden waren. Ein befriedetes Mitteleuropa mußte nämlich das Haus Österreich längerfristig erstarken, die Position Frankreichs dementsprechend schwächen lassen. Hatte es Richelieu bisher vermocht, nur durch indirekte Einmischung den Krieg in seinem Sinne zu lenken, so sah er sich nach dem Abschluß des Prager Friedens zu direktem Eingreifen gezwungen. Frankreich erklärte Spanien, vier Monate später Kaiser Ferdinand offiziell den Krieg. Schweden blieb Verbündeter Frankreichs. Als der Krieg sich von Italien an die Westgrenze des Reiches verlagerte, wurden die übrigen deutschen Mächte erneut in ihn hineingezogen. Im nationalen 19. Jahrhundert galt der Kampf um diese Westgrenze als erster massiver Vorstoß Frankreichs zum Rhein, tatsächlich ging es den Franzosen weniger um Territorialgewinn als die Unterbrechung der habsburgischen Verbindungslinien. Die „spanische Straße" von Italien in die österreichischen Niederlande wurde von Frankreich wie eine Schnur um den Hals der Monarchie empfunden, sie sollte zerstört werden. Weil das Mittel der indirekten Kontrolle über Deutschland dazu nützlich war, bemühte sich Frankreich, mit Hilfe großzügiger finanzieller Unterstützung dem Kaiser im Reich immer neue Feinde erstehen zu lassen. Aus alledem ergaben sich die Kriegszüge in der Schlußphase des Ringens, die Deutschland nun restlos verwüsteten, ganze Landstriche entvölkerten, die Überlebenden in unsäglichen Schrecken zurückließen. Endlich wurde auch Spanien kriegsmüde, nur Richelieus Winkelzüge und das französische Geld hielten Schweden noch bei der Stange. Schon seit längerem war klar, daß Schweden froh sein konnte, wenn es die in Norddeutschland gewonnenen Positionen würde halten können. Umgekehrt geriet ab 1640 Spanien in Schwierigkeiten, nachdem Portugal abfiel und Aufstände das

Land erschütterten. Von der noch 1635 bewiesenen kurfürstlichen Solidarität mit dem Kaiser, seit 1637 Ferdinand III., war nichts mehr zu spüren, ein Kurfürstentum nach dem anderen fiel vom Kaiser wieder ab; zumeist geschah alles nunmehr aus Schwäche und politischer Ausweglosigkeit, längst waren keine weiterreichenden politischen Konzeptionen mehr zu erkennen.

Zum Schluß setzte sich die Erkenntnis durch, daß mit einer Fortsetzung des Krieges niemand mehr gedient war – vielleicht mit Ausnahme Frankreichs, das den Krieg gegen Spanien ja auch nach 1648 tatsächlich entschlossen weiterführen sollte. Es war weniger politische Gestaltungskraft als allgemeine Erschöpfung, die die Kurfürsten seit 1641 dazu bewog, es nun doch mit der Einleitung von Friedensverhandlungen zu versuchen. Dabei war jedermann klar, daß der allgemeine Frieden nur dann zu haben sein würde, wenn sowohl Schweden wie auch Frankreich, die beiden stärksten Potenzen im Reich, ihre „Anständigkeit" erhalten würden: territoriale Entschädigung, Einfluß auf die inneren Zustände im Reich.

Solche trüben Aussichten ließen den Krieg in den folgenden Jahren immer wieder neu hochflackern. Es dauert lange, bis alle politischen Ambitionen und Hoffnungen begraben sind. Erst als sich die Einsicht durchsetzte, daß mit spektakulären Erfolgen der einen oder anderen Seite nicht mehr zu rechnen war, brach sich die Friedensidee Bahn. Der Dreißigjährige Krieg endete so im Zustand totaler Frustrationen der Reichsstände: das letzte Heer, das vernichtend geschlagen wurde, war das von Bayern; mit der Eroberung Prags durch den schwedischen General Königsmarck ging der Krieg da zu Ende, wo er begonnen hatte. Franzosen und Schweden, erstere in Süddeutschland, letztere nach einem neuerlichen Sieg über Dänemark im Norden, schalteten und walteten, wie sie wollten. Nahezu sieben Jahre waren Friedensverhandlungen und Krieg nebeneinander her gelaufen. Erst nachdem die deutschen Zwischengewalten am Boden lagen, der Krieg zwischen Habsburg und Bourbon sich in Gebiete außerhalb des Reiches verlagerte, konnte man darangehen, nun endlich doch im Reich und für das Reich Frieden zu machen. Beteiligt an den Verhandlungen waren unmittelbar alle Reichsstände, eine schier unübersehbare Menge kleiner und kleinster Herrschaften. Zu sagen hatten sie nichts, der Frieden wurde im wesentlichen von Frankreich, Schweden und dem Haus Österreich bestimmt, der Kaiser ergriff die Initiative, das forderte sein Amt, aber er war bei weitem nicht die mächtigste Partei. Erst nachdem Frankreich und Schweden signalisierten, daß sie am Abschluß des Friedens interessiert seien, konnte es in Münster und Osnabrück zum Abschluß kommen. Dabei war von vornherein klar, daß es anders als knapp hundert Jahre zuvor in Augsburg kein bloßer Reichsfrieden, geschweige denn ein „deutscher" Frieden sein konnte. Weil praktisch ganz Europa in den Konflikt verwickelt war, mußte eine gesamteuropäische Lösung angestrebt werden. Es ging um nichts weniger als die Neuordnung des Kontinents unter religiösen und machtpolitischen Aspekten. Dennoch stand Deutschland im Mittelpunkt. Das war Folge seiner Geschichte und seiner Geographie. Deswegen war das Jahr 1648 auch für die Deutschen der wichtigste Einschnitt in der Geschichte der frühen Neuzeit. Für Frankreich, Spanien, England, die nordischen Reiche galt diese Zäsur nicht. Denn der Krieg tobte in Europa noch jahrelang weiter, sieht man genauer hin, so fällt es schwer, in den nächsten 150 Jahren überhaupt eine Epoche auszumachen, in der überall in Europa die Waffen geschwiegen hätten. Der Westfälische Friede bescherte so nur einen bedingten Frieden. Dennoch war er unendlich besser als der Krieg, dessen Auswirkungen so verheerend waren, wie man sie sich im 20. Jahrhundert wohl nur als Folge eines nuklearen Schlagabtausches vorstellen kann.

6. Münster und Osnabrück: Die Räson eines europäischen Friedens

Die Siegermächte bestimmten das weitere Schicksal Deutschlands, an ihrer Spitze Frankreich und Schweden. Sie sollten im Vertragswerk schließlich auch die Garantien für den Frieden übernehmen. Sie waren zuständig nicht allein für alle Fragen, die das Verhältnis der deutschen Stände zu ihnen selbst betraf, sondern auch für die konfessionellen und verfassungsrechtlichen

Probleme im Reich. Dieses selbst verfügte demnach nur über eine eingeschränkte Souveränität. Gerade das haben später viele Historiker den Garantiemächten zum Vorwurf gemacht: Diese hätten sich in deutsche Angelegenheiten eingemischt, das Reich sei ihrer Willkür ausgesetzt gewesen.

All dies kommt dem modernen Betrachter merkwürdig vertraut vor. Denkt man an die Friedensregelungen von 1919 oder die „Nicht-Friedensregelungen" von Jalta und Potsdam, 1945, wird eine erstaunliche Parallelität sichtbar. Kann man tatsächlich einen großen historischen Bogen von 1648 hin zu 1945, von dort nach 1992 schlagen? Im Prozeß des sich offensichtlich unaufhaltsam vereinigenden Europa wird die deutsche „Souveränität" nämlich erneut in Frage gestellt werden.

In Wahrheit ist dies keine Frage mehr, das Zeitalter der nationalen Souveränitäten neigt sich seinem Ende zu – auch wenn seit 1989 daran wieder Zweifel wachsen. 1648 stand es gerade am Anfang, der Westfälische Frieden hielt es für das Heilige Römische Reich deutscher Nation entscheidend auf. Deswegen wurde der Frieden von Generationen deutscher Historiker bejammert. Man verkannte, daß er gar nicht auf dem Konstrukt einer womöglichen „nationalen" Souveränität basierte – so wie eine zukünftige europäische Verfassung diese im Hegelschen Sinne „aufheben" wird.

Tatsächlich konnte das Reich von 1648 gar kein Subjekt staatlicher „Souveränität" sein, denn diese war untrennbar mit der Herausbildung der nationalen Einheitsstaaten verknüpft. Das Reich konnte sich nicht so „selbstbestimmen" wie etwa das Frankreich Ludwigs XIV. oder das Spanien Philipps II. Es blieb, je länger je mehr, auf das Mit- und Gegeneinander der Einzelstaaten innerhalb des Reichsverbandes angewiesen. Gerade weil das Ringen der Partikulargewalten um die vollständige Freiheit und Unabhängigkeit mit den Friedensregelungen von 1648 im wesentlichen abgeschlossen war, driftete das Reich selbst endgültig aus dem Kreis der sich sonst in Europa bildenden Nationalstaaten hinaus. Die Kategorien der „Souveränität" und des staatlichen Selbstbestimmungsrechts trafen auf dieses Gebilde gar nicht mehr zu. Deswegen wäre es anachronistisch, ja geradezu sinnlos, wollte man die sich hieraus unvermeidlich ergebende „Einmischung“ der Reichsnachbarn in die Angelegenheiten des Reiches als unerhört, illegitim, aggressiv verurteilen, denn auf diese Weise verkennt man den eigentlichen Sinn, die „Räson“ des Friedenswerkes. Sie wird nur begreiflich vor dem Hintergrund der politischen Entwicklungen der hundert Jahre vor 1648, in deren Mittelpunkt die Konfessionsfrage und die nach der politischen Hegemonie in Europa stand. Beide Probleme wurden in Münster und Osnabrück gelöst, die Religionsfrage sogar endgültig, nicht zuletzt das machte die friedensstiftende Bedeutung des „ewigen und allgemeinen Reichsgrundgesetzes“ aus, wie der Westfälische Frieden genannt wurde.

Schon die Zeitgenossen sahen in dem Friedenswerk einen epochalen Einschnitt, den Abschluß sowohl der konfessionellen wie der politischen Auseinandersetzungen innerhalb des Reiches. Weil die Glieder des Reiches dies aus eigener Kraft nicht zustande gebracht hatten, war es konsequent, wenn Schweden nunmehr zum „Reichsstand“ erhoben wurde, nachdem ihm erhebliche territoriale Gewinne innerhalb des Reiches zugestanden werden mußten. Das Stift Verden, das Erzstift Bremen, Wismar, Vorpommern und Rügen wurden schwedisch. Auf dem Weg zum „dominium maris baltici“ war dieses Land damit einen erheblichen Schritt vorangekommen, seitdem stellte sich allerdings die Frage nach der politischen Dominanz in Norddeutschland neu. Erst die Zukunft konnte erweisen, ob das Vordringen dieser skandinavischen Macht nach Mitteleuropa die Ostsee zu einem nördlichen „Mittelmeer“ machen konnte, oder ob sich langfristig andere Territorien durchsetzen würden. Die erheblichen territorialen Zugewinne des Hauses Brandenburg unmittelbar vor dem Ausbruch des Dreißigjährigen Krieges und im Frieden selbst wiesen nämlich auch diesen Staat zumindest theoretisch auf die Bahn einer Ostseeherrschaft. Das heißt: die Territorialgewinne Schwedens stellten a priori ein mögliches Element der Unruhe dar – aber anders wäre 1648 der Frieden mit Schweden vom Reich wohl nicht zu haben gewesen.

Das Frankreich Richelieus zog auch im Frieden die Methode der informellen Mitregierung im Reich vor. Es lag auf der Hand, daß für Frankreich die Schwächung der habsburgischen Macht entscheidend war. Dem dienten überhaupt alle diplomatischen Schachzüge Richelieus. Frankreich erwarb sämtliche habsburgischen Rechtstitel im Elsaß, ließ sich den Besitz der Bistümer Metz, Toul und Verdun bestätigen (es war sich in diesem Punkt seit 1552 offensichtlich doch nicht sicher gewesen). Mit dem Besatzungsrecht in Philippsburg sowie dem Gewinn Breisachs stieß Frankreich eine wichtige strategische Tür in das Reich auf. Freilich blieben die südlichen, spanischen Niederlande beim Haus Habsburg, die Anerkennung der endgültigen Unabhängigkeit der nördlichen Niederlande, die damit auch formell aus dem Reichsverband ausschieden, war so gesehen nur ein halber französischer Erfolg. Daß auch die Eidgenossenschaft nunmehr ganz offiziell aus dem Reich schied, war nurmehr eine Formalie.

Wenn der Frieden diesen Namen verdiente, so nicht zuletzt wegen des in ihm verankerten „Restitutionsprinzips". Es sah eine Wiederherstellung des Besitzes aller Reichsstände nach dem Stand von 1618 vor. Ganz besonders betroffen davon wurde Kurpfalz: Es erhielt zwar nicht „seine" Kur zurück, wohl aber eine neugeschaffene 8. Kur. Bayern behauptete nicht nur die ihm übertragene pfälzische Kur, sondern behielt auch die Oberpfalz. Das war ein deutlicher Machtgewinn, der Lohn für das starke militärische und politische Engagement Maximilians von Bayern zugunsten des Kaisers.

Auf dem konfessionellen Gebiet regierte im Friedenswerk nunmehr die pragmatische Vernunft. Mit dem Stichdatum 1624 wurde der Bekenntnisstand endgültig fixiert; zwar sollte auch zukünftig das Prinzip des „eius regio, eius et religio" gelten, aber die Untertanen brauchten einen eventuellen Konfessionswechsel ihrer Fürsten nicht mehr automatisch mitzumachen. Der Calvinismus wurde als dritte Konfession ebenfalls anerkannt, die Gremien auf den Reichstagen sollten sich je in einem „Corpus Evangelicorum" und einem „Corpus Catholicorum" organisieren. Nur wenn beide Corpora zustimmten, konnte fortan ein reichsverbindlicher Beschluß in Religionsfragen gefaßt werden. Die Verfassung zwang daher zu Ausgleich und Toleranz, man kann von einer zukünftigen „friedlichen Koexistenz" der Bekenntnisse sprechen. Sie hat sich seitdem im wesentlichen bewährt, das Zeitalter der Religionskriege war damit ein für allemal beendet – vielleicht war das der größte Erfolg des Friedens überhaupt.

So wurde die Vernunft ebenfalls Sieger, mit dem Westfälischen Frieden beginnt daher auch das Zeitalter des Rationalismus. Es prägte sich besonders deutlich in den nunmehr nahezu vollkommen „souveränen" Reichsständen aus. Diese erhielten das Recht, untereinander und mit auswärtigen Mächten Bündnisse abzuschließen, sie durften sich lediglich nicht gegen Kaiser und Reich, sowie den Westfälischen Frieden selbst wenden. Die Mitsprache der Reichsstände bei allen Entscheidungen von Kaiser und Reich wurde nunmehr formell verankert, das bedeutete auf der einen Seite eine wesentliche Schwächung beider in Fragen der Außen- und Wehrpolitik, konnte jedoch auch eine Stärkung bedeuten, wenn die Interessen von Reich und Reichsständen gleichgerichtet waren.

Überhaupt stellte sich nach dem Westfälischen Frieden die Frage, ob man fortan noch von einer einheitlichen Reichsgeschichte sprechen konnte. Kritiker der Reichsverfassung wie Samuel Pufendorf vermochten in dem „Gebilde" des Reiches nur noch ein verfassungsrechtliches „Monstrum" zu sehen. Die wichtigen politischen Entscheidungen wurden nicht mehr vom Reichstag, nicht mehr vom Kaiser getroffen, dessen Interessen sich mit der Konsolidierung und Abrundung der Herrschaft in Österreich ebenfalls vom Zentrum des Reiches weg verlagerten. Stellt man sich bloß die verfassungsrechtlichen Konstruktionen vor, in denen das Reich ruhte, so konnte der Eindruck eines Machtvakuums entstehen. In Wirklichkeit existierte dieses nur in der Theorie, denn gerade der Friede von Osnabrück und Münster sorgte dafür, daß sich die einzelnen Reichsstände jetzt nahezu vollkommen frei entfalten und ihre Landesherrschaft komplett ausbauen konnten. Das aber machte sie, zumindest die größeren wie Bayern, Sachsen, Brandenburg, zuerst mit den kleineren, dann auch den größeren „Einheitsstaaten" des europäischen Kontinents außerhalb der Reichsgrenzen „konkurrenzfähig". Das Reich mochte zwar kaum noch in der Lage sein, eine selbständige europäische „Normalpolitik" zu führen. Aber es beschirmte immer noch die sich entwickelnden Glieder des Reiches, es übte immer noch eine Art Oberaufsicht und entlastete die einzelnen Staaten von zahlreichen Aufgaben, die anders ihnen zugewachsen wären. Das galt vor allem für die Verteidigung, die von den kleineren Reichsständen alleine nicht zu meistern gewesen wäre. Darüber hinaus bot die Kreiseinteilung auch die Möglichkeit zu Zweckassoziationen, die bei Fortfall des Reiches nicht möglich gewesen wären.

Gewiß beschleunigte das Friedenswerk die Aufsplitterung des Reiches in eine Unzahl von kleinen und kleinsten souveränen Territorialstaaten, darin konnte man auf der einen Seite ein Zeichen der Ohnmacht sehen. Auf der anderen war diese „Atomisierung", eindrucksvoll auf jeder historischen Karte nachzuvollziehen, Voraussetzung zur Ausbildung einer schier unendlichen Fülle von individuellen, originellen Staats- und Gesellschaftsformen. Die in der Folgezeit entstehenden zahlreichen kleinen Residenzen prägen noch heute das Bild unserer Landschaften und Städte; die kulturelle Vielfalt, wie sie den Deutschen seither selbstverständlich geworden ist, geht auf diese politische Entwicklung wesentlich zurück. Der Dreißigjährige Krieg und seine Folgen wirkten deswegen durchaus auch kreativ und innovativ, an einigen Landschaften und Städten war das Grauen des Kriegs ja auch vorbeigezogen, ihnen boten sich nun besondere Entfaltungschancen.

Die meisten fanden sich freilich, als die Waffen überall schwiegen, in einem desolaten Zustand. Es genügt daran zu erinnern, daß die Bevölkerungsverluste in ländlichen Gebieten bis zu 50%, in städtischen bis zu 30% betragen hatten. Der Volkswohlstand war dahin, es dauerte Generationen, bis der Lebensstandard wieder so hoch war wie vor dem Krieg. Die Beseitigung der Schäden und Wunden, die der Krieg geschlagen hatte, sollte vor allem im Norden Deutschlands, in Kurbrandenburg und Pommern, noch hundert Jahre brauchen. „Pommernland ist abgebrannt": diese Erfahrung hat sich, wenn auch nur in einem Kinderlied, bis heute erhalten. Vor allem die preußische Staatsräson ist nur vor dem Hintergrund der grauenvollen Kriegsfolgen begreifbar; noch Friedrich der Große wurde davon geprägt,

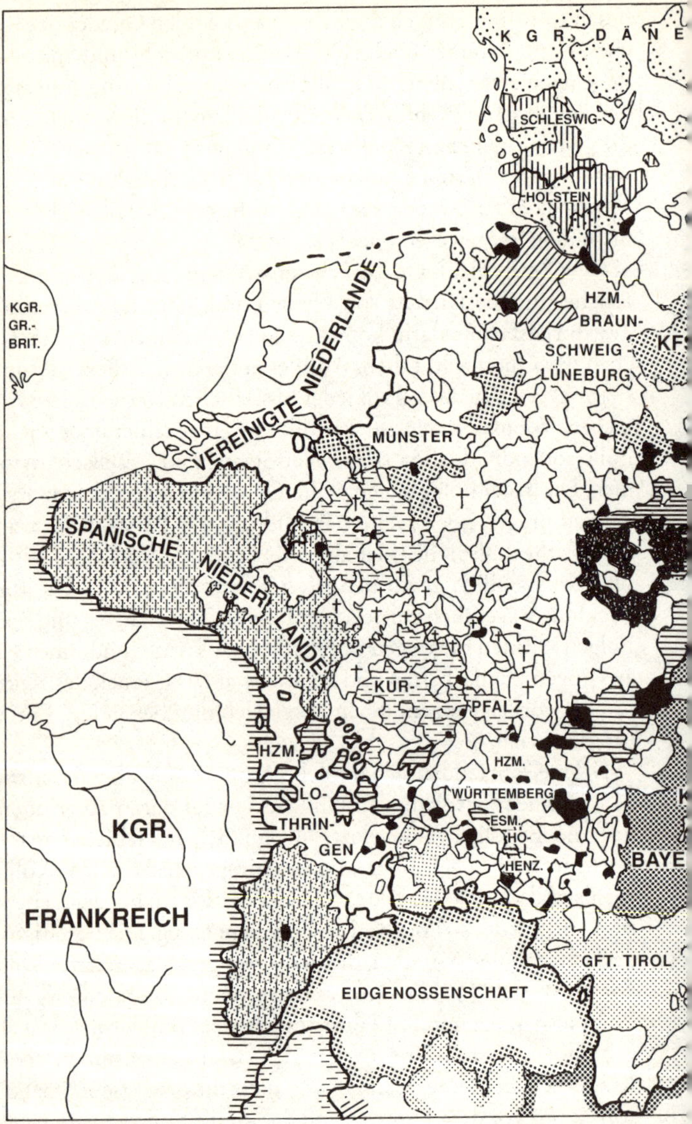

Mitteleuropa nach dem Dreißigjährigen Krieg

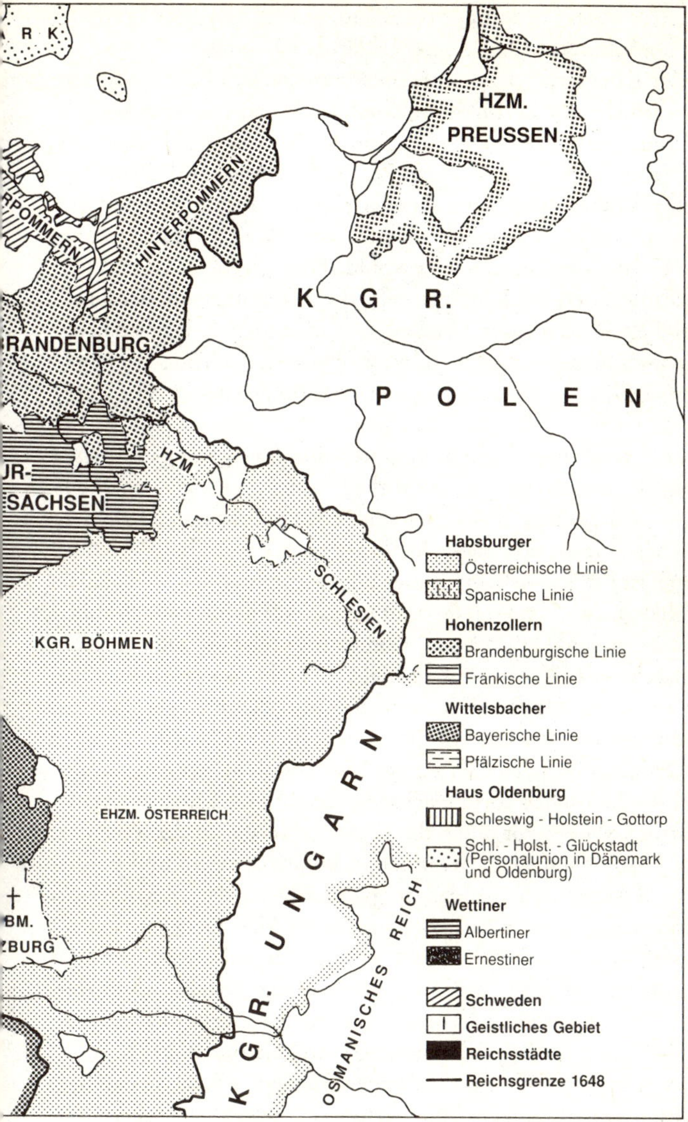
R K
HZM.
PREUSSEN
HINTERPOMMERN
K G R.
P O L E N
HZM.
SCHLESIEN
KGR. BÖHMEN
EHZM. ÖSTERREICH
K G R. U N G A R N
OSMANISCHES REICH
Habsburger
Österreichische Linie
Spanische Linie
Hohenzollern
Brandenburgische Linie
Fränkische Linie
Wittelsbacher
Bayerische Linie
Pfälzische Linie
Haus Oldenburg
Schleswig - Holstein - Gottorp
Schl. - Holst. - Glückstadt (Personalunion in Dänemark und Oldenburg)
Wettiner
Albertiner
Ernestiner
Schweden
Geistliches Gebiet
Reichsstädte
Reichsgrenze 1648

wenn er in der Förderung von „Peuplierung“ und „Melioration“ die höchsten Aufgaben des aufgeklärten Fürsten sah.

Die Kriegserfahrung lehrte die Menschen darüber hinaus, den Krieg nicht nur zu fürchten, sondern ihn zu hassen und nach Mitteln und Wegen zu suchen, um solche Katastrophen in Zukunft unmöglich zu machen. Der rasche Ausbau des europäischen Völkerrechts war Folge der Kriegserfahrung, desgleichen die ersten Pläne für eine allgemeine Abrüstung als Voraussetzung zur Friedensbewahrung. Der wohldosierte „Kabinettskrieg“ der nachfolgenden 150 Jahre spiegelte die Erkenntnis von der Sinnlosigkeit eines all-out-Krieges. Die Idee, den Krieg, wenn er denn schon nicht abgeschafft werden könne, doch zu „zähmen“, gewann ihre Legitimation aus den Erfahrungen des Dreißigjährigen Krieges.

Die Deutschen aller Stände waren durch den Krieg und seine Folgen am schwersten in Mitleidenschaft gezogen worden. Noch heute rühren die schlichten Lieder, mit denen sie 1648 den Frieden priesen. Die moderne Frage nach der „Schuld“ an diesem Krieg stellte sich ihnen allerdings nicht, immer noch galt das Verhängnis als von Gott gesandt, angekündigt durch den furchteinflößenden (Halleyschen) Kometen, durch Pest und Flut. Die Schrecken des Krieges ließen vielleicht nicht so fromme Gemüter in purem Unverständnis zurück; die Figur des Simplicius Simplicissimus des Grimmelshausen ist hierfür typisch.

Dennoch verlieh die Kriegserfahrung der Überzeugung Kraft, daß die Menschen fortan selbst für Krieg und Frieden verantwortlich waren; vor allem die Fürsten, vor denen das Zeitalter des Absolutismus lag, begannen in Fürstenspiegeln und politischen Testamenten über das „ius pacis ac belli“, das „Recht Krieg und Frieden zu machen“ nachzudenken. Aber nicht nur ihnen, sondern auch zahlreichen Juristen und aufgeklärten Gelehrten dämmerte die Erkenntnis, daß die Idee des „ewigen Landfriedens“ nicht nur ein schöner Traum bleiben durfte. Es dauerte freilich dann noch hundertfünfzig Jahre, bis Immanuel Kant in seinem Büchlein über den „Ewigen Frieden“ erkannte, daß der Krieg offensichtlich ein „Naturzustand“ unter den Völkern sei, der Frieden deswegen „gestiftet“ werden mußte.

III. Die Deutschen im Konzert der Mächte 1648–1815

1. Im Geist Europas: Kultur und Verfassung der Deutschen

Was ist Europa? Wer bestimmt, wo Europa liegt, wie weit es reicht? „Europabewußtsein" klingt heute wie billige Münze, zumal gerade die Deutschen nach 1945 immer besonders „gute" Europäer sein wollten – was anderes wäre ihnen auch übrig geblieben, nachdem sie ihren Nationalstaat aufs leichtfertigste aufs Spiel gesetzt, im Zweiten Weltkrieg anscheinend für immer verloren hatten? Ob das „Reich" 1945 „untergegangen" sei oder nicht – darüber stritten sich die Völkerrechtler – so wie dreihundert Jahre zuvor.

Denn auch 1648 mochte es so manchem Zeitgenossen scheinen, als sei das Heilige Römische Reich Deutscher Nation in Münster und Osnabrück „eigentlich" untergegangen. War nicht nur eine leere Hülle geblieben, ein anachronistisches Gebilde mit seltsamen, überlebten Verfassungen und Ritualen? Einem „Monstrum" gleiche dieses Reich: Samuel Pufendorfs immer wieder zitierte Formel schien noch für die Historiker des 19. und frühen zwanzigsten Jahrhunderts die treffendste Umschreibung für einen Abschnitt in der deutschen Geschichte zu sein, den man im Zeitalter der souveränen Nationalstaaten und ihres hypertrophen Nationalbewußtseins zwar nicht mehr begriff, wohl aber abschätzig beurteilte.

Europa war für die Menschen im Bismarckreich nicht viel mehr als ein abstrakter Begriff; gewiß wußten die Gelehrten, daß die Idee Europa gerade in den Zeiten nach dem Dreißigjährigen Krieg geboren worden war, aber sie trat doch völlig hinter dem Schmerz über den vermeintlichen Verlust des Glanzes und der Herrlichkeit des alten Reiches zurück. Bismarck selbst hatte noch gewußt, daß die „Wiedererstehung" des Deutschen Reiches im Jahr 1871 nur aus dem Schoße Europas, seinem Geist und seiner Toleranz möglich gewesen war; bald jedoch überwog ein immer überheblicher sich gebärdendes deutsches Nationalgefühl, im Bewußtsein der deutschen Nation versank Europa.

Aber Europa blieb lebenskräftig, es sollte zur machtvollsten Klammer der neuzeitlichen Geschichte werden, und am Ende des 20. Jahrhunderts steht es triumphierend am Tor zum neuen Jahrtausend. Die einzelnen Nationen Europas rücken wieder dorthin zurück, wo sie nach 1648 sich auch befunden haben: ins „Konzert" der kleinen und der größeren Mächte, die über allen Streitereien die gemeinsame Wurzel ihrer Herkunft doch nie ganz vergaßen, sich sogar über alle konfessionellen und machtpolitischen Grenzen und Gegensätze hinweg zusammenfanden, wenn Europa als Ganzes ernsthaft bedroht war: noch heute sind die Polen stolz auf ihren König Johann Sobieski, dessen unerschrockene Truppen entscheidend dazu beitrugen, daß die Türken 1683 Wien nicht eroberten, die Christen nicht, wie es der Sultan Mehmed IV. großspurig angekündigt hatte, in Hekatomben folterten und ihnen die Köpfe abschnitten. „Eugenio von Savoy" nannte sich jener europäische Kriegsheld, der die Fahnen Europas dann auf den Festungen des Türkenreiches flattern ließ. „Eugenio" verwies auf seine italienischen Ahnen, das „von" drückte seine Verbundenheit mit dem deutschen Sprach- und Kulturraum aus, das „Savoy" jene mit der Sprache des diplomatischen Europa.

Das Französische setzte sich nach 1648 allenthalben gegenüber dem Lateinischen durch. Wer europäisch dachte, für Europa in Europa unterwegs war, wer teilhaben wollte an dem ungeheueren Diskurs jener „philosophes" und „honnêtes hommes", für den man das unscharfe Wort „Aufklärung" geprägt hat, kam um Frankreich und die französische Kultur nicht herum, sei es in Madrid oder Brüssel, Hamburg oder Berlin, Mailand oder St. Petersburg.

Europa entstand auf den Schlachtfeldern und in den Köpfen der gelehrten Welt. Es wuchs aber auch von unten im Bewußtsein vom „christlichen" Europa; gerade die verschiedenen Anfälle von Intoleranz, wie sie am spektakulärsten in der Vertreibung der Hugenotten aus Frankreich sich manifestierten, zeigten, wie sehr es in Europa immer auch Zufluchtsorte für die Andersdenkenden, Andersglaubenden gab: das Edikt von Potsdam, das den Hugenotten in Preußen eine neue Heimat öffnete, setzte der religiösen Verblendung eines europäischen Herrschers die philosophische Toleranz eines anderen entgegen; die „Exulanten" aus Salzburg, die „refugiés" aus Frankreich aber wurden zu einem Ferment des europäischen Geistes.

Dieser Geist spannte sich zwischen den denkbar gegensätzlichsten Polen. Das „siècle des lumières", das „Zeitalter der Aufklärung" war zugleich das des „Absolutismus"; die berühmtesten Gelehrten korrespondierten mit den mächtigsten Fürsten – so wie Voltaire mit Friedrich dem Großen – zugleich stilisierten sich die Herrscher in Europa nach dem französischen Vorbild Ludwigs XIV. zu lauter kleineren oder größeren „Sonnenkönigen", die fern von ihren Untertanen und oft fern von der Wirklichkeit in den großartigen Künstlichkeiten von Versailles und Schönbrunn, Sanssouci und Nymphenburg ihre strahlende Bahn am politischen Firmament zogen.

Auch das in dreißig Kriegsjahren größtenteils zerstörte Mitteleuropa wurde in den nachfolgenden hundert Jahren mit einem dichten Netz von Höfen und Residenzen überzogen, die den einzelnen Staaten wie ihrer Gesamtheit im Rahmen des Reiches eine ganz eigentümliche Struktur verliehen. Wie eindrucksvoll die Architektur der Schlösser und Adelssitze, der Riesenklöster und Profanbauten in oft höchst kunstvoll und regelmäßig angelegten neuen Städten wie etwa Karlsruhe oder Mannheim wirkte, mag man daran ablesen, daß bis zum heutigen Tage die Stilbezeichnung „Barock" oft für das ganze Zeitalter gesetzt wird.

„Barock" war Stil: Stil des Bauens, des Dichtens, des Lebens, des Denkens – und von Wirtschaft und Politik. Nichts hat zur Vereinheitlichung des Kontinents im Bewußtsein der Europäer mehr beigetragen als diese flächendeckende, noch die letzten provinziellen Winkel „de la Westfalie" erreichende barocke Lebensweise, mochte sie sich in der Architektur oder der Mode, der Sprache oder der Musik ausdrücken.

Gewiß waren die Landesherren, durch den Westfälischen Frieden zumindest vorübergehend der drückendsten staatlichen Existenzsorgen enthoben, ausgehungert nach ein bißchen Kultur und Kunst nach so schrecklichen Verwüstungen des Landes und der Gehirne ihrer Menschen, die treibenden Gestalter der barocken Natur- und Geisteslandschaften. Freilich hätten sie nur wenig vermocht, wären ihnen im Verlauf der nächsten Generationen nicht ständig wachsende finanzielle Mittel zugeflossen, Persönlichkeiten zur Hand gegangen, die sich zunehmend als wahrhafte „Weltbürger" empfanden und im Dienst des „aufgeklärten" Fürsten eine Chance witterten, den hehren Idealen der Aufklärung praktische Taten folgen zu lassen. Wie schon im 16., verbanden sich auch im 17. und 18. Jahrhundert Macht und Geist, immer noch durchsetzt von Aberglauben, Alchemie und Hexenwahn. In Dresden versprach ein Scharlatan Gold zu machen und erfand noch einmal das Porzellan; in Würzburg wurde 1749, in Glarus gar 1782 die letzte Hexe verbrannt: ein Jahr nach Kants „Kritik der reinen Vernunft", zwei Jahre vor seiner Frage: „Was ist Aufklärung?"

Man darf sich nicht täuschen: Die strenggezirkelten „französischen" Gärten, die in höchster symmetrischer Perfektion errichteten Schloßanlagen, die stringente Ausformung des klassischen französischen Dramas in den Schöpfungen Corneilles, Racines und Molières, die schiere Intelligenz spiegelnde „Kunst der Fuge" Johann Sebastian Bachs haben die Leidenschaften der Menschen aller Stände auch im Zeitalter des Absolutismus nicht gebändigt; Europa war keineswegs ein blutleeres abstraktes Reich der Vernunft – so sehr dies einige Utopisten sich vielleicht auch gewünscht haben mögen.

„Homo homini lupus" – daß der Mensch des Menschen Wolf auf ewig bleiben werde, davon war nicht nur Thomas Hobbes überzeugt, der in der Denkfigur des „Leviathan" jene bedrückende Prophezeiung des alles überwältigenden Machtstaates entwarf, wie ihn Europa nur unter unsäglichem Leiden Ende unseres Jahrhunderts hoffentlich für alle Zeiten abgestreift hat. Viele Juristen der Zeit, die einen dreißigjährigen blutigen Anschauungsunterricht genossen hatten, wollten nicht so recht an die Träume der aufgeklärten Philosophen glauben, für die Leibniz' Vorstellung von der „prästabilierten Harmonie", der „besten aller Welten" stand. Voltaires „Candide" sollte zur ironischen und zugleich schneidendsten Antwort der europäischen Pessimisten an die europäischen Optimisten werden; Vernunft und Aberglauben, Fortschritt und Rücksturz ins Bodenlose: das ist nicht nur eine Erfahrung unseres Jahrhunderts.

Der Fortschrittsglaube war eben das, was das Wort sagt: ein Glaube, wenn auch kein frommer, denn es gehörte zu den größten Leistungen der Aufklärung, die Europäer aus den Fesseln ihrer unverschuldeten Unmündigkeit: den eifernden Religionen und Konfessionen, wesentlich befreit zu haben. Weniger Leibniz und Wolff in Deutschland, als Voltaire in Frankreich und Hobbes in England haben den Menschen eingehämmert, daß sie bestenfalls auf einer kleinen Insel des Glücks im Ozean des Unglücks und der Unvernunft lebten, der Kampf für Fortschritt, Freiheit und Vernunft deswegen nie enden dürfe. Gerade die nachdenklichsten Köpfe unter den „philosophes" hüteten sich vor einem blinden Fortschrittsoptimismus, die klügsten Fürsten folgten ihnen hierin: all dies verlieh Staat und Gesellschaft im Zeitalter des Absolutismus jene Struktur, die nur allzu blauäugige Geister als marionettenhaft und mechanisch klappernd werten mögen.

Das Wort „Absolutismus" täuscht ohnehin leicht darüber hinweg, daß es ihn im Sinne eines unumschränkten, geradezu totalitären Herrscherwillens im 17. und 18. Jahrhundert nie gegeben hat. „Losgelöst"=„absolutus" von den irdischen und deswegen menschlich-fehlsamen Rechtsregeln: das allein besagte der Begriff, und dies war schon eine theoretische Interpretation, denn auch die „absolutesten" Herrscher wie Ludwig XIV., Katharina II. oder Joseph II. waren weit davon entfernt, ihre Herrschaft als bloße Willkür zu begreifen. Man stand im Dienst Gottes oder, wie Friedrich der Große, in dem des „Staates". Insofern war Ludwigs XIV. „L'état c'est moi" nichts wesentlich anderes als Friedrichs Diktum vom „ersten Diener des Staates".

Daß „der Staat" nach dem Westfälischen Frieden in den Mittelpunkt des theoretischen und praktischen Interesses sowohl der Fürsten selbst wie ihrer Theoretiker geriet, ist Folge des Friedens selbst gewesen.

Denn die Bestimmungen von Münster und Osnabrück öffneten den Fürsten überall in Europa, vor allem aber in Deutschland ein weites Feld der eigenen politischen Betätigung. Diese wurde nur an zwei Punkten möglicherweise aufgehalten und eingegrenzt: Die Landesherren durften sich nicht gegen „Kaiser und Reich" wenden – und gegen den Friedensvertrag selbst, der auf diese Weise als europäisch-deutsches Grundgesetz verankert wurde. Tatsächlich haben erst die Wirren der napoleonischen Zeit das Friedensinstrument gänzlich zerstört – und mit ihm das alte Reich selbst. Zwar sollte 1806, als es soweit war, diesem niemand eine Träne nachweinen, und die öffentliche Meinung kam überein, so zu tun, als habe Napoleon nichts zerstört, was nicht lange schon zerstört gewesen wäre, in Wirklichkeit läßt sich erst aus dem Abstand zweier weiterer Jahrhunderte, die seit der Niederlegung der Kaiserkrone des Reiches durch Franz II. vergangen sind, die ganze Tragweite jenes Epocheneinschnittes überblicken: erst nachdem das Reich untergegangen war, lernten die Staatsmänner die tiefen Weisheiten zu schätzen, mit denen die Unterhändler des Friedens von 1648 bei den Zeitgenossen so wenig Staat zu machen wußten.

Natürlich wäre es verfehlt, wollte man die gegenwärtigen Bestrebungen um eine europäische Union als Überwindung der Reichszerstörung von 1806 begreifen. Wahrscheinlich mußte Zentral-Europa erst dermaßen „atomisiert" werden, wie dies im 17. Jahrhundert der Fall war, um die Bedeutung international wirksamer Klammern und politischer Integrationsfaktoren erfassen zu können, und es ist auch plausibel, die höhere Integrationsform eines „vereinten Europa" als dialektisches Gegenstück zur vollen Ausbildung der staatlichen Souveränität im 17. und 18. Jahrhundert anzusehen. Dennoch entsteht das europäische Problembewußtsein gerade aus der Exekution des Westfälischen Friedens. Europa – das war der Kontinent der sich nunmehr frei bestimmenden, frei die Allianzen wählenden Staaten. Die enorme Kraftentfaltung Europas im Zeitalter der ersten überseeischen Kolonialreichsbildungen, wie sie vornehmlich durch Spanien,

Portugal, dann die Niederlande und Frankreich, schließlich England inszeniert wurden, basierte letztlich auf der Existenz der starken, unabhängigen, sich zum europäischen „Konzert" verbindenden Einzelstaaten; vielleicht kann man sogar im 17. und 18. Jahrhundert von der Herausbildung eines typischen europäischen „Normalstaates" sprechen, der nirgendwo auf der Erde im 17. und 18. Jahrhundert eine Analogie gefunden hat.

Daß Absolutismus und Staatsräson eine untrennbare Verbindung miteinander eingingen, war schon den Zeitgenossen bewußt. Seit Macchiavelli gab es einen unaufhörlichen Diskurs, der sich mit dem Verhältnis zwischen dem Fürsten und seinen Untertanen, sowie dem der Fürsten untereinander beschäftigte. Hieraus entwickelten sich im Verlauf des 17. und 18. Jahrhunderts sehr unterschiedliche Lehren vom „Gesellschaftsvertrag", sowie ein subtiles Instrumentarium, mit dessen Hilfe die Interessen der Fürsten und zunehmend „ihrer" Staaten auswärtigen Ansinnen und Ansprüchen gegenüber gewahrt, notfalls verteidigt, gelegentlich gewaltsam durchgesetzt wurden. Für das absolutistische Zeitalter war das Bemühen kennzeichnend, alles in den Griff der Vernunft zu bekommen, Regeln und Verhaltensmuster zu entwickeln, die die komplizierte Staatsmaschine im einzelnen, das Mit- und Gegeneinander der „Staatsmaschinen" insgesamt steuern sollten.

Die Lehre vom Gesellschaftsvertrag setzte das Bewußtsein von der Existenz der Gesellschaft voraus. Anders als in den Jahrhunderten vor dem Westfälischen Frieden begriffen sich die Menschen nicht mehr so sehr als Glieder einer patriarchalischen Familie, sondern als Korporationen, oft schon Genossenschaften, die aus dem ständischen Selbstverständnis hervorwuchsen. Das hatte – noch – nichts mit einem modernen demokratischen Denken zu tun, dennoch wird den Historikern zuzustimmen sein, die in der Ausbildung der Ständegesellschaft doch einen notwendigen Vorläufer zu jenen Entwicklungen sehen, die teils evolutionär – so in England und den größten Teilen Deutschlands – teils revolutionär – so in den Niederlanden, in Frankreich und Italien – zum Begriff der sich selbst bestimmenden Staatsnation führten.

Die Gliederung der Gesellschaft in Stände hatte sich in einem langen historischen Prozeß ergeben. Für das Zeitalter der Ratio war es charakteristisch, daß eine solche Erklärung des bestehenden Sozialgefüges als unbefriedigend empfunden wurde. Die Lehre vom „Vertrag" setzte den Willen zum bewußten gesellschaftspolitischen Handeln voraus, wobei es im Grunde gleichgültig war, ob man den „Abschluß" des Vertrages in graue Vorzeiten, in die Zeit der Römer oder Karls des Großen verlegte. In jedem Fall kollidierte die Idee eines Gesellschaftsvertrages mit der christlichen Tradition des Herrschers von Gottesgnaden, und mochte der Gesellschaftsvertrag dem absoluten Fürsten noch so große Machtvollkommenheiten einräumen: er band ihn doch, eben an einen „Vertrag", gleichgültig ob geschrieben oder nicht. Selbst das krasseste Beispiel eines solchen Vertrages, die dänische „lex regia" von 1665 war insofern nicht nur Ausdruck unumschränkter Willkür, sondern eines bestimmten Bildes von der „Verfassung" des Staates.

Eingrenzung von Willkür und Unvernunft – auch im Gewande religiösen Wahns: das war der größte gemeinsame Nenner zwischen absolutem Herrscher und „aufgeklärter" Gesellschaft; daß es sich hier freilich nur um ein idealtypisches Muster handelte, wurde nicht zuletzt in der zeitgenössischen Auseinandersetzung mit der Idee von Staat und Gesellschaft deutlich, wie man sie in literarischer Verfremdung und in der Tradition schon des 17. Jahrhunderts etwa bei Montesquieu („Lettres persanes"), Jonathan Swift („Gullivers Reisen") oder „Severinus de Monzambano" alias Samuel Pufendorf („De statu imperii Germanici", 1667) finden kann. Unmittelbar auf die real existierenden Staaten bezogen sich dann die großen Werke von Thomas Hobbes („Der Leviathan"), John Locke („Two Treatises of Government"), William Blackstone („Commentaries on the Law of England"), schließlich, all dies gewissermaßen krönend, Montesqieus „De l'esprit des lois", 1748, und Jean-Jacques Rousseaus „Du Contrat social" (1762). Ganz zu Recht hat man gerade die beiden letzteren Werke zu den unmittelbaren, kaum zu überschätzenden geistigen Vorläufern der Französischen Revolution gezählt; für die deutsche Geschichte muß man freilich die zentralen Werke

Immanuel Kants hinzufügen: Das deutsche Nachdenken über Staat und Gesellschaft resultiert nicht allein aus einer Adaption der englischen und französischen, sondern eben auch der deutschen Aufklärung, an deren Abschluß der große Königsberger Philosoph steht.

Veit von Seckendorffs „Der teutsche Fürstenstaat" hatte die Diskussion über den Staat und die beste Art, ihn zu verfassen, 1656 eröffnet; neben Samuel Pufendorf hat dann auch G. F. W. Leibniz zu den großen Theoretikern des souveränen Fürstenstaates gehört, wie ihn der Westfälische Frieden möglich machte. Dabei ging es immer auch um die Rangfolge der Fürsten in bezug auf das Reich selbst – ein sicheres Indiz für die Bedeutung und Würde, die der Idee des Reiches immer noch anhaftete, selbst wenn, wie im 18. Jahrhundert, die Skrupel der Fürsten dem Römischen Kaiser gegenüber immer geringer wurden – Friedrich der Große ist auch auf diesem Feld nur das eklatanteste Beispiel.

Mit der Vorstellung vom souveränen Staat verband sich wie von selbst jene des „armierten" Staates, denn daß ein wesentlicher Ausdruck der Souveränität das „ius armorum", das Recht, sich zu bewaffnen, war, galt in ganz Europa als ausgemacht. Die Organisation des Staates hing nicht zuletzt von der der Verteidigung ab, wie umgekehrt nichts die Verwaltung des Gemeinwesens stärker beeinflußte als der „miles perpetuus", das stehende Heer als sichtbarer Ausdruck der fürstlichen Souveränität. Es lag auf der Hand, daß das Armierungsrecht unmittelbar von der Größe des Landes, seiner Einwohnerzahl, seinen Ressourcen, seinem Prestige im Konzert der Mächte abhängig war; hatten bislang die statistischen Daten hinsichtlich der Landesgröße und seiner ökonomischen Potenzen eine eher untergeordnete Rolle gespielt, wenn es den Rang eines Staates zu bestimmen galt, so setzten sich nun die Quantitäten durch; seitdem schieden sich in Mitteleuropa und im Rahmen des Römischen Reiches deutscher Nation die großen von den mittleren und den kleinen Staaten. Nicht mehr allein dynastisches Glück oder die richtige Konfession waren ausschlaggebend für Gedeih oder Verderb, sondern „das Gesetz der Quantität" (Heinz Schilling). Aber diese machtpolitische Differenzierung vollzog sich nicht mechanisch, es gab

Ausnahmen, ja sogar ein „Mirakel", nämlich das des Hauses Brandenburg. Das noch von Leopold von Ranke gezeichnete Bild einer anscheinend vollkommenen Harmonie der „großen Mächte" auf der Grundlage von Einheit und Sonderung der europäischen Staaten gehört zu den allzu mechanistischen Vorstellungen vom Ablauf der Geschichte, vor allem der „großen" Geschichte der Haupt- und Staatsaktionen. Zu oft klafften Staatstheorien und historische Realität auseinander, und so sind auch die eineinhalb Jahrhunderte zwischen dem Westfälischen Frieden und dem Ende des Alten Reiches von dramatischen Ab- und Umbrüchen durchsetzt, und mehr als einmal hing das Schicksal Europas an simplen personalen, ja biologischen Tatsachen: Weil Karl II. von Spanien ebenso wie Karl VI. von Österreich keine oder keine männlichen Erben besaßen, konnte es zu den säkularen Erschütterungen des Spanischen bzw. des Österreichischen Erbfolgekrieges kommen, und ohne die Ruhmsucht, den Ehrgeiz, die Skrupellosigkeit des jungen Mannes aus Rheinsberg wäre Preußen wohl niemals ins Konzert der großen Mächte gerückt, hätte folglich niemals die Keimzelle für jenes „Preußen–Deutschland" abgeben können, dessen Untergang bis heute in politischen Nachbeben zu spüren ist.

Was die Lehre vom „aufgeklärten" Absolutismus und vom „Gesellschaftsvertrag" für die innere Entwicklung von Staat und Volk bedeutete, bedeutete die Macchiavellis und seiner Schüler für die äußere Politik. Auch hier findet man ein dichtes und subtiles Netz von Begriffen und Handlungsmaximen, die der Epoche des Absolutismus ein eigenständiges Gesicht verleihen. Das System der „Interessenlehre" wurde ausgebaut, das „droit de convenance" und das „droit de bienséance" waren völkerrechtlich geschickt kaschierte Richtlinien für den Umgang mit den übrigen Staaten, deren prinzipielle Existenzberechtigung – von Ausnahmen wie Polen und Preußen im Siebenjährigen Krieg abgesehen – nicht in Frage gestellt wurde. Eben weil es in den dem Frieden von 1648 folgenden Dezennien nicht mehr um alles oder nichts ging, konnte der Austrag von Konflikten wenn nicht humanisiert, so doch nach festen Spielregeln abgewickelt werden. Die europäische Diplomatie entfaltete eine hohe Kunst der Politik im System oft höchst komplizierter und komplexer Allianzen, dem jedoch – noch – jegliche ideologische Borniertheit abging. Es schadete dem Renommee eines Fürsten nicht, wenn er aus seinem wohlverstandenen „Interesse" heraus die Bündnisse wechselte – wie es der Große Kurfürst meisterhaft, Friedrich II. ebenfalls verstanden; niemand hätte ihnen den Titel eines „Großen" deswegen entzogen. So leidenschaftlich etwa in zeitgenössischen Flugblättern zwischenstaatliche Konflikte literarisch ausgetragen wurden – selbst die unerhörte Réunionspolitik eines Ludwigs XIV. vergiftete das Zusammenleben der Völker diesseits und jenseits des Rheines nicht ernsthaft – dazu bedurfte es erst jener barbarischen „Strategie" der verbrannten Erde im Verlauf des Pfälzischen Krieges, die schon an die der Weltkriege erinnerte.

Aber die Entartungen der französischen Kriegführung am Rhein blieben doch eher die Ausnahme. Während des Siebenjährigen Krieges nahmen Preußens Gegner Rußland und Österreich vorübergehend Berlin ein. Natürlich erpreßten sie Kontributionen, aber Berlin wurde nicht „ausgelöscht", seine Einwohner nicht verschleppt, auch in Ostpreußen blieben die Menschen unter russischer Besatzung am Leben.

Der Krieg wurde maßvoll geführt. Nicht weil die, die ihn führten, von humanen Idealen geleitet wurden (wenngleich man sie nicht ganz und gar leugnen sollte), sondern weil das rechenhafte Jahrhundert es hervorragend verstand, auch den Krieg einer präzisen Kosten-Nutzen-Analyse zu unterziehen. Es wäre im Verständnis der Zeit un-vernünftig gewesen, den kostbaren miles perpetuus, gar die Volkskraft in menschenfressenden Feldschlachten aufzuopfern. Erst viel später hat Clausewitz das Wort vom Krieg als der Fortsetzung der Politik unter Einmischung anderer Mittel formuliert – der Sache nach entsprach dies der Räson des „Kabinettkrieges".

Das „Kabinett" war im Zeitalter des Absolutismus eine Art Verfassungsorgan. Es bildete einen wichtigen Vorläufer für ein geordnetes Verwaltungssystem, innerhalb dessen dem Fürsten zwar immer noch die Prärogative und die letzte Entscheidung zukam, jedoch auf der Grundlage sorgfältig vorbereiteter Entschließungen, die dann im „Kabinett" beraten wurden.

Das galt natürlich auch und in erster Linie für die Entscheidung über Krieg und Frieden. Es gab auch im 17. und 18. Jahrhundert leichtfertig vom Zaun gebrochene Kriege, typisch waren sie nicht. Denn jedesmal erwies sich, daß ein nicht rational begründeter Krieg unkalkulierbar wurde – das war dem Jahrhundert der Kalkulationen eo ipso ein Graus. War der Krieg als Fortsetzung der Politik gedacht, so schwieg die Politik auch während des Krieges nicht. Während die Generäle durch geschicktes Manövrieren um vorteilhafte Stellungen rangen, bemühten sich die Diplomaten um die Sache ihrer Herren an den Höfen der verfeindeten Mächte. Daß dabei Subsidien und „Handsalben" reichlich flossen, verstand sich von selbst und galt keineswegs als ehrenrührig. Das französische und das englische Geld vor allem haben auf diese Weise wesentlich bei den politischen Entscheidungen mitgewirkt – es war allemal sinnvoller, Geld und Gold als Blut und Tränen einzusetzen.

Sehr häufig wurde die „Manövriertaktik" mit dem Geschehen auf einem Schachbrett verglichen; tatsächlich schienen „Patt" und „Matt" Kategorien, die auf die Staatengeschichte anwendbar waren. Im typischen Friedensschluß des späten 17. und des frühen 18. Jahrhunderts kam es in aller Regel zu einem Interessenausgleich auf der Basis neuer dynastischer Verbindungen und eines damit einhergehenden Länderaustausches, der erst im Zeitalter des erwachenden Nationalbewußtseins als „Länderschacher" angeprangert wurde. Von Fall zu Fall mußten auch Kontributionen geleistet werden, es galt aber immer das Oblivitionsprinzip, nach dem mit dem Frieden ein Schlußstrich unter den Krieg gezogen, alle weiteren zivilrechtlichen Folgen des Krieges ausgeschlossen wurden.

Die bedeutendsten Friedensschlüsse wurden jeweils nach den vier Kriegen Ludwigs XIV. abgeschlossen. Sie prägten das diplomatische Gesicht Europas und etablierten das, was man seitdem das Prinzip des „europäischen Gleichgewichts" genannt hat. Die Zurückweisung des französischen Hegemonialanspruches durch eine europäische Allianz sollte zu einem entscheidenden politischen Muster werden: in der Folgezeit hat sich Europa immer wieder gegen die realen oder vermeintlichen Hegemoniebestrebungen einer einzelnen europäischen Großmacht zusammengefunden. Zuerst im Frieden von Utrecht (1713) wurde das Gleichgewichtsprinzip formuliert, seitdem war es vor allem für England Richtschnur seiner Europapolitik, mehr noch: England empfand sich fortan als Hüter des europäischen Gleichgewichts und gewann auf diese Weise enormen Einfluß auf die Geschicke des Kontinents. Die Gegenposition der vermeintlichen „splendid isolation“ war demgegenüber immer nur politischer Notbehelf in den Phasen englischer Schwäche.

Es lag auf der Hand, daß die Idee eines europäischen Gleichgewichts für die deutsche Geschichte von ausschlaggebender Bedeutung war. Hatte der Westfälische Frieden nicht gerade im Zentrum des Kontinents ein Machtvakuum entstehen lassen? Mußte aufgrund des Gesetzes der Fläche und der Zahl deswegen der Expansionsdrang der europäischen Nachbarstaaten, in erster Linie aber Frankreichs und Rußlands, nicht mitten ins Herz des Deutschen Reiches zielen? Wurde das politisch zersplitterte Zentraleuropa nicht zum bloßen Zünglein an der Waage des europäischen Gleichgewichts?

Oder war es genau umgekehrt? Drohte nun, nachdem dem freien politischen Betätigungsdrang der deutschen Fürsten keine wirklichen Grenzen mehr gesetzt waren, das Gleichgewicht Europas nicht langfristig aus der Balance zu geraten, wenn die Kernlande ein immer mächtiger werdendes Gravitationszentrum, ein „Herzland“ (Mackinder) Europas wurden? War Deutschland – in welcher politischen Organisationsform auch immer – nicht die gleichsam „natürliche“ Rolle eines europäischen Hegemons auf den Leib geschrieben?

Alles oder Nichts. Weltmacht oder Niedergang: Erst ein viertel Jahrtausend später wurden die Proben auf diese theoretischen Exempel gemacht. Es ist aber wichtig, sich klarzumachen, daß die Lehre vom europäischen Gleichgewicht wie in einem System kommunizierender Röhren die Gegenlehre vom „Durchbruch zur Weltmacht“ provozieren konnte. Seitdem war die Geschichte Kontinentaleuropas in ein machtpolitisches Spannungsgeflecht eingeordnet, das immer wieder zu fundamentalen Erschütterungen führen sollte.

Im 17. Jahrhundert, auch noch lange im 18. Jahrhundert, gingen diese von Frankreich aus. Der Vorsprung an zentralistischer Organisation, den dieses Land bis dahin den deutschen und auch den habsburgischen Territorien gegenüber gewonnen hatte, verlieh Frankreich eine politische Potenz, die mit den natürlichen Ressourcen des Landes keineswegs immer übereinstimmte. Die Energie, mit der Herrscher wie Ludwig XIII., Ludwig XIV., Staatsmänner wie Richelieu und Mazarin die Geschicke Frankreichs lenkten, die inneren Widerstände, noch aus den Tagen der blutigen Religionskriege des 16. Jahrhunderts stammend, mit Kühnheit und Brutalität überwanden, strahlte weit nach Osten aus und brach sich immer wieder an den Barrieren der Niederlande und der rheinischen Territorien. Die Vorstellung von den „natürlichen" Grenzen Frankreichs, deren östliche am Rhein liegen sollte, war zwar weniger allgemein als spätere chauvinistische Interpretation das annehmen sollte, aber der Druck Frankreichs auf die Reichsgrenzen war doch höchst real – auch wenn es dem dynastischen Denken des französischen Königs nicht so sehr um das Reich, als vielmehr den Erzrivalen, das Haus Österreich, ging.

Und real genug waren die Gefahren für die „Libertät" der europäischen Territorien, die von Ludwig XIV. ausgingen. Es dauerte dennoch Jahrzehnte, bis der Hegemonialanspruch Frankreichs als Bedrohung eines europäischen politischen Lebensgesetzes begriffen und dementsprechend prinzipiell zurückgewiesen wurde. Vor allem Wilhelm von Oranien sollte sich nach der „Glorreichen Revolution" von 1688, die ihn gegen das katholische Haus Stuart auf den englischen Thron führte, als Mandatar Europas begreifen lernen. Er schmiedete unermüdlich jene antifranzösischen Allianzen, aus denen die Wiederherstellung des Gleichgewichts hervorging. Als im Zeitalter Napoleons ein erneuter Anlauf Frankreichs zur europäischen Hegemoniebildung nicht nur drohte, sondern partiell schon verwirklicht wurde, war es wiederum England in der Persönlichkeit Pitts d. J., das in bewußter Anknüpfung an die Politik Wilhelms von Oranien erneut die Freiheit Europas und das Gleichgewicht auf dem Kontinent als politische Essentials auf seine Fahnen schrieb – erfolgreich, wie man weiß. Und natürlich waren auch die beiden deutschen Anläufe zur Erringung einer hegemonialen Stellung auf dem Kontinent im zwanzigsten Jahrhundert zum Scheitern verurteilt, nachdem es der deutschen Politik wie seinerzeit der französischen nicht gelang, mit England zu einer friedlichen Aufteilung der Interessen auf Kosten der übrigen europäischen Staaten zu gelangen. Vor diesem historischen Hintergrund wird es begreiflich, wie schwierig es auch heute gerade für England ist, sich mit einer europäischen Einigung abzufinden, die die historischen Erfahrungen dreier Jahrhunderte anscheinend endgültig im Orkus der Geschichte verschwinden läßt.

Dem Gegensatzpaar Hegemonie-Gleichgewicht entsprach im Bewußtsein der Europäer das von Despotie und Freiheit. Die Aufklärer, an ihrer Spitze Voltaire und Montesquieu, sahen in der „Freiheit Europas" und im Prinzip der „Freiheit in Europa" das eigentliche Ziel allen aufgeklärten politischen Handelns. Natürlich konnte man den Begriff „Freiheit" sehr unterschiedlich definieren, das hing vom jeweiligen gesellschaftlichen, wirtschaftlichen, kulturellen Umfeld ab, und den radikalen Freiheitsenthusiasten vom Schlage eines Holbach oder La Mettrie setzten die Gemäßigten schon zeitgenössisch das Prinzip der sittlichen Bindung der Freiheit entgegen. Aber es war für den europäischen Geist kennzeichnend, daß er im 17. und 18. Jahrhundert sich stärker denn je seiner selbst bewußt zu werden suchte – lange vor Hegels Idealphilosophie. Das Zeitalter war entschlossen, die Summe des menschlichen Wissens zu bilanzieren und gerade dadurch das Reich der Freiheit zu erweitern. Vor diesem Hintergrund waren die großen enzyklopädischen Bemühungen, die mit Pierre Bayles Dictionnaire von 1697 begannen und mit der großen Enzyklopädie von Diderot und d'Alembert (1751–1780) gekrönt wurden, weit mehr als bloße Summen des aktuellen zeitgenössischen Wissens. Die menschliche Vernunft stieß auf der Grundlage eines breiten nunmehr jedermann verfügbaren Wissens in neue Dimensionen vor. Die Entdeckung der Infinitesimalrechnung durch Leibniz revolutionierte die Mathematik, die Entdeckung der Gravitationsgesetze durch Isaac Newton die Physik, Buffons „Histoire naturelle" schuf die Grundlage für die

Triumphe der Biologie, an deren Anfang Charles de Linné mit seinem „Systema Naturae" von 1735 steht.

Den enzyklopädischen Bemühungen parallel verliefen die um die Gründung großer wissenschaftlicher Gesellschaften und Organisationen. Ob die „Royal Society" in London von 1662 oder die „Académie des Sciences" in Paris von 1672 als Ergänzung der schon 1635 von Richelieu gegründeten „Académie Francaise", ob die Berliner Akademiegründungen von 1700 und 1743 oder die neuen Universitäten in Halle, Göttingen, München und anderen Orten – man kann zu Recht von einer „wissenschaftlichen Revolution" (Schieder) sprechen, wenn man die Umformung der Geisteslandschaften um die Wende vom 17. zum 18. Jahrhundert betrachtet. So wie man in den französischen Gärten die Natur in den Griff strenger Symmetrie zu bekommen wähnte, ging man auch von der prinzipiellen Erklärbarkeit der Welt überhaupt aus. Rückblickend gesehen scheint die Summierung und Erweiterung des vorwiegend theoretischen naturwissenschaftlichen Wissens bis zum Ende des 18. Jahrhunderts die notwendige Vorstufe für jene „industrielle Revolution" gewesen zu sein, in der aus der Theorie die Praxis des Industrie- und Wissenschaftszeitalters hervorging.

Der Aufschwung der Wissenschaften vollzog sich in Europa einigermaßen gleichmäßig, sieht man von der spezifischen französischen Variante der Aufklärung hier einmal ab. Ob er auch eine Folge des demographischen „Take-Off" war, der Mitte des 18. Jahrhunderts die Stagnation im Gefolge der großen Kriege und Seuchen des 17. Jahrhunderts endgültig überwand, muß dahingestellt sein. Die seitdem exponentiell verlaufende Bevölkerungsvermehrung in Europa mußte in jedem Fall die tradierten gesellschaftlichen und ökonomischen Verhältnisse fundamental verändern – ganz unabhängig von irgendwelchem bewußten politischen Wollen. Es war klar, daß die Staatenlenker hier wie von selbst auf die Wirtschaft als entscheidenden Faktor auch der politischen Machtfülle stießen; „die Wirtschaft ist das Schicksal": dieser Satz wurde jenen Fachleuten zuerst bewußt, die in allerlei Experimenten auch diesen so komplexen historischen Sachverhalt in den Griff zu bekommen suchten.

Das Schlagwort, unter dem dies geschah, hieß „Merkantilismus", der eifrigste Propagandist der neuen Wirtschaftsform war bezeichnenderweise der französische Finanz- und Marineintendant – also in der Position eines „Ministers" – Jean Baptiste Colbert. Sein Ziel bestand in der vollkommenen Selbstversorgung des Landes, einer Autarkie also – auch wenn es diesen Begriff damals noch nicht gab. Die politische Interessenlehre wurde zwanglos auf die Wirtschaftspolitik übertragen: der Staat sollte seine Machtmittel einsetzen, um die Wirtschaft des eigenen Landes zu steuern, zu optimieren, die der anderen Staaten möglichst zu schädigen. Weit entfernt war man von der Vorstellung eines gewinnbringenden Miteinanders in der europäischen und überseeischen Handels- und Wirtschaftspolitik; die Überzeugung von der grundsätzlichen „Machbarkeit" aller Dinge führte zur Idee des Staatshandels und einer zentral gelenkten staatlichen Wirtschaft. Mit eiserner Konsequenz verfolgten Colbert und in seinem Gefolge überall in Europa die großen und kleinen Potentaten eine Wirtschaftspolitik, die schon zeitgenössisch als problematisch begriffen wurde und am Ende tatsächlich in ein ökonomisches Desaster führte – also zu einer weiteren Ursache der Französischen Revolution. Mit der Gegenbewegung der „Physiokraten", die sich auf Lehren von François Quesnay, aber auch Adam Smith stützten, entwickelte sich gleichzeitig das theoretische Fundament eines ungezügelten Freihandelssystems, das vor allem bei den „Seemächten" Holland und England auf Interesse stieß, wohingegen der „Colbertismus" ein typisches Produkt kontinentalen Wirtschaftsdenkens blieb.

Derartige Theorien behinderten dennoch das freie Unternehmertum nicht immer. Frühkapitalistische Wirtschaftsmethoden zeichneten sich schon im 18. Jahrhundert ab. Aber es war doch erst die Erfindung der Dampfmaschine, die dann alle bisherigen Experimente ablöste, alle Theorien über den Haufen warf und Europa in das Abenteuer der industriellen, kapitalistischen Welt stürzte. Erst seitdem war es mit der unsoliden „Projektemacherei" barocken Zuschnitts vorbei.

Überblickt man das Europa des 17. und 18. Jahrhunderts insgesamt vom Horizont der Wissenschaft bis zu dem der Wirtschaft, so fällt es schwer, den Ort Deutschlands in diesem Tableau näher zu bestimmen. Zu eng waren alle säkularen Entwicklungen in das gesamteuropäische Beziehungsgeflecht eingebettet, als daß man die deutsche Geschichte isoliert betrachten könnte. Die Machtgewichte hatten sich seit dem Westfälischen Frieden in Europa zweifellos verschoben, die Frage war, ob das uralte Heilige Römische Reich deutscher Nation immer noch eine eigentümliche, eine Sonderrolle spielte – und spielen wollte.

„Monströs, aber festgefügt" (Schilling), anachronistisch, aber in die Zukunft vorweisend, hilflos in manchen seiner Aktionen, aber flexibler Reaktionen durchaus fähig: man wird den historisch-politischen Charakter des alten Reiches nur dialektisch begreifen können. Es gehörte in den Kreis der sich langsam herausschälenden europäischen Großmächte, aber gerade sein unaufhaltsamer Zerfall bot einzelnen Gliedern des Reiches die Chance zum machtpolitischen Aufstieg, vor allem natürlich dem österreichischen Hause Habsburg, das den Kaisertitel praktisch abonniert hatte. Die Standeserhöhung des brandenburgischen Kurfürsten hingegen war ebenso wie die des Wettiners nur möglich, weil sie sich auf Territorien außerhalb der Reichsgrenzen bezogen, und nach dem Tod des Habsburgers Karl VI. zeigte sich, daß selbst Österreich über eine verfassungspolitische Frage – ob nämlich die Kaisertochter Maria Theresia die Funktionen des Römischen Kaisers übernehmen könne – an den Rand des Ruins getrieben werden konnte, da mochte „der Kaiser" den „bösen Mann aus Sanssouci" noch so dramatisch mit der Reichsacht belegen.

Alle diese Ambivalenzen gestalteten das praktische politische Leben in Mitteleuropa nach dem Westfälischen Frieden außerordentlich vielgestaltig und bunt. Es waren nicht nur die schier unübersehbaren, auch von Fachleuten kaum zu entwirrenden Herrschaftsverhältnisse, vor allem im südwestdeutschen Raum, die immer wieder die Frage nach dem größten gemeinsamen Nenner der deutschen Geschichte in diesem Zeitalter aufwerfen ließen, sondern eben auch die komplizierten verfassungspolitischen Zustände. Während in den Jahrzehnten nach dem Frieden von Münster und Osnabrück in Frankreich sich die Prinzipien des zentral gelenkten absolutistischen Königsstaates herausbildeten, in England nach den Wirren der Revolution mit der Machtübernahme des Oraniers klare Ordnungsstrukturen erkennbar werden, sowohl in Kurbrandenburg und Sachsen wie auch in Bayern, Württemberg, Hessen und Hannover eigenständig verfaßte Staaten entstehen, schien das Reich mit seiner Verfassung gleichsam durch die Geschichte zu stolpern. Die großen Aufklärer unter den Gelehrten und den Fürsten genossen allenthalben den Spott, mit dem die Organe des Reiches bedacht wurden. Aber sie wußten alle: ohne das Reich und dessen Institutionen wäre die Herausbildung der souveränen Landesherrschaft zumindest nicht so möglich gewesen, wie es tatsächlich der Fall sein sollte.

Das Reich: Das waren der Kaiser, die Reichsgerichte, der Reichstag und die Kreise. So ganz richtig funktionierten diese Verfassungsorgane alle nicht, betrachtet man sie vom Standpunkt jenes rationalen Verfassungsverständnisses aus, das sich in den übrigen deutschen Staaten nun zu artikulieren begann. Die Rechte des Kaisers waren nur noch formaler Natur; gewiß durfte er die vom Reichstag beschlossenen Gesetze bestätigen, die damit allgemeine Rechtsverbindlichkeit erhielten, aber der Reichstag selbst entwickelte sich zu einer ständig tagenden Behörde. Der letzte, deshalb „jüngste" Reichstagsabschied erfolgte in Exekution des Westfälischen Friedens 1654, dann trat der Reichstag nur noch einmal zusammen, nämlich 1663 in Regensburg – und da kam überhaupt kein Abschied mehr zustande. Erstaunlicherweise blieben die Gesandten dennoch beisammen: der Reichstag wurde „immerwährend".

War das Folge einer verfaßten Unfähigkeit oder Konsequenz aus dem gewandelten Selbstverständnis der Reichstagsmitglieder? Natürlich war es für die davon Betroffenen ärgerlich, wenn in Regensburg – übrigens so wie bei den Reichsgerichten – die Entscheidungen „auf die lange Bank" geschoben wurden, aber gerade die schier endlos langen Beratungen führten selbst dann zu einem Ergebnis, wenn sie am Ende ergebnislos blieben: sie förderten den politischen Kompromiß, sie dienten der Artikulation und damit dem Sichbewußtwerden des zwischenstaatlichen

– und des zwischenmenschlichen – Verkehrs zwischen den Ständen und den Staaten; der Reichstag entwickelte sich zu einer Art melting pot der politischen Kultur in Deutschland.

Erst unsere Generationen, die in etwa vergleichbare Phänomene – man denke an die Vollversammlung der Vereinten Nationen oder an das Straßburger Europaparlament – kennengelernt haben, vermögen den positiven politischen Gehalt des „Immerwährenden Reichstages" zu würdigen. Natürlich ließen sich die Fürsten von gewieften Diplomaten in Regensburg vertreten, sie erschienen nicht mehr selbst, wenngleich ihnen das Recht dazu unbenommen blieb. In Regensburg entstand auf diese Weise ein permanenter Gesandtenkongreß, eine Art „Botschafterkonferenz", deren Bedeutung weit über die Reichsgrenzen hinausreichte. Allein der Umstand, daß beispielsweise die französischen, dänischen und schwedischen Könige über ihre Reichsterritorien in Regensburg präsent waren, verlieh diesem Gremium internationalen, europäischen Charakter. Es verstand sich von selbst, daß die hohe Kunst des Allianzenschmiedens gerade in Regensburg gepflegt wurde – erleichtert wurde sie auch zu einer Zeit, als es oft Wochen dauerte, um von einer europäischen Hauptstadt in die andere via Roß und Reiter oder Postkutsche zu gelangen.

Der Immerwährende Reichstag endete erst mit dem Reich selbst im Jahr 1806. Schon wenig später, 1815, entsannen sich die in Wien versammelten Diplomaten der Traditionen und Erfahrungen dieses Organs, und in der Bundesversammlung des Deutschen Bundes, die von 1815 bis 1866 in Frankfurt/M. tagte, konnte man eine Art Fortsetzung des alten Reichstages sehen. Auch die seit 1871 vorgenommene Aufteilung der höchsten gesetzgebenden Gewalt in Volks- und Länderkammern, aus deren Zusammenwirken die Gesetzgebung entsteht, ist so betrachtet später Reflex auf die Erfahrungen des Immerwährenden Reichstages von 1663 bis 1806.

Ähnliches gilt auch für die Reichsgerichte. Deren Ruf war womöglich noch schlechter als der des Reichstages, zu Recht hat man jedoch darauf verwiesen, daß die Überfülle der hier anhängigen Verfahren auf die Bedeutung der Gerichte selbst hinweist:

Wäre das Reichskammergericht nur ein Popanz gewesen – die Recht suchenden Parteien hätten es wohl kaum angerufen. Das von Frankfurt über Speyer 1693 nach Wetzlar verlegte kaiserliche Reichskammergericht arbeitete eng mit dem Reichshofrat zusammen, dessen Zusammensetzung vom Kaiser bestimmt wurde. Er war für so altertümliche Dinge wie Lehen und Privilegien zuständig – aber all dies existierte tatsächlich bis 1806 fort und ermöglichte dem Kaiser bei geschickter Handhabung immer noch Einfluß auf das Schicksal der Territorien innerhalb des Reichsverbandes.

Auch die Kreise bestanden fort, was umso erstaunlicher ist, als sich die absolutistischen Staaten energisch darum bemühten, gerade auch die von den Kreisen traditionell wahrgenommenen Aufgaben für sich zu monopolisieren. Existenz und Wirkungsweise der Kreistage bildeten ein Gegengewicht zu den rein dynastisch bestimmten Einzelstaaten; in ihrer Organisation „überwinterte“ gleichsam das regionale Zusammengehörigkeitsgefühl der Menschen, die oft ganz entgegengesetzten, sich oft sogar feindlich gegenüberstehenden Staaten als Untertanen angehörten. Was dies für die Ausbildung der späteren föderalistischen Strukturen in Deutschland bedeutete, ist sicherlich nicht gering zu veranschlagen.

Vielleicht haben alle diese Organe auch dazu beigetragen, daß es im Reich und damit in Deutschland im Zeitalter der europäischen Revolutionen zu keiner Revolution gekommen ist. Gerade weil alles nicht straff durchrationalisiert, zentral gelenkt war, gerade weil die Menschen vielfältige Möglichkeiten der politischen Artikulation besaßen, gerade weil es in dem bunten Flickenteppich des Reiches ohne große Umstände möglich war, den Landesherren zu wechseln – oft genügte eine „Fußreise“ von ein paar Stunden – gab es vielerlei Ventile, aus denen Unzufriedenheit abgelassen werden konnte. Das an der englischen ungeschriebenen Verfassung gerühmte evolutionäre Prinzip gilt auch für die meisten deutschen Staaten und das Reich selbst; erneut zeigt es sich, daß man nur schwer von einem „deutschen Sonderweg“ sprechen kann: Deutschland war in seiner Einheit und Vielfalt ein ganz typisches Stück Europa; es fiele nicht schwer, für jedes europäische Verfassungsexperiment eine innerdeutsche Analogie zu finden – wenn nicht in Preußen oder Österreich, dann vielleicht in Bayern oder Kursachsen, andernfalls in einer freien Reichsstadt, man denke an Hamburg, das sich seines „Englischseins" später rühmen sollte, oder an Dresden, das nicht von ungefähr als „Elbflorenz" bezeichnet wurde.

Das Reich und seine Glieder waren nicht provinziell sondern universal und europäisch. In bemerkenswertem Gegensatz dazu steht die These, daß das Reich nach dem Westfälischen Frieden vom Hauptstrom der westeuropäischen Entwicklung gleichsam abgeschnitten worden sei – was man buchstäblich nehmen könnte, wenn man daran denkt, daß die Deutschen erstaunlich systematisch vom Meer ferngehalten wurden. Allein daß die großen Flußmündungen des Rheins, der Weser, der Elbe und der Oder unter fremde Herrschaft gerieten, illustriert die Schwierigkeiten, mit denen alle deutschen Staaten zu kämpfen hatten, wollten sie es den „Seemächten", also England und Holland, aber auch Staaten wie Frankreich, Spanien, Portugal, Schweden, Dänemark gleichtun: sich maritim zu orientieren.

Die „kontinentale Gebundenheit" der Deutschen, noch jahrhundertelang von den Verfechtern eines maritimen Selbstverständnisses beklagt, gilt in der Rückschau als das vielleicht wichtigste und fatalste Handicap der deutschen Geschichte in den dreihundert Jahren, die seit dem Westfälischen Frieden vergangen sind. Diese „Meeresferne" wurde tatsächlich erst mit der Aufnahme der Bundesrepublik Deutschland in die Nordatlantische Verteidigungsgemeinschaft überwunden und hat der deutschen Geschichte seitdem einen qualitativ neuen Charakter verliehen.

Nun ist es fraglich, ob die Unglücke und Katastrophen, die die Deutschen seit 1648 bis nach 1945 erleben mußten oder selbst provozierten, Folge dieser Grundentscheidung von 1648 gewesen ist. So monokausal darf man die Entwicklung nicht sehen. Dennoch ist es nicht zu bezweifeln, daß das atlantisch-maritime Moment in der europäischen Geschichte sich nahezu ausnahmslos gegen das kontinentale gerichtet hat. Alle Versuche deutscher Länder, Anteil an der atlantischen, später auch pazifischen Allianz zu gewinnen, scheiterten.

Im Inneren fest gefügt, an den Rändern ständiger fremder politischer Einwirkung ausgesetzt: so könnte man die Entwicklungen umschreiben, die im außenpolitischen Bereich zwischen 1648 und 1714 zu beobachten sind. Freilich muß man sich vor der modernen Vorstellung hüten, als habe es eine „Reichsaußenpolitik" gegeben. Was schon für die dem Frieden von 1648 vorausgehenden Jahrhunderte gilt, galt nun in ganz besonderer Weise: jedes reichsunmittelbare Territorium konnte seine eigene „Außenpolitik" gestalten, das Reich selbst konnte – so in den Kriegen gegen Ludwig XIV. – zum Allianzpartner oder -gegner werden. Wenn es überhaupt zu einem „dem Ausland" gegenüber formulierten Zusammengehörigkeitsgefühl kam, so war dies immer nur Folge der oft rüden außenpolitischen Manöver des französischen Königs. Schon in den luduvizianischen Kriegen findet sich die Keimzelle zum Nationalbewußtsein und zum Verhängnis der angeblichen deutsch-französischen „Erbfeindschaft". Aber man darf dies nicht überbewerten: die Vorstellung, daß der Bourbone Kaiser des Reiches werden könnte, mag wohl den einen oder anderen „Reichspatrioten" erschreckt haben – unvorstellbar war das auch im 17. Jahrhundert noch keineswegs.

Solche Visionen verweisen darauf, daß der Dreißigjährige Krieg zumindest die Fürsten nicht gelehrt hatte, auf allzu übertriebenen Ehrgeiz, allzu glanzvollen, auch militärischen, Ruhm zu verzichten. Daß Krieg sein müsse, war vielleicht die fatalistische Konsequenz aus den Erfahrungen einer Generation, die den Frieden nie wirklich erlebt hatte. Die überall nun stürmisch einsetzende „Armierung", der Aufbau des „miles perpetuus" deuteten auch nicht gerade auf pazifistische Strömungen hin. Gerade weil man es für nützlich hielt, den Krieg einzuhegen, kontrolliert, aus „dem Kabinett" heraus zu führen, führte man ihn nun leichteren Herzens. Zur Ehre des Kaisers und der meisten Stände des Reiches muß freilich gesagt werden, daß sie, durch den Krieg am meisten gebeutelt, die allgemeine und überzeitliche Friedenssehnsucht der Menschen im allgemeinen teilten. Die nächsten Kriege haben nicht sie leichtfertig angezettelt. Das blieb dem jungen französischen König Ludwig XIV. vorbehalten. Er gab damit ein Beispiel, das Männer wie Karl XII. von Schweden oder

Friedrich II. von Preußen später eifrig nachzuahmen suchten. Aber bis dahin sollte es noch viele Allianzen, Kampagnen und Friedensschlüsse geben.

2. Die großen und die kleinen Mächte: Gleichgewicht oder Hegemonie?

Der Frieden von 1648 war ein europäischer, aber er galt nicht für ganz Europa. Die beiden Antagonisten Frankreich und Spanien, besser: Bourbon und Habsburg, sahen die endgültige Machtverteilung auf dem Kontinent durch die Stipulationen von Münster und Osnabrück keineswegs geregelt. Immer noch empfand auch der Kaiser die französische Herausforderung in „Vorderösterreich", also jenen politisch sensiblen Regionen am Rhein, um deren Besitz sich die Konflikte der nächsten fünfzig Jahre drehen sollten. Und immer noch fühlte sich Frankreich durch die Habsburgische Klammer bedroht: der Krieg gegen Spanien, im Grunde gegen das Haus Habsburg, ging folgerichtig weiter, die französischen Chancen standen gut, denn der Habsburger in Wien konnte nun nicht mehr das Gewicht des Deutschen Reiches in die Waagschale seiner eigenen dynastischen Interessen legen.

Ganz im Gegenteil! Es war ein zweifellos geschickter Schachzug der französischen Politik, dem Hause Österreich gerade im empfindlichsten Wetterwinkel der europäischen Politik eine Mächtegruppierung entgegenzustellen, die als „1. Rheinbund" die Kritik vieler deutscher Historiker herausgefordert hat. Eher zu Unrecht, wie eine genauere Analyse zeigt, war dieser Rheinbund zunächst doch gar nichts anderes gewesen als einer jener sattsam bekannten föderativen Zusammenschlüsse von Reichsständen gegen die drohende Übermacht des habsburgischen Kaisers. Nachdem Leopold I. (1658–1705) 1658 zum Kaiser gewählt worden war, blieb es das natürliche Bestreben jener Reichsstände, die von habsburgischen Expansionsbestrebungen im Westen des Reiches am ehesten tangiert werden konnten, vorsorgliche Gegenmaßnahmen zu treffen – und natürlich tat die französische Diplomatie am Rhein nichts, um das gleichsam natürliche

Mißtrauen von Kurmainz, Kurköln, Pfalz-Neuburg, Hessen-Kassel, Braunschweig-Lüneburg, später Kurtrier und ab 1665 sogar Brandenburg zu beschwichtigen. Frankreich profitierte also von einer Konstellation, für die es selbst nicht ursächlich gewesen war.

Dieses Profitdenken war allerdings höchst eigennützig. Sehr bald wurde den Rheinbundmitgliedern klar, daß Frankreich sie vor den eigenen Karren spannen wollte. Als die Franzosen erwarteten, daß sich der Rheinbund auch formell gegen Kaiser und Reich wandte, siegte, wenn nicht eine reichspolitische Loyalität, so doch das Eigeninteresse der Rheinbündler: diesen war gewiß nicht damit gedient, den Schutz des Westfälischen Friedens und die schirmende Hand des Römischen Kaisers gegen die undurchsichtigen und unabsehbaren Pläne eines ehrgeizigen französischen Monarchen einzutauschen.

Dennoch darf dieser Rheinbund heute das Interesse der Historiker wiederfinden: man kann sich leicht eine Situation vorstellen, in der aus diesem mächtigen föderativen Zusammenschluß an der Nahtstelle zwischen Deutschland und Frankreich – will man es vereinfacht so ausdrücken – eine vernünftige politische Alternative zu dem jahrhundertelangen Spannungsfeld diesseits und jenseits des Rheines erwachsen wäre. Später ist die Rheinbundidee immer wieder aufgenommen worden: zuerst durch Napoleon, durchaus in der Tradition Ludwigs XIV., dann durch die Adenauersche Rheinlandpolitik nach dem Ersten Weltkrieg, schließlich durch all das, wofür nach dem Zweiten Weltkrieg neben dem Namen Adenauers auch die Schumans und de Gasperis stehen.

Nach 1660 freilich verschlechterte sich das Verhältnis zwischen Deutschland und Frankreich zunächst ständig. Von „Deutschland“ kann man zu diesem Zeitpunkt deswegen sprechen, weil die aggressive Politik Frankreichs zum ersten Mal in der deutschen Geschichte eine Art von deutschem Patriotismus auslöste, der über die traditionellen ständischen und dynastischen Grenzen hinaus breitere Bevölkerungsschichten in sehr unterschiedlichen politischen Gemeinwesen erfaßte. Dieser Solidarisierungseffekt sollte sich etwa gleichzeitig auch im Südosten zeigen, und zwar in Abwehr der türkischen Gefahr. Aber schon hier zeigte sich die unauflösbare Verknüpfung zwischen Nationalbewußtsein und Feindbild; es war eine von Anfang an unheilige, schrecklich verhängnisvolle Melange, die bis 1945 Europa immer wieder vergiftet hat.

Schon den Zeitgenossen war klar, daß der erste Krieg Ludwigs XIV. zum einen Folge des Pyrenäenfriedens und des Rheinbundes, zum anderen des herrscherlichen Selbstbewußtseins des 29-jährigen „Sonnenkönigs" war. Der 1659 zwischen Frankreich und Spanien abgeschlossene Frieden brachte Frankreich territoriale Gewinne in Flandern, im Hennegau, im Luxemburgischen und im Artois. Neben dieser Ausweitung nach Nordosten gab es eine solche nach Südwesten: Frankreich rückte dem Reich, vor allem aber den habsburgischen Besitzungen unangenehm nahe. Viel folgenreicher sollte aber der Heiratsvertrag zwischen Ludwig XIV. und der ältesten Tochter Philipps V. von Spanien, Maria Theresia, sein, die nur unter der Voraussetzung einer sehr hohen Mitgift auf ihre Erbansprüche verzichten durfte. Diese Mitgift wurde freilich nicht gezahlt – und hieraus ergaben sich für den ehrgeizigen König die schönsten Hoffnungen.

„Devolutionskrieg" nennen die Historiker den ersten der Kriege Ludwigs XIV. gegen Spanien in Flandern. Dabei ging es um angeblich legitime, aber nicht erfüllte Erbansprüche – ein probates Mittel der Zeit, um blanke Aggressionsgelüste zu kaschieren, man wird derlei noch öfters im 17. und 18. Jahrhundert antreffen. Der französische König stieß jedoch sehr bald nicht nur auf den Widerstand der direkt Betroffenen, sondern auch auf den von England, Holland und Schweden. Vor dieser „Tripelallianz" scheute er zurück, es kam zum Frieden von Aachen (1668), der für Frankreich vorteilhaft, aber nicht überwältigend war: Ludwigs XIV. Ehrgeiz war durch den Gewinn wichtiger niederländischer Grenzfestungen keineswegs gestillt, aber der König bewies – noch – Augenmaß. Es war immerhin bemerkenswert, daß die alten Rivalen England und Holland zugunsten einer gemeinsamen Abwehr der französischen Ansprüche ihre Konflikte begruben – das wies in die Zukunft und bildete schon das Muster der kommenden Bündnissysteme.

Die Erbansprüche, die Ludwig XIV. im Vorfeld des Devolutionskrieges erhob, waren freilich nichts im Vergleich zu seinem eigentlichen Erbanspruch: die Verbindung mit Maria Theresia eröffnete ihm Aussichten auf das gesamte spanische Erbe – ein ganzes Weltreich. Denn niemand rechnete damit, daß Karl II. von Spanien lange leben, geschweige denn Kinder haben würde – daß der Erbfall dann doch noch vierzig Jahre lang auf sich warten ließ, war 1660, als Ludwig XIV. heiratete, nicht absehbar. Alles, was sich auf dem Feld der Haupt- und Staatsaktionen seitdem in Europa abspielte, vollzog sich daher sub specie des spanischen Gesamterbes.

Bloßes Abwarten war freilich die Sache des Königs nicht. Er wußte, daß seine Ansprüche auf den erbitterten Widerstand nicht nur der österreichischen Habsburger, sondern wahrscheinlich ganz Europas stoßen würden; es galt also, sich für den Fall der Fälle schon vorher so stark wie möglich zu machen, eigene Allianzen zu bilden, die Bildung gegnerischer Bündnisse nach Möglichkeit zu verhindern, diplomatische Kunst, militärisches Vermögen und ökonomische Kraft für dieses große Ziel einzusetzen. Betrachtet man die Aktionen Frankreichs zwischen 1667 und 1697 (Frieden von Rijswijk) insgesamt, so könnte man geneigt sein, im Weg schon das Ziel zu erblicken.

Der zweite Schlag Frankreichs richtete sich gegen die Generalstaaten. Wie geschickt die Franzosen es verstanden, diesen Krieg vorzubereiten, ergab sich aus dem Umstand, daß man England auf seine Seite zu ziehen verstand und in einem Geheimvertrag sogar Österreich an sich band. Holland war vollständig isoliert, und als Ludwig 1772 angriff, schien die niederländische Republik verloren. Mit beispiellosem Opfermut wehrten sich die Generalstaaten. Die Deiche wurden durchstochen, um den Vormarsch der Franzosen zu stoppen, das gelang. Inzwischen hatten die Holländer ihren Ratspensionär de Witt, dessen diplomatisches Ungeschick die fatale Bündniskonstellation, wenn auch unwillentlich, mitheraufgeführt hatte, in einem blutigen Volksaufstand vertrieben – de Witt wurde hingerichtet –, und mit Wilhelm von Oranien trat nun jener Kriegsheld auf den Plan, der in den nachfolgenden Jahrzehnten zum vornehmsten Gegenspieler des französischen Königs werden sollte. In England erkannte man 1674 die ganze Fragwürdigkeit der „unheiligen" Allianz mit Frankreich: wie konnte es im wohlverstandenen Interesse Englands liegen, den Untergang der Generalstaaten mitherbeizuführen, wenn als Resultat die Herrschaft des mächtigen Frankreich in dieser Region etabliert wurde? Hier zum ersten Mal zeigte sich ein diplomatisch-politischer Mechanismus, der bis 1945 in Europa gültig bleiben sollte: Wollte England das Prinzip des europäischen Gleichgewichts aufrechterhalten, so konnte es an seiner Gegenküste keine andere europäische Großmacht dulden. Selbst die bloße Aufrechterhaltung der „Splendid isolation" erforderte dies. Umgekehrt: Wenn eine kontinentaleuropäische Großmacht an der Kanalküste und in dem mit Festungen gespickten Kernraum der spanischen und der Vereinigten Niederlande sich behauptete, konnte der Traum von der europäischen Hegemonie in Erfüllung gehen. Nur im Besitz dieser Territorien auch gewann die permanente Invasionsdrohung an Gewicht. Tatsächlich haben nach Ludwig XIV. auch Napoleon I. und Adolf Hitler versucht, die Herrschaft über den Kontinent durch die Ausschaltung Englands von diesen Gebieten aus zuwege zu bringen. Es gehört zu den heroischen Legenden der englischen Geschichte, dies seit den Tagen der großen Armada immer wieder verhindert zu haben, wenn oft auch nur unter „Blut, Schweiß und Tränen", wie es Churchill im 20. Jahrhundert ausdrücken sollte. Nachdem Wilhelm von Oranien seinerseits eine Koalition aus dem Reich, Brandenburg, Österreich und Spanien zustande brachte, England im Frieden von Westminster 1674 die Fronten wechselte, sah sich der Sonnenkönig praktisch ebenso isoliert wie zuvor die Niederlande. Wie stark indessen Frankreich schon geworden war, zeigte sich daran, daß der König auch in dieser prekären Situation sich militärisch zu behaupten wußte, in den Vogesen und im Elsaß sogar erhebliche territoriale Gewinne machen konnte. Namen wie Turenne oder Vauban begannen zu strahlen: die französische Kriegskunst wurde in ganz Europa führend.

Aber auch politisch war Ludwig noch keineswegs am Ende. Es würde zu weit führen, das komplizierte diplomatische Ringen um neue und alte Verbündete im einzelnen zu schildern; typisch war es beispielsweise, daß es Ludwig gelang, die Schweden zum Einfall nach Pommern zu bewegen, was den Großen Kurfürsten zum schleunigsten Rückzug seiner Truppen vom Rhein zwang – eine nicht unerhebliche Entlastung Frankreichs, nachdem man in Europa die militärischen Leistungen des Brandenburgers zu schätzen gelernt hatte.

Der Frieden zu Nimwegen (1679) war daher alles andere als eine französische Niederlage. Gewiß mußten die Niederlande restituiert werden, aber ihnen wurde eine dauernde Neutralität auferlegt. Frankreich schob sich noch weiter nach Nordosten auf Kosten der spanischen Niederlande vor, wichtiger war der Gewinn der Franche-Comté, dem alten Reichsland, und der faktische Besitz von Lothringen. Im Grunde bedeutete Nimwegen einen glatten französischen Sieg – und ebenso begriff es der König selbst, der im Zenit der Macht und des Ruhmes stehend dennoch nicht Maß zu halten verstand. Das sollte ihn ins Unglück stürzen.

Von ganz anderer Statur und anderem Naturell war der Große Kurfürst, für den Nimwegen das Ende hochgespannter Erwartungen bedeutete. Nicht ohne Zögern hatte sich der Brandenburger schließlich in die Allianz mit dem Kaiser und gegen Frankreich gefügt. Das Bündnis zwischen Frankreich und Schweden schien die Konstellationen des Dreißigjährigen Krieges wieder zu beleben, anders als damals gelang es Brandenburg freilich, sich der Schweden nicht nur zu erwehren, sondern sie in der Schlacht von Fehrbellin 1675 zu schlagen. Dieser spektakuläre Erfolg des brandenburgischen Kurfürsten über eine europäische Großmacht ließ zum ersten Mal etwas von Preußens Zukunft aufblitzen – 1679 wurde dem Großen Kurfürsten auf den Friedenskongressen alles wieder entwunden. Zu seiner grenzenlosen Enttäuschung und Verbitterung zwang ihn der französische König im Friedensvertrag von St. Germain-en-Laye 1679 zur Herausgabe nahezu aller territorialen Gewinne, Vorpommern mit Rügen blieb schwedisch, der brandenburgische Traum von einem Ostseereich war aus. Natürlich blieben auch die anderen deutschen Flußmündungen in den Händen jener, die sie im Westfälischen Frieden gewonnen hatten: die Friedensschlüsse von 1679 wiesen auf das Jahr 1648 zurück. Selbst mächtige Verbündete von Kaiser und Reich waren entweder nicht fähig oder nicht willens, am status quo von 1648 wesentliches zu ändern.

Folglich war es nur konsequent, wenn Ludwig XIV. unmittelbar nach Nimwegen daran ging, das so offensichtliche Machtvakuum an seiner Ostgrenze weiter aufzufüllen – er setzte seine prinzipielle Expansionspolitik nun mit politischen und pseudojuristischen Mitteln fort, denn nichts anderes waren jene „Reunions"-Verfahren, mit deren Hilfe es Frankreich gelang, seinen Einfluß und seine Herrschaft über weite Teile der Vogesen, des Elsaß, Luxemburgs und Triers auszuweiten. Nichts hat in späteren Zeiten das deutsche Nationalgefühl stärker gegen Frankreich eingenommen als diese nur schlecht kaschierte Expansion „mitten im Frieden" – heute sieht man das gelassener, selbst das spektakulärste Ereignis, der „Fall" von Straßburg im Jahr 1681, wird eher in der Tradition jener Reichsstädte gesehen, die schon im 16. Jahrhundert (Metz, Toul, Verdun) nicht ohne deutsche Mithilfe an Frankreich „verlorengingen". Obwohl Kaiser und Reich auf dem Tiefpunkt der französischen Macht während des Pfälzischen Krieges ohne viel Mühe Straßburg hätten wiedergewinnen können, unterblieben alle derartigen Bemühungen – ein sicheres Indiz dafür, daß der „Fall" Straßburg von den Zeitgenossen weit weniger emotional beurteilt wurde als durch die nachfolgenden Geschlechter. Daß die Stadt heute eines der großen Integrationszentren Europas ist, gehört sicherlich zur Ironie und zur List der Geschichte.

Die über Frankreich scheinende Sonne erreichte wohl 1684 ihren Höhepunkt. In diesem Jahr fügte sich das Reich im Regensburger Stillstand in die französischen Reunionen, „provisorisch" nur, um das Gesicht zu wahren, aber zu diesem Zeitpunkt konnte niemand ahnen, daß das Schicksal sich gegen den französischen König zu wenden begann.

Die Peripetie kündigte sich im Südosten Europas an. Nicht mehr „fernab in der Türkei" schlugen nämlich die Völker aufeinander: 1683 standen die Türken vor Wien, Ungarn war verloren, ganz Österreich geriet in höchste Gefahr.

Die Belagerung Wiens durch die Türken dauerte vom 14. Juli bis zum 12. September 1683. Was sich hier abspielte, war von völlig anderer Qualität als alles, was man in der Epoche der europäischen Kabinettskriege bisher erlebt hatte. 1529 hatten die Türken zum ersten Mal vor Wien gestanden, diesmal schlossen sie die Stadt ein, ihr Heer, dem eine Welle von Elend und Schrecken voranlief, war ungleich mächtiger als damals, und der Sultan verhehlte nicht, daß es nicht nur um eine Machtfrage ging: Muslime gegen Christen. Die europäische Welt fühlte sich aufgeklärt und säkularisiert, nun wurde sie mit einer als atavistisch und barbarisch empfundenen religiösen Ideologie konfrontiert. Das war etwas ganz Neues.

Überblickt man das Ganze der europäischen Geschichte, so fügt sich der Türkensturm von 1683 durchaus in eine Kette vergleichbarer Ereignisse – da genügt es, an den Mongoleneinfall von 1241, die Ungarnschlacht von 955, an Tours und Poitiers 732 zu denken. Erst seit dem 18. Jahrhundert hat Europa Kräfte entfaltet, die eine existentielle Gefährdung seiner Völker- und Staatengemeinschaft ausschlossen. Dennoch sollten uns die dreihundert Jahre eines so verstandenen europäischen Friedens nicht darüber hinwegtäuschen, daß die pax europea ebensowenig wie einst die Pax romana ewig währen muß. Die Geschichte ist offen, Bewegung, und auch die Epochen längster Dauer lassen sich nur vor der Folie zukünftiger Veränderung begreifen.

1683 fand sich Europa noch einmal zusammen. Dies war umso bemerkenswerter, als das Ringen um die Hegemonie auf dem Kontinent nach den ersten beiden Kriegen des Roi soleil keineswegs entschieden war. Regensburg war tatsächlich nur ein Waffen-„Stillstand", nicht mehr. Das vereinigte Christenheer schlug die türkischen Belagerer in der Schlacht am Kahlen Berge am 12. September 1683, die Türken wandten sich in wilder Flucht, der Triumph der Christen war vollkommen. Johann III. Sobieski hatte das Christenheer geführt, seine 24 000 polnischen Reiter hatten wesentlich Anteil am Sieg – die Bedrängten von 1683 haben das den Polen freilich hundert Jahre später aufs übelste vergolten, was Wunder, wenn das Drama vor Wien im Gedächtnis der Polen einen bitteren Nachgeschmack hatte. Schon 1241 waren es vorzüglich Polen gewesen, die sich den Horden eines Timur entgegengeworfen hatten – daß Polen zu Europa, genauer: zu dessen Kernregionen zählt, macht nicht nur die Geographie, sondern vor allem die Geschichte deutlich. Die heute in West- und Mitteleuropa lebenden Menschen haben allen Anlaß, sich dieser Geschichte zu erinnern.

Der Sieg am Kahlen Berge wirkte wie der Startschuß zu einem förmlichen Siegeslauf der österreichischen Waffen. Namen wie Prinz Eugen, Markgraf Ludwig Wilhelm von Baden – der „Türkenlouis" –, Herzog Karl von Lothringen, Kurfürst Max Emanuel von Bayern verknüpften sich mit glänzenden Siegen über die Türken. Schon 1687 war ganz Ungarn befreit, 1717 fiel Belgrad in habsburgische Hand. Das Tor zum Balkan stand weit offen, schon geriet das Bild der Hagia Sophia vor das innere Auge des Kaisers – aber es blieb eine Fata morgana, dafür sorgte nicht nur Frankreich, sondern auch ein anderer Staat, der nun mehr und mehr in den Brennpunkt der europäischen Geschichte rückte: Rußland.

Nichts hat man Ludwig XIV. mehr verübelt als sein heimliches Taktieren und Paktieren mit den Türken: daß der „allerchristlichste König" mit dem Sultan der „Heiden" in diplomatischen Kontakt trat, war freilich zum einen so ungewöhnlich nicht – man denke an Karl den Großen, an Otto I., an Friedrich II. von Hohenstaufen – zum anderen verwiesen diese Sondierungen darauf, daß das weltanschauliche, genauer: das religiöse Moment offensichtlich doch nicht allein dominant war.

Obwohl gerade Ludwig XIV. bei anderer Gelegenheit die absolute Präponderanz des Katholizismus noch einmal zu unterstreichen schien: mit der Zurücknahme des Edikts von Nantes zwang er die Hugenotten auf brutale und rigorose Weise zur Konversion oder zur Auswanderung, besser wohl: einer desparaten Flucht. Man kann diese Entscheidung eines Mannes, der zu höchst weltlichen und rationalen Gedanken und Taten fähig war, wohl nur vor dem Hintergrund höchst persönlicher und deswegen der historischen Analyse kaum zugänglicher Motive deuten; daß seine Mätresse, Madame de Maintenon, ihre Finger im Spiel hatte, steht allerdings fest.

Man weiß, wie die Revindikation des Ediktes von Nantes durch das Edikt von Potsdam, das der Große Kurfürst 1685 erließ, beantwortet wurde. Für Friedrich Wilhelm handelte es sich um eine Glaubenssache und um eine willkommene Gelegenheit, dem chronisch unterbevölkerten eigenen Land durch diese französische Elite aufzuhelfen. Tatsächlich hat der Einfluß der Hugenotten die Geschichte Preußens seitdem maßgeblich geprägt – bis zum heutigen Tag, da braucht man nur an das eindrucksvolle Ensemble des „deutschen" und des „französischen" Domes in Berlin zu denken – vielleicht auch an den Namen des letzten Ministerpräsidenten der Deutschen Demokratischen Republik?

Der rasche Machtzuwachs des habsburgischen Hauses beunruhigte den französischen König zutiefst. Sein Entschluß, noch in der Phase der Konsolidierung dieser Macht das Prävenire zu spielen, war nicht unverständlich. Der dritte Krieg des Königs war weniger gewollt als die beiden ersten, desto brutaler führte er ihn.

Der Krieg dauerte elf Jahre und gemahnte vor allem in der Pfalz, von der er seinen Namen hatte, weil es um vermeintliche Erbansprüche des Königs gegenüber dem Pfälzer Kurfürsten ging, an die schlimmsten Zeiten des Dreißigjährigen Krieges. Wie damals schon wogten die Kämpfe zwischen den Franzosen auf der einen, den verbündeten Mächten auf der anderen im Gebiet des Mittelrheins hin und her, die Zerstörung des Heidelberger Schlosses, dessen Ruine bis heute an diese Schrecken erinnert, war nur ein trauriger Höhepunkt in einem Vernichtungsfeldzug ohnegleichen, dessen sich der allerchristlichste König auch noch in Triumphmedaillen rühmte. Vor allem der französische General Melac, dem die unglücklichen Pfälzer die Zerstörung ihrer Städte und Dörfer zuschrieben, sollte noch jahrhundertelang im Gedächtnis der Menschen bleiben: „Melac" hieß so mancher scharfe Hofhund noch bis ins 20. Jahrhundert in den Winzergemeinden der Pfalz.

Der Pfälzer Krieg war ein „Raubkrieg" – nicht so viel anders zu bewerten als der Friedrichs des Großen gegen Schlesien. Er hatte freilich eine besondere katalysatorische Bedeutung: was bislang eher ad hoc und wenig reflektiert gelungen, wurde nun ganz bewußt und an europäischen Gleichgewichtsgrundsätzen orientiert inszeniert: die Bildung einer europäischen Allianz, um den Gelüsten Ludwigs XIV. nach einer „Universalmonarchie" zu widerstehen. Es ging also nicht nur um die Sache – nämlich die Präponderanz in den rheinischen Landen von Basel bis Rotterdam –, sondern auch um das „Prinzip" der europäischen Freiheit.

Seit 1688 wurde Wilhelm von Oranien deren Herold und Held. In der „Glorious Revolution" gegen den katholischen Stuart Jakob II. auf den englischen Thron gelangt, entfaltete der Oranier, nun als Wilhelm III., sein Programm zur Eindämmung, ja zum „roll back" Frankreichs. Nie zuvor und niemals später war das Engagement Englands für die Wiederherstellung des europäischen Gleichgewichts größer als in den Jahren des Pfälzer Krieges. Manchen Zeitgenossen sollte es bald wie ein historisches Naturgesetz erscheinen, daß England gegen Frankreich stand und beide Mächte bemüht waren, unter den übrigen europäischen Staaten Verbündete zu finden.

Der Frieden wurde 1697 in Rijswijk wiederhergestellt. Frankreich verlor alle Reunionen mit Ausnahme jener im Elsaß, mußte Lothringen wieder herausgeben und, natürlich, auf die pfälzischen Erbansprüche verzichten. Verglichen mit Nimwegen war Rijswijk zumindest kein französischer Erfolg, dennoch war es bemerkenswert, daß die große Koalition zwischen England, den Niederlanden, Schweden, Österreich, Spanien, den deutschen Reichsfürsten und Savoyen Frankreichs Großmachtstatus unangetastet ließ – nur dadurch wurde der unmittelbar folgende große europäische Krieg möglich. Aber war der Spanische Erbfolgekrieg nicht die Konsequenz aus dem Gleichgewichtsprinzip? Wie hätte es in englischem Interesse liegen sollen, Frankreich aus der Liste der großen Mächte zu streichen und gleichzeitig dem Hause Habsburg die Errichtung eines zweiten Weltreiches zu ermöglichen?

Es dauerte rund zehn Jahre, bis sich England tatsächlich vor diese prekäre Option gestellt sah. Zunächst kam es so, wie es kommen mußte: Obwohl sich die europäische Diplomatie seit Jahrzehnten um eine friedliche Lösung im casus eventualis bemüht hatte, eine ganze Reihe von Teilungsvorschlägen diskutiert, der letzte halbherzig angenommen worden war, warf der am 1. November 1700 endlich (wie alle flüsterten) eingetretene Erbfall alle Pläne über den Haufen. In einem letzten Aufbäumen einer Art von spanischem Nationalstolz hatte nämlich Karl II. den Teilungsplan, dem auch der französische König zugestimmt hatte, verworfen, indem er das Gesamterbe Philipp von Anjou, dem Enkel Ludwigs XIV., vermacht hatte. Der Sonnenkönig stand nun also vor der Wahl, sich entweder an die internationalen Abmachungen zu halten oder das spanische Testament anzunehmen. Frankreich, von den jahrzehntelangen Kriegen zu Tode erschöpft, hätte gewiß den Frieden verdient und wäre mit dem Kompromiß gut gefahren, sein König entschloß sich, das große Spiel zu wagen.

Es war nicht das Zeitalter des „Alles oder Nichts"; es ging nicht um „Weltmacht oder Niedergang" – dennoch fehlte nicht viel daran, als der Krieg 1701 begann. Diesmal hatten die Diplomaten leichtes Spiel – wie von selbst stellte sich die alte Allianz gegen Frankreich wieder her, die Seele des Widerstandes war erneut Wilhelm von Oranien. Der Krieg spielte sich wieder im niederländischen Raum, aber auch am Oberrhein und in Italien ab, wieder kam es zu kühnen Manövern, großen Schlachten wie denen von Höchstädt, Oudenaarde, Malplaquet, bei denen neben Prinz Eugen vor allem Marlborough zu höchstem Ruhm gelangte – diesmal waren die französischen Verluste noch schwerer, die Kraft des Landes schwand sichtlich dahin, Ludwig XIV. geriet im Verlauf des Krieges mehr als einmal an den Rand einer finalen Katastrophe. 1709 schien der französische Zusammenbruch bevorzustehen, und die Verbündeten präsentierten Ludwig XIV. ein Friedenspräliminarium, dessen Annahme nicht nur große territoriale Verluste für Frankreich, sondern mit der Forderung, seinen eigenen Enkel vom spanischen Thron zu vertreiben, eine Demütigung ohnegleichen bedeutet hätte.

So schwach aber war der König immer noch nicht, daß er sich diesem Ansinnen beugen mußte. Der Krieg ging weiter. Es war nur eine Frage der Zeit, bis der Habsburger Karl auf dem spanischen Thron fest installiert war. Da kam Ludwig ein Zufall zu Hilfe, ein wahrhaftes „Mirakel des Hauses Bourbon“: Am 17. April 1711 starb Joseph I., gerade 33 Jahre alt – damit wurde der für den spanischen Thron vorgesehene Karl Kandidat für die Wahl zum Römischen Kaiser. Als Karl VI. bestieg er den Thron. Schlagartig erlosch das englische Interesse an der Fortführung des Krieges. Niemand außer dem Hause Habsburg selbst konnte ein Interesse an der Wiederauferstehung des Reiches Karls V. haben. Folgerichtig wurde das spanische Erbe im Frieden von Utrecht 1713 geteilt, der Bourbone behielt als Philipp V. den spanischen Thron. Der Kaiser, enttäuscht und wenig realistisch, glaubte den Krieg fortführen zu können – im nächsten Jahr zeigte sich, daß der Römische Kaiser gleichsam ohne Kleider dastand: Von seinen mächtigen Verbündeten im Stich gelassen, hatte er gegenüber dem immer noch mächtigen Frankreich, das nunmehr auch an Spanien Rückhalt finden konnte, keine ernstzunehmende Chance. Der Friede von Rastatt, den für Österreich Prinz Eugen unterzeichnete, bestätigte, was Utrecht vorgezeichnet hatte. Als Ludwig XIV. wenig später starb (am 1. September 1715), hinterließ er ein ausgelaugtes, finanziell zerrüttetes Land, das sich in vier Kriegen gegen die anderen großen Mächte dennoch behauptet, das Ziel der europäischen Hegemonie – wenn es der Sonnenkönig denn wirklich angestrebt haben sollte – aber niemals hatte erreichen können. Die Höhe des Preises, den Frankreich aber für den Ehrgeiz seines sonnengleichen Herrschers zu entrichten hatte, war, als er starb, noch nicht zu erkennen: die Französische Revolution. Oder war das der Preis, den die Alliierten Frankreich gegenüber zu entrichten hatten? Sicher ist die Geschichte so eindeutig nicht, und nicht so simpel, wie sie manchmal erzählt wird.

Die dramatischen kriegerischen Ereignisse im Westen Deutschlands wurden durch nicht minder dramatische im Norden und Osten des Kontinents kontrapunktiert. Dennoch flossen der Spanische Erbfolgekrieg und der „große“ Nordische Krieg nicht zu einem Weltkrieg zusammen: Brandenburg hielt sich neutral und wartete ab, welche der beiden nordischen Großmächte am Ende die Überhand gewinnen würde – in jedem Falle hoffte die brandenburgische Politik, davon zu profitieren.

Die eine Macht war Schweden, genauer: König Karl XII., ein jugendlicher Held – oder sollte man besser Desperado sagen? –, die andere sollte Rußland werden. Das Objekt, um das es zunächst dem Schweden ging, war Polen, dessen Thron die sächsischen Wettiner in Personalunion beanspruchten. Karl XII. schlug das polnische Heer und zwang im Frieden von Altranstädt August den Starken zum Thronverzicht. An dessen Stelle wurde Stanislaus Leszcynski eingesetzt, eine Kreatur des schwedischen Königs. Karl XII. sah seinen Ehrgeiz damit nicht befriedigt; nur im Kampf gegen Rußland glaubte er die große schwedische Ostseeherrschaft begründen zu können. Aber in der Ukraine bei Poltawa endete der Siegeszug des Schwedenkönigs jäh: Peter der Große vernichtete das schwedische Heer, Karl XII. floh zu den Türken. Der schwedische Druck in ganz Nordeuropa wich, Dänen, Sachsen und Russen warfen die Schweden aus Mecklenburg und Vorpommern hinaus, und als die Russen vor Stettin standen, war die Stunde Brandenburg-Preußens gekommen: in einem Abkommen mit dem russischen Zaren sicherte es sich den Anfall Pommerns bis zur Peene – dafür stimmte es der Expansion Rußlands nach Karelien, Estland und Ingermanland zu. Aber der Krieg war noch nicht beendet, und mit wachsender Besorgnis beobachtete England das ständige Vordringen der russischen Macht. Mecklenburg drohte zum russischen Stützpunkt zu werden, ging die Herrschaft in der Ostsee gleichsam verzugslos von Schweden auf Rußland über?

Man sieht, daß England auch in dieser Region das Problem des politischen Gleichgewichts bewußt war, und dies um so mehr, als durch die Personalunion zwischen dem Kurfürsten von Hannover und dem König von England seit 1714 auch England über einen machtvollen Stützpunkt im Norden Deutschlands verfügte. Die Rivalitäten zwischen Rußland und England, eine Signatur des ganzen kommenden Jahrhunderts, zeichneten sich schon ab.

Und nicht weniger deutlich der Aufstieg Brandenburg-Preußens. Am 18. Januar 1701 hatte der brandenburgische Kurfürst sich zum König in Preußen krönen lassen. Das war zunächst nicht viel mehr als ein Titel, der zudem mit dem Versprechen, die kaiserlichen Interessen zu vertreten, seinen Preis besaß, dennoch war diese Standeserhöhung eine wichtige Voraussetzung für das nun rasch ansteigende preußische Selbstbewußtsein. Hatte der Große Kurfürst zeit seines Lebens vergeblich versucht, die lästige schwedische Vorherrschaft in Pommern, vor allem an der Odermündung zu beseitigen, so gelang dies nun mit russischer Hilfe, im Stockholmer Frieden. Schweden verlor alle seine Besitzungen außerhalb seines Stammlandes, im Frieden von Nystadt gewann Rußland endgültig den Zugang zur Ostsee, indem es sich Ingermanland, Estland, Livland und Teile Kareliens einverleibte. Seitdem zählte Rußland unbestritten zu den europäischen Großmächten; die Anlage von St. Petersburg schob das Machtzentrum des russischen Reiches demonstrativ nach Westen – und ans Meer vor. Den größten Teil der schwedischen Besitzungen hatte der Zar geerbt, aber auch Dänemark und England gehörten zusammen mit Brandenburg-Preußen zu den Nutznießern des schwedischen Machtverfalls. Es war auffallend, daß bei den erheblichen territorialen Verschiebungen im nordeuropäischen Raum eine Großmacht anscheinend vollkommen abseits stand: Österreich war auf dem Balkan engagiert und im Kampf gegen Frankreich. Es versäumte, seine Ansprüche in einer Region geltend zu machen, die außerordentlich zukunftsträchtig war. Aus der Rückschau betrachtet könnte man sogar sagen, daß im großen Nordischen Krieg schon Vorentscheidungen im Hinblick auf jene Frage getroffen worden sind, die seit dem Regierungsantritt Friedrichs II. von Preußen schlagartig in den Mittelpunkt nicht nur der deutschen, sondern der europäischen Politik geraten sollte: der nach der Dominanz in Deutschland. Preußen hatte über die Daten Fehrbellin 1675, Königsberg 1701 und Stockholm 1720 unüberhörbar sein Mitspracherecht angemeldet. Genauso klar war, daß sich dieser nordostdeutsche Staat dabei niemals auf seine eigene Kraft verlassen durfte: ob auf Frankreich, England oder Rußland: nur in Verbindung mit einer oder mehrerer dieser großen Mächte konnte Preußen hoffen, selbst zu einer solchen zu werden. Freilich war 1720 noch nicht abzusehen, daß die latenten Rivalitäten zwischen Preußen und Österreich zu einer Kette blutiger Kriege führen würde.

Eben um diese zu verhindern, bemühte sich Karl VI. um die Anerkennung der „Pragmatischen Sanktion". Denn dem Spanischen Erbfolgekrieg drohte ein Österreichischer zu folgen, sollte es nicht gelingen, die Erbfolge in Österreich rechtzeitig zu regeln. In der Pragmatischen Sanktion sollten die europäischen Staaten das Erbfolgerecht der ältesten Tochter Karls VI., Maria Theresias, anerkennen. Die österreichische Diplomatie war seit 1713 unermüdlich darum bemüht, die Zustimmung zu dieser Regelung an den Höfen Europas zu erlangen. Wieviel solche Zustimmung wert war, mußte sich erst erweisen, zumal keineswegs alle Reichsstände ihr Plazet gegeben und damit deutlich gemacht haben, daß auch in der österreichischen Erbfrage letztlich alles noch offen war. Wie schwierig es in diesen Jahrzehnten rasch folgender dynastischer Erbauseinandersetzungen überhaupt war, nur mit diplomatischen Mitteln und friedlich zu einer Regelung zu gelangen, illustrierte der nächste Erbfolgekrieg. Diesmal ging es um Polen, nachdem August der Starke 1733 gestorben war.

Rein theoretisch hätte die polnische Adelsrepublik einen König eigener Wahl bestellen können – in der Praxis wurde das durch den Nordischen Krieg schon arg geschwächte Land zum Spielball seiner mächtigen Nachbarn. Preußen, Österreich und Rußland favorisierten den Sachsenkönig, Frankreich Stanislaus Lesczinski, den Schwiegervater Ludwigs XV. Bei Kriegsbeginn besetzte Frankreich kurzerhand Lothringen, um zu verhindern, daß im Falle der schon projektierten Heiratsverbindung zwischen Maria Theresia und dem Herzog Karl von Lothringen Österreich plötzlich ein mächtiger westlicher Stützpunkt in den Schoß fiel. Natürlich antwortete der Kaiser mit Krieg, führte ihn aber in Neapel und Sizilien höchst unglücklich, so war man in der Hofburg froh, 1735 Frieden machen zu können: Die „drei schwarzen Adler" Österreichs, Rußlands und Preußens setzten Friedrich August III. von Sachsen als Polenkönig ein, Stanislaus Lesczinski erhielt Lothringen mit der Maßgabe des endgültigen Anfalls des Herzogtums an Frankreich nach seinem Tod; in einem komplizierten „Ringtausch" wurden die habsburgischen und bourbonischen Ländereien in Italien und Sizilien dynastisch neu zugeordnet: es war der Höhepunkt des „Länderschachers“ und der Anfang vom Ende der polnischen Selbständigkeit, ja der Existenz Polens selbst. Die „Pentarchie“ der fünf europäischen Großmächte setzte sich rücksichtslos über die Interessen und Empfindlichkeiten der Kleinen hinweg, aber noch schlug deswegen nirgendwo ein schlechtes Gewissen. Sieht man von England ab, so war aber auch noch keine der großen Mächte „saturiert“. Die ständigen kleineren und größeren Konflikte waren insgesamt Folge von „Abrundungsbemühungen“ oder, wenn es um größere Stücke aus dem europäischen Kuchen ging, Machtprojektionen mit oft noch unsicherem Ziel. Rußland war durch eine glückliche und geschickte Politik an die Ostsee gelangt und vergrößerte seinen Einfluß auf Mitteleuropa, Österreich suchte nicht nur seine Besitzungen im Westen zu konsolidieren, sondern sah seine Zukunft jenseits von Pest und Belgrad, Frankreich hatte nach dem Tod Ludwigs XIV. nur vorübergehend seinen „Drang nach Osten“ gezügelt, Preußen gar stand erst ganz am Anfang: als Friedrich Wilhelm I. 1740 starb, ließ er seinem Nachfolger zwar ein im Inneren wohlgeordnetes Staatswesen zurück, das auch territorial gewachsen war und es mit allen Mittelstaaten in Deutschland wohl schon aufnehmen konnte – aber nicht doch mit dem eigentlichen Rivalen, Österreich.

Das Unglück, das über Maria Theresia 1740 hereinbrechen sollte, kam nicht ganz aus heiterem Himmel. Seit den schönen Tagen von Belgrad (1717) hatten die österreichische Diplomatie und Kriegführung nicht sehr glücklich operiert. Die Notwendigkeit, die Pragmatische Sanktion durchzusetzen, wirkte wie ein zusätzlicher Klotz am Bein, vor allem aber täuschte man sich in Wien über die eigentlichen Interessen sowohl Preußens wie auch Rußlands. Während ersteres in Wien eher als quantité négligéable angesehen wurde, zumal der hausväterliche „Soldatenkönig“ keinerlei Anstalten erkennen ließ, sein hübsches Heer in der Praxis zu erproben, konnte man sich in Österreich nicht recht vorstellen, daß sich der russische Ehrgeiz nicht nur nach Westen und Norden, sondern verstärkt auch nach Südosten wenden konnte – aber gerade hier sah Rußland die eigentlichen Zukunftschancen.

Österreich auch, und daraus ergab sich zuerst ein komplizenhaftes Zusammenwirken, um die türkische Beute gemeinsam leichter zu erlegen, anschließend eine unaufhebbare, immer bitterer werdende Rivalität, die zwar nicht schnurstracks, aber doch irgendwie folgerichtig bis in die Tage des Ausbruchs des Ersten Weltkrieges führen sollte. Im Frieden von Belgrad mußte Österreich 1739 große Gebiete, die unter Prinz Eugen gewonnen worden waren, wieder herausgeben, Belgrad selbst ging verloren, das Prestige der Habsburger Monarchie war lädiert – wie wollte man in Wien erwarten, daß es in der Erbfolgefrage keinen Streit geben würde?

Der Friede von Belgrad war eine Zäsur, aber doch nichts, verglichen mit der politischen Wasserscheide von 1740. In diesem Jahr schürzte sich der Knoten der deutschen und der europäischen Geschichte neu. Um die Persönlichkeiten Friedrich II. von Preußen und Maria Theresias kristallisierte sich die ganze nachfolgende deutsche Geschichte. Sie wirbelte die Deutschen durcheinander und zog ganz Europa, ja fast schon die ganze Welt in den Strudel eines Konflikts, der mit wenigen Atempausen nahezu ein viertel Jahrhundert andauern sollte.

Die engen Verflechtungen der beiden deutschen Führungsstaaten Österreich und Preußen mit allen europäischen Problemen verstellen leicht den Blick darauf, daß auch zahlreiche andere deutsche Territorien und Dynastien im 17. und 18. Jahrhundert vielfältig mit Europa verbunden waren. Die Adelsgesellschaft war international, und so mancher „Provinzialismus" darf nicht darüber hinwegtäuschen, daß die herrscherlichen Häuser es nachgerade gewohnt waren, ihre Politik nicht allein an der der unmittelbaren Nachbarn zu orientieren, sondern nach den „Konjunkturen" der großen europäischen Politik auszurichten. Was heute eher possenhaft wirkt, war im Zeitalter des Absolutismus selbstverständlich: der Aufbau enger diplomatischer Beziehungen zwischen anscheinend inkompatiblen Höfen – etwa zwischen dem von St. Petersburg und dem von Gottorf, der Kurpfalz und Versailles, Braunschweig-Lüneburg und London. Die Weltläufigkeit des Adels zeigte sich auch im Institut der „Kavalierstouren", bei denen der adlige „Nachwuchs" von einem europäischen Hof zum anderen, meist in Begleitung erfahrener Haushofmeister reiste, wobei die Audienz bei Ludwig XIV.

zweifellos als Höhepunkt und Ziel aller Prestigehascherei galt. Man war stolz darauf, von den höchsten gekrönten Häuptern gekannt zu werden, wie umgekehrt auch der „Roi soleil" oder Katharina die Große sorgfältig ihre Bekanntschaften pflegten – vielleicht war diese höfische Adelskultur noch ein letzter Reflex aus den Zeiten des Lehnswesens, das ja, sieht man die Dinge formal und verfassungsrechtlich, immer noch nicht ganz überwunden war. Der frischgebackene preußische König versicherte dem Kaiser seine Untertänigkeit, und als es dem Großen Kurfürsten nach endlosem Hin und Her im Frieden von Oliva 1660 gelungen war, sich aus der polnischen Lehnshoheit in Preußen zu befreien, da galt dies immer noch als sensationeller Erfolg. Joseph I., der so früh verstorbene Kaiser, bemühte sich gar um eine Restauration der alten Kaiserherrlichkeit in archaisierenden Ritualen, zu denen natürlich auch Acht und Oberacht gehörten – daß er mit diesem Mummenschanz, wie manche Aufklärer meinten, am Ende scheiterte, spricht nicht gegen die lange nachwirkenden feudalen Herrschafts- und Bewußtseinsformen. Diese zeigten sich auch in der Herausbildung eines subtilen höfischen Zeremoniells, einem bis in die feinsten Verästelungen getriebenen genealogischen und heraldischen Bewußtseins, in Fahnen und Uniformen. Die bunten höfischen Feste, wichtige Katalysatoren bei der Herausbildung der barocken Lebenskultur, entsprachen dem verwirrend bunten Bild der nach Hunderten zählenden Reichsstände. Neben den 7 bzw. 9 (einschließlich Bayern und Hannover) Kurfürsten gehörten dem Fürstenstand 4 Erzbischöfe, 50 Bischöfe, 20 weltliche, 3 „welsche" Fürsten an, und bis 1755 kamen noch 11 geistliche und 14 weltliche hinzu. An Prälaten (Äbten und Pröbsten) hat man 79 gezählt, bis 1755 kamen weitere 6 hinzu. 187 Grafen und Herren bildeten den numerisch größten Anteil an den Reichsständen, aber es gab auch 87 Reichsstädte und immer noch vier Balleien des Deutschen Ordens. Das Kurfürstenkolleg bestand aus acht Mitgliedern, der Reichsfürstenrat, in die „geistliche" und die „weltliche" Bank gegliedert, umfaßte die übrigen Reichsstände mit Ausnahme des Kollegiums der Reichsstädte. Wie fein ziseliert die Herrschaftsverhältnisse oft waren, mag man beispielsweise an den 33

Westfälischen Grafen erkennen: da gab es welche von Sayn-Altenkirchen und Sayn-Hachenburg, von Tecklenburg und Wied-Runkel, von Wied, Neuwied, Lippe, Bückeburg, Bentheim, Hoya, Reckum, Anholt, Holzappel, Geroldstein usw. Nicht anders sah es im Schwäbischen und in der Wetterau aus, wie überhaupt der Südwesten des Reiches am allerzersplittertsten war.

Und dennoch „funktionierte" das alles! Das schroffe Nebeneinander von heute nur als puppen- und operettenhaft empfundenen „Reichsständen" und weit in die Welt, ja nach Übersee ausgreifenden Territorialstaaten war für das Alte Reich typisch. Genauso charakteristisch blieb natürlich ein nie endendes dynastisches Gerangel in Erb- und Nachfolgefragen. Was auf der Bühne der großen Politik um das Erbe Spaniens, Polens oder Österreichs aufgeführt wurde, fand seine miniaturisierte Entsprechung in Pommern oder Mecklenburg, Sachsen oder Thüringen – noch heute lebt die Lokalhistorie und das, was man als „Geschichte von unten" bezeichnet, aus dem reichen Fundus dieses historischen Mikrokosmos. Wer schärfer hinblickt, wird noch heute im Fränkischen und Hessischen gesellschaftliche Formen und Verhaltensweisen finden, die unmittelbar aus jener Zeit stammen, als der Herr Leutnant und der Herr Pastor „zu Hofe" gingen und die Bauern gefälligst Spalier zu stehen hatten, wenn es ein Erntefest zu feiern galt – oder die Hochzeit des Thronprätendenten.

Es ist schwierig, die Grenze zwischen dem historisch Relevanten und dem letztlich bloß Lokalen und Unerheblichen zu ziehen. Neben Preußen und Österreich waren es bis zum Ende des Deutschen Reiches im wesentlichen doch immer nur die Kurfürstentümer, die an der Gestaltung der deutschen und europäischen Gesamtpolitik am ehesten und in den wichtigsten Rollen beteiligt waren. Mainz, Köln und Trier gerieten dabei dank ihrer geographischen Lage unmittelbar zwischen die Fronten des großen habsburg-bourbonischen Konfliktes, wobei vor allem die Territorien des Kölner Kurfürsten Clemens August von Bayern im nordwestdeutschen Raum einen Schwerpunkt bildeten. Seit eh und je zum Hause Wittelsbach gehörend, erlagen die Kurfürsten und Fürstbischöfe in den niederrheinisch-westfälischen

Regionen oft den Versuchungen des wittelsbachischen Ehrgeizes, denn Kurbayern war jener Staat, der im 17. Jahrhundert, nicht zuletzt dank seiner glücklichen Reichspolitik während des Dreißigjährigen Krieges, am ehesten den Durchbruch zur „Großmacht" schaffen zu können schien. Die „Außenposten" am Rhein konnten hierbei eine den brandenburgischen analoge Funktion übernehmen; die Chance, zusammen mit Frankreich sich gegen Habsburg zu wenden, führte gelegentlich zu wittelsbachisch-bourbonischen Allianzen, auf die nicht nur die Nachwelt mit Entrüstung reagierte. Die lupenreine dynastische Interessenpolitik, die beispielsweise die berühmt-berüchtigten Fürstenbergs trieben, kollidierte zunehmend mit dem in Kurmainz, in der Kurpfalz und anderswo sich entwickelnden Reichs- und Nationalbewußtsein. Auch die Schönborns, in Diensten von Kurmainz zu höchstem Rang und Ansehen gekommen, hätten theoretisch zwischen dem Kaiser und dem französischen König optieren können – die Geschichte des Rheinbundes zeigte, daß es diese Wahl in Wirklichkeit nicht gab. In Mainz war auch in den wirrsten Zeiten des 17. und 18. Jahrhunderts nie in Vergessenheit geraten, daß der Kanzler des Reiches der Erzbischof von Mainz war.

Die geistlichen Territorien im Süden und Südwesten des Reiches – Würzburg, Bamberg, Augsburg, Passau, Salzburg – umfaßten den jungen bayerischen Kurstaat von allen Seiten – aber keines von ihnen war stark genug, um sich gegen das rasch expandierende, ständig an staatlichem Eigenbewußtsein zunehmende Bayern auf Dauer zu behaupten. München wurde zum Gravitationszentrum im Süden Deutschlands, nur mühsam durch die Residenzen in Stuttgart und Baden balanciert. Dennoch lag das Schicksal Bayerns nicht nördlich und westlich des bayerischen Kernraumes, sondern in den habsburgischen österreichischen Landen. Nach 1683 war es eigentlich nie mehr zweifelhaft, daß Österreich den Wettlauf mit Bayern auf dem Wege zur Großmachtbildung gewinnen würde – es fiel den Bayern aber schwer, sich in die Rolle der angesehenen, aber eben doch nur zweitrangigen Mittelmacht zu fügen. Deswegen war es menschlich verständlich, daß sich der bayerische Kurfürst auf jenes Abenteuer einließ, das ihm für drei Jahre ein chimärisches Kaisertum eintragen sollte; nach dem Tod des unglücklichen bayerischen „Gegen"kaisers beeilten sich die Nachfolger um einen raschen Frieden mit Österreich. Die Machtverteilung war seitdem klar – aber immer noch spukt durch die bayerischen Jahrhunderte der Traum von der Großmacht, und so ganz scheint immer noch nicht die Niederlage Nymphenburgs und der Triumph Schönbrunns verwunden.

Daß man im 18. Jahrhundert zumindest „König" sein mußte, um bei dem großen Pokerspiel um Macht und Ansehen überhaupt dabeisein zu können, wußten nicht nur die Bayern. Auch Kursachsen, Kurbrandenburg und Hannover brachten es zu dieser wichtigen Standeserhöhung – die jedoch jedesmal von außen „geliehen" war: Der sächsische Kurfürst wurde polnischer König, der brandenburgische „König in Preußen" und erst später „von" Preußen, der Hannoveraner mußte warten, bis die Personalunion zwischen seinem Land und England 1837 endlich zu Ende ging. Diese „deutschen" Könige waren also in Wahrheit „europäische" Könige, und sieht man sich die Binnengeschichte dieser Königreiche an, so erkennt man die vollkommene Abhängigkeit von den Konstellationen, die zu der Standeserhöhung geführt hatten.

Wenn die Wittelsbacher in letzter Konsequenz hoch gespielt und dann alles verloren hatten, so ging es den Wettinern durchaus ähnlich. Die außersächsische Machtbasis war ein geographisch riesiges, politisch unter den Händen der sächsischen Könige zerbröselndes Machtgebilde, das am Ende, 1795 von der Landkarte vollständig verschwand. Sachsen hatte aus der Personalunion mit Polen nicht nur nichts zu machen verstanden, sondern ein gut Teil seiner eigenen staatlichen Kraft in den polnischen Abenteuern vergeudet – der Glanz, mit dem sich die Wettiner in Dresden umgaben, war wahrlich nur äußerlich. Aber schlimmer noch: die geographische Lage Sachsens bescherte ihm im Norden mit Brandenburg den ehrgeizigsten und auch skrupellosesten Nachbarn, gegen den es sich nur mühsam, am Ende gar nicht mehr zu behaupten verstand, bis in der Zeit des Wiener Kongresses nur ein kleines unbedeutendes „Rumpfsachsen" übrig blieb. Das allerdings sollte sich erstaunlich behaupten – und ist nunmehr wie ein Phönix aus der Asche wiedererstanden (was man für Preußen nicht prophezeien kann).

Daß auch Hannover ähnlich „eingeklemmt" sein würde wie Sachsen, wurde erst im weiteren Verlauf des 18. und des 19. Jahrhunderts deutlich. Zunächst schien sich hier im Nordwesten des Reiches in der welfischen Tradition eine neue Machtballung abzuzeichnen, der man Zukunft bescheinigen mußte, wenn sie sich, wie sonst kein anderes deutsches Land, konsequent der Küste zuwandte, die inzwischen vom schwedischen Einfluß freigeworden war. Aber die Hansestädte, vor allem Hamburg und Bremen, schoben dem hannoverschen Ehrgeiz einen Riegel vor, und auch die Chancen, die sich aus der Personalunion mit England auf diesem Feld ergaben, hielten am Ende nicht das, was sie versprachen. Wie hätte England auch ein Interesse an der Heranzüchtung einer maritimen Konkurrenz haben können? Umgekehrt: Der englische Einfluß auf Hannover war zugleich subtile Kontrolle jeglichen potentiellen deutschen maritimen Ehrgeizes, das blieb so bis in die Mitte des 19. Jahrhunderts.

Aber nicht England war das Problem Hannovers, sondern natürlich Preußen. Dessen westliche Besitzungen, seit dem Westfälischen Frieden konsolidiert, wurde durch den Erwerb Ostfrieslands im Jahr 1704 sinnvoll und zukunftsträchtig ergänzt. Wenn Preußen der Durchbruch zur Großmacht gelingen sollte, so war es nur eine Frage der Zeit, bis Hannover in der preußischen Zange zerbrochen werden würde – so wie es dann tatsächlich 1866 der Fall sein sollte.

Man ist bei Preußen. Und bei Österreich: So richtig es sein mag, die Eigenständigkeit und die Bedeutung der anderen deutschen Territorien zu unterstreichen, das 18. und 19. Jahrhundert wurden vom preußisch-österreichischen Gegensatz, dem „deutschen Dualismus" bestimmt. Welche Voraussetzungen brachten die beiden Staaten mit, um den Kampf um die Herrschaft in ganz Deutschland zu gewinnen?

Einen Staat „Österreich" gab es vor 1804 überhaupt nicht. Das „Haus Österreich", die „Casa d'Austria": Das war eine Art Sammelbegriff für die unterschiedlichsten Territorien, die wiederum in Inner-, Ober-, Vorder- und Niederösterreich zusammengefaßt waren. Neben diesen zum Römischen Reich gehörenden Territorien traten die der Wenzelskrone, also Böhmen, die Lausitz, Mähren und Schlesien und die der Stephanskrone, also Ungarn, Siebenbürgen, die Slowakei. Im Verlauf der Türkenkriege kamen Slavonien, Kroatien, Nordbosnien, das Banat, Nordserbien und die Kleine Walachei hinzu, die Auseinandersetzungen mit dem Hause Bourbon führten zum Erwerb der südlichen Niederlande, der Herzogtümer Mailand, Mantua und Parma. Das Haus Österreich war weit davon entfernt, ein Einheitsstaat zu sein – aber es strebte doch danach, und gerade hieraus ergaben sich jene Spannungen, die die spätere Geschichte des „Vielvölkerstaates“ prägen sollten. Daß man in Wien mit den Ungarn in aller Regel glimpflicher umging als mit den Böhmen, sollte sich später als verhängnisvoll erweisen, und die immer nur temporär gezogenen Grenzen südostwärts von Ungarn waren so etwas wie die Resultierende in einem Parallelogramm der Kräfte zwischen Österreich, dem Osmanischen und dem russischen Reich.

Der Kampf gegen die Türken prägte das Habsburgerreich auch im Inneren. Das Prestige, das Prinz Eugen genoß, färbte unmittelbar auf die Verwaltung des Staatsganzen ab, und die kaiserlichen Armeen bildeten eine wesentliche Klammer nicht nur zwischen diesen und dem Reich. In habsburgischen oder in den Diensten des Reiches zu stehen: Das machte in der Praxis der zahlreichen „Reichskriege“, die die Habsburger gegen die Franzosen führten, keinen Unterschied.

Im Bestreben um Vereinheitlichung wurden die Habsburger Territorien 1627 zu einer Erbmonarchie umgewandelt. Primogenitur und Unteilbarkeit des Reiches waren durchgesetzt, in den nachfolgenden Jahrzehnten beeilte sich der Kaiser, die gleichen Prinzipien auch auf die neu oder wiedergewonnenen Gebiete anzuwenden. Die „Pragmatische Sanktion“ von 1713, welche die Primogenitur nun auch im weiblichen Stamm festlegte und jegliche Erbteilung untersagte, war daher tatsächlich ein „Grundgesetz“ des Hauses Österreich – umso wichtiger wurde seine Anerkennung durch die übrigen europäischen Staaten.

Dennoch darf dies nicht darüber hinwegtäuschen, daß von einer effektiven und zentralen Verwaltung Österreichs vor dem Zeitalter Maria Theresias und ihres Sohnes Joseph II. keine Rede sein kann. Geheimer Rat, Geheime Konferenzen und das Regieren aus dem „Kabinett“: Es genügte nicht, daß wenige auserwählte Männer vom Zuschnitt des Prinzen Eugen das große Reich zu verwalten suchten. Aber erst die große Staatskrise von 1740 setzte jenen Reformeifer frei, der sich an dem verhaßten Gegner in Potsdam ein Beispiel nahm. Haugwitz, Graf Kaunitz und die Kaiserin-Königin selbst sollten zu den Initiatoren des Reformkurses werden, der überhaupt erst die Voraussetzung dafür schaffen konnte, sich in den Stürmen des Siebenjährigen Krieges, später denen der Französischen Revolution und des napoleonischen Zeitalters zu behaupten.

Österreich mußte mitten im Krieg den Staat reformieren – so wie Preußen unmittelbar nach den vernichtenden Niederlagen von Jena und Auerstedt 1806. Preußen hingegen war ein wohlgeordnetes Gemeinwesen, als Friedrich II. seinen Hut in den Ring des europäischen Mächtekonzertes warf – ja dieses wohlfunktionierende Staatswesen war geradezu die Ursache dafür, daß der junge Preußenkönig etwa wagen konnte, was in jedem anderen Fall unverzüglich bestraft worden wäre. Aber Friedrich war nur der Erbe, angefangen hatte alles hundert Jahre zuvor.

Der Große Kurfürst (1640–1688) wurde „groß“ nicht nur seiner militärischen Leistungen wegen genannt. Die ebenso geschickte wie notfalls skrupellose „Schaukelpolitik“ hatte ihn zwar nicht ans Ende seiner Wünsche gebracht, wohl aber die Souveränität über Preußen beschert. Das war für die Folgezeit von ausschlaggebender Bedeutung, denn mit dem Vertrag von Wehlau, 1657, und dem von Oliva, 1660, legte er die Basis für die preußische Monarchie. Konsequent wie kaum ein anderer Fürst baute Friedrich Wilhelm, oft gegen den erbitterten Widerstand insbesondere der ostpreußischen Stände, den miles perpetuus aus und bewies 1675 in Fehrbellin die Richtigkeit seiner Konzeption. Die Armee und die preußische Souveränität: das war der „rocher de bronce“, das Fundament des zukünftigen Staates. Die geschickte Meliorations- und Peuplierungspolitik, deren Glanzstück das Edikt von Potsdam war, trug zur inneren Festigung der brandenburgischen Lande bei; daß Kurfürst Friedrich III. 1701 den Akt von Königsberg wagen konnte, ohne einer allgemeinen Lächerlichkeit anheimzufallen, verdankte er seinem hausväterlichen Vorgänger.

Der erste preußische König, Friedrich I. ((1688) 1701–1713), war ein typischer barocker Fürst, der die Standeserhöhung genoß und damit für die Geschichte genug getan zu haben glaubte. Sein Sohn, Friedrich Wilhelm I. (1713–1740), machte mit dem ganzen barocken Firlefanz seines Vaters rigoros und ohne Rücksicht auf Mätressen und Prestigen Schluß. „Soldatenkönig" nannte man ihn, weil er als erster preußischer Herrscher begriff, auf welchen Säulen Preußen ruhte: dem Militär und einer loyalen und tüchtigen Beamtenschaft. Auf beiden Feldern hielt der König sich an den Adel: indem er ihn dem Monarchen und dem Staat verpflichtete, nutzte er dessen intellektuelle und ökonomische Kapazitäten, der Preis dafür bestand in einer gesellschaftlichen Gliederung, die wie sonst nirgendwo in Deutschland und Europa den Adel an die Spitze führte, ohne daß er je Gelüste zum Frondieren entwickelte. Die Infrastruktur der preußischen Gesellschaft mit ihrer weltläufigen, wohlgebildeten Beamtenschaft, einem Heer gutsuntertäniger Bauern, einer kleinen bürgerlichen Wirtschaftselite, ergab eine außerordentlich produktive Melange, die von den preußischen Königen nur richtig eingesetzt werden mußte. Friedrich Wilhelm I. und sein Sohn verstanden sich auf dieses Geschäft glänzend, so unterschiedlich sie ansonsten von ihrem Charakter und ihren Überzeugungen auch sein mochten.

Freilich wäre es verkehrt, wollte man in Brandenburg-Preußen vor dem Regierungsanstritt Friedrichs des Großen bloß den „Gamaschenstaat" oder, nach einem bekannten Diktum eine Armee sehen, die einen Staat besaß. Religiöse Toleranz, wissenschaftlicher Aufschwung – etwa mit der Gründung der Universität Halle –, vielversprechende Akademiegründungen zogen die Aufmerksamkeit der „philosophes" aus ganz Europa auf sich. Auch wenn der Vater des großen Friedrich nicht immer glücklich mit der Wissenschaft, den Kirchen und dem Pietismus umging –

es wäre verkehrt, wollte man den bewundernswerten geistigen Aufstieg Preußens nach 1740 einzig und allein dem Philosophen von Sanssouci zuschreiben. Was für Heer und Verwaltung galt, galt auch für Kunst, Kultur und Wissenschaft: Preußen war bereit, eine große Rolle in der deutschen und europäischen Politik zu spielen. Das Theater war gerichtet, als 1740 in Wien Karl VI., in Potsdam Friedrich Wilhelm I. starben.

3. Preußen und Österreich: Drei Runden Krieg

Männer machen die Geschichte: Das berühmt-berüchtigte Wort Heinrich von Treitschkes haben Generationen von Historikern auf niemanden eher gemünzt als Friedrich den Großen. Heute müßte man, wollte man es überhaupt retten, hinzufügen: „Frauen machen die Geschichte", und der Hinweis auf Maria Theresia dürfte hier nicht fehlen. Tatsächlich waren sich diese beiden Persönlichkeiten ihres Charismas, ihrer gegenseitigen Haßliebe bewußt; vom „bösen Mann in Sanssouci" sprach Maria Theresia, seinen Respekt vor der Unbedingtheit und Größe seiner Gegnerin hat Friedrich II. vor allem nach dem Siebenjährigen Krieg frank und frei bekannt.

Dennoch sollte man das, was sich nach 1740 auf der europäischen Bühne und im deutschen Proszenium abspielte, nicht allein von den dramatis personae her zu begreifen suchen. Nicht nur eine Fülle von glücklichen oder unglücklichen „Zufällen" und Konstellationen ließ die beiden Antagonisten des preußisch-österreichischen Wettstreites in ihre jeweilige Rolle finden, sie waren doch auch, wie es Hegel nur wenig später formulieren sollte, „Marionetten des Weltgeistes", säkularisiert müßte man sagen: Produkte der Verhältnisse, für die sie nichts konnten, als ihnen die Macht in den Schoß fiel und sie mit ihr umzugehen hatten.

Der nur zeitweilig unterbrochene stetige Machtanstieg Brandenburg-Preußens hatte schon die Zeitgenossen Friedrich Wilhelms I. die Frage stellen lassen, was dieser Staat mit seinem überproportional großen Heer, seinen nicht erfolglosen Versuchen schärferer wirtschaftlicher und finanzieller Rationalisierung eigentlich wollte. Die sonst nirgendwo in Europa vergleichbare Hochschätzung des Adels als eines großen personellen Reservoirs für Führungspositionen in der Armee, aber auch in den Rittergutlandschaften Ostelbiens, das flächendeckende Kantonreglement, mit dessen Hilfe sich rasch große Truppenmassen mobilisieren ließen, verliehen dem preußischen Staat schon vor Friedrich dem Großen einen militärischen Anstrich sui generis. Um so merkwürdiger schien es, daß der König nicht nur keinerlei Einsatz seines Machtinstrumentes wagte, sondern durch einige Marotten, wie der der „langen Kerls", den Eindruck erweckte, als habe sich hier ein seltsam barocker Fürst ein Riesenspielzeug zugelegt, das noch nicht einmal in vorsichtig geführten „Kabinettskriegen" riskiert werden sollte. Wer den Berliner Hof beobachtete, dem fiel auch eine andere Merkwürdigkeit auf: das ganze martialische Gehabe des Soldatenkönigs kontrastierte aufs schärfste mit dem des Thronfolgers. Dessen Vorliebe für die Künste und die Wissenschaften war bald europaweit bekannt, und als die Liaison zwischen Friedrich und Voltaire publik wurde, schien Preußen dazu prädestiniert, das freiheitlichste und liberalste, das aufgeklärteste und toleranteste, vor allem aber das friedlichste Königreich Europas zu werden. Die familiären Irritationen und Tragödien im Gefolge der Flucht des jungen Friedrichs ließen einen Umschwung von der latenten Macht und Gewalt zu den Idealen jenes „Antimacchiavell" erhoffen, den Voltaire im Auftrag des Kronprinzen 1740 der gelehrten Welt Europas bekanntgemacht hatte.

Aber Friedrich wollte das Werk nicht unter seinem Namen gedruckt sehen, und als er ein knappes Jahr später Schlesien überfiel, wies er Voltaire an, die Restauflage aufzukaufen und einstampfen zu lassen.

War das einer jener „Widersprüche" (Th. Schieder), die das Königtum Friedrichs prägten? Er selbst sah sie nicht: er wolle beides sein, Philosoph und Krieger, gab er Voltaire auf eine entsprechende Anfrage zur Antwort. Tatsächlich verbanden sich in der Persönlichkeit dieses Hohenzollers in eigentümlicher und dennoch typischer Weise Geist und Macht, Toleranz und Willkür, Großartigkeit und Schäbigkeit.

Diese Mischung hat schon die Zeitgenossen in ganz Europa irritiert, den späteren Historikern erging es nicht anders, und wer heute den historischen Ort des friderizianischen Preußens im Kontext der deutschen und der europäischen Geschichte bestimmen will, muß sich mit diesen „Widersprüchen" auseinandersetzen. Denn sie sollten die deutsche Geschichte immer wieder prägen, bis hin zu dem größten aller denkbaren Widersprüche, die das „Volk der Dichter und Denker" im Zeitalter des Nationalsozialismus zum „Volk der Mörder und Henker" machen sollte.

Die Auflösung des friderizianischen „Rätsels" ist nötig, will man die Rolle Deutschlands in Europa seitdem und bis heute, darüber hinaus auch in der Zukunft einigermaßen präzise umschreiben. Zwar war schon vor Friedrich II. und nach ihm immer wieder Herrschern, Staatsmännern und Politikern in Deutschland dieses seltsame Janusgesicht zu eigen, nie aber trat es schärfer zutage als in den Jahren, in denen Friedrich seine Welt und die Welt Europas in einen Kriegsstrudel zog, der einer durchschlagenden Legitimation schon damals entbehrte.

Damals: Das war 1740, als der junge König Schlesien überfiel. Natürlich fehlte es nicht an Vorwänden – man kannte derlei aus den Kriegen Ludwigs XIV. Aber wenn der König seinen Kabinettsminister, der sich redlich Mühe gab, vermeintliche oder tatsächliche Erbansprüche Friedrichs als Kriegsgrund zu drapieren, als „bon charlatan" titulierte, so wird deutlich, daß Friedrich selbst genau wußte, daß nicht Recht, sondern Ruhmsucht seine Aggression von Dezember 1740 begründete.

Er selbst hat das später nicht geleugnet und bitter gebüßt. Es macht nicht zuletzt die Größe dieses Mannes aus, daß er die Abgründe in seinem Inneren sah und sich zu ihnen bekannte. Vor allem das Phänomen Krieg gewann für ihn eine neue Qualität – nicht so sehr auf den Schlachtfeldern, als vielmehr in der geistigen Dimension. Friedrich war der erste europäische Herrscher, der die Doppelbödigkeit der Staatsräson und die „Gratwanderung" des Staatsmannes zwischen „Ethos und Krathos" (Friedrich Meinecke) voll begriff. Er überwand die oft noch anzutreffende barocke Naivität, mit der viele europäische Herrscherfiguren „Interessenpolitik“ betrieben – genau so wie er von allen bigotten und christlichen moralischen Maßstäben frei sich allein den Gesetzen der Vernunft und der Toleranz verpflichtet wähnte. Aber weil er unter Vernunft auch die Anwendung von Gewalt und unter Toleranz auch die gewaltsame Etablierung fremden Gedankengutes verstand, erschien er schlichteren Gemütern als innerlich zerrissen, als zynisch und kalt.

Die Symbiose aus Geist und Macht war in Deutschland nicht neu. Aber Friedrich trieb sie auf die Spitze, oft darüber hinaus. Der Umschlag von dem einen zum anderen war daher nicht Zufall, sondern oft Ziel seiner Staatskunst und seiner Philosophie; er erweiterte damit den Horizont des Menschlichen und des Unmenschlichen in der Politik nach beiden Seiten. Gerade der Umstand, daß sich später Persönlichkeiten wie Bismarck oder Hitler auf Friedrich beziehen konnten, Historiker geradezu eine „genealogische“ Linie von Luther über Friedrich bis zu Bismarck und Hitler zogen, verweist auf die Vielschichtigkeit und die Faszination dieses Herrschers.

Aber Friedrich der Große war alles andere als „typisch deutsch“. „Groß“ nannten ihn zuerst nicht die Deutschen, sondern Voltaire und die Engländer. Zwar war er einer oft drastisch deutschen Sprache mächtig, aber er dachte und dichtete in französisch. Gewiß pflegte er die Wissenschaften in Sanssouci und in Rheinsberg, in Berlin, Potsdam und Halle – aber sein Herz hing an der französischen Literatur und an den französischen „philosophes“. Friedrich war Preuße, Deutscher und Europäer. Auch Weltbürger wollte er sein – zumindest in seiner Dichtung, in seiner Musik, und so wird sein Vermächtnis immer auch zu einem Vermächtnis für Europa.

Auch der Konflikt, den er mit seinem Einmarsch in Schlesien am 16. Dezember 1740 auslöste, war von Anfang an ein europäischer. Zwar mochte der junge König anfangs noch gehofft haben, Maria Theresia würde den Verlust ihrer schlesischen Provinz verschmerzen, falls dafür die Pragmatische Sanktion insgesamt auch von jenen Reichsständen und europäischen Staaten anerkannt würde, die sich bisher bedeckt gehalten hatten, es zeigte sich jedoch rasch, daß Friedrichs Angriff ein wahrhaftes diplomatisches Erdbeben auslöste. Verwunderlich war dies eigentlich nicht. Schon die beiden letzten Erbfolgekriege hatten die unlösbaren Verflechtungen sämtlicher europäischer Großstaaten erwiesen, ein genaueres Studium der Vorgeschichte und des Verlaufs dieser Erbauseinandersetzungen hätte Friedrich eigentlich warnen müssen. Die blanke, gewaltsame Entreißung einer zentral wichtigen Provinz des Hauses Österreichs mußte alle anderen Mächte über kurz oder lang auf den Plan rufen. Eben deswegen gab Maria Theresia fast ein Viertel Jahrhundert lang nicht die Hoffnung auf, eine Revision dieses fait accompli von 1741 durchsetzen zu können. Als sie schließlich, im Frieden von Hubertusburg 1763 resignieren mußte, der friderizianische Raub international und endgültig abgesegnet wurde, da war dies ein bedeutsamer moralischer Einschnitt – ganz folgerichtig hat die Kaiserin-Königin dann neun Jahre später in die erste polnische Teilung eingewilligt – ein vergleichbares Stück rechtsbrecherischer Natur. „Sie weinte und sie nahm", meinten damals Spötter. Aber man wird das Verhalten Österreichs nur begreifen können, wenn man Ursachen, Verlauf und Folgen jener Kriegsperiode betrachtet, die als Eopoche der „Schlesischen Kriege" bezeichnet wird.

Für Maria Theresia ging es gewiß in erster Linie um Schlesien, sie wollte es wiederhaben. In Wahrheit ging es aber auch um die Dominanz Österreichs oder Preußens in Deutschland. Die Jahrzehnte dieser Kriege sind die Formationsphase der „deutschen Frage" geworden, des „deutschen Dualismus". Der wurde 1763 nicht gelöst, sondern eigentlich erst etabliert. Vor 1740, ja vor 1763 war es nämlich keine Frage, daß Österreich in ganz Deutschland die entscheidende Macht war. Wenn es eine deutsche Hauptstadt gab, so war es Wien, nicht Berlin, und wenn es eine Reichshauptstadt neben Wien gab, so war es Frankfurt, und wieder nicht Berlin. Daß „Wien" und „Berlin" am Ende des Siebenjährigen Krieges in Deutschland gleichsam „gleichberechtigt" erscheinen – das ist das Verdienst – oder bloß die Folge – der friderizianischen Politik.

Diese aber vollzog sich nicht im luftleeren Raum. Ihre europäische Dimension wird deutlich, wenn man daran erinnert, daß in den Jahren der „schlesischen Kriege" ein weltweiter Konflikt zwischen den mit Preußen bzw. Österreich verbündeten Großmächten England und Frankreich in Amerika und Indien ausgetragen wurde. Zuerst hat man daher vor allem im Hinblick auf den „Siebenjährigen Krieg" auch von einem „Weltkrieg" gesprochen – gleichsam dem Vorläufer des Ersten Weltkrieges.

Im Winter 1740/41 ist von diesen Aspekten freilich noch nicht allzuviel zu spüren. Friedrich wiegt sich nach dem ersten Überraschungssieg bei Mollwitz in der Hoffnung, daß der Konflikt begrenzt werden könne, und als es ihm gelingt, mit Frankreich, Sachsen und Bayern eine Allianz zu schließen, die sich gegen Österreich insgesamt richtet, scheint alles wie am Schnürchen zu laufen: Der bayerische Kurfürst Karl Albrecht läßt sich überreden, als Karl VII. Römischer Kaiser zu werden, und diesem Schachzug der preußischen Diplomatie weiß Maria Theresia nur den Frieden von Breslau entgegenzusetzen: denn noch wichtiger als die Provinz Schlesien war für das Haus Österreich natürlich die Kaiserkrone. In Breslau gibt die Königin Schlesien zunächst also auf, um sich gegen den bayerischen „Usurpator" wenden zu können. Friedrich, so scheint es, kann sich „klammheimlich" mit seiner Beute davonstehlen, der Konflikt ist von Schlesien und Böhmen nach Bayern und an den Main verlagert, dort freilich wird Friedrichs französischer Verbündeter Frankreich bei Dettingen von der „pragmatischen Armee" aus Österreichern, Niederländern, Engländern und Deutschen geschlagen – das verhieß auf Dauer für Preußen nichts Gutes.

Friedrich schätzte die Lage nach dem Breslauer Frieden durchaus nüchtern ein. Auch er zweifelte nicht daran, daß die junge schöne Kaiserin, die sich in geschicktem Coup der Loyalität der Ungarn zu versichern verstand, den Frieden nur als Waffenstillstand begriff. Zwar schien es unmittelbar nach Dettingen aussichtslos, Frankreich auf die Seite Österreichs zu ziehen, dafür gelang Österreich ein anderer diplomatischer Schachzug: ein Bündnis mit Sardinien und England. Karl VII., von österreichischen Truppen aus München und Bayern vertrieben, harrte in Frankfurt vergeblich auf eine günstige Wende. Der Kaiser sah seine Hoffnungen nur noch in Preußen, Friedrich wog das österreichisch-englische Bündnis durch eine Allianz mit Ludwig XV. auf – damit waren vier der fünf europäischen Großmächte in den Konflikt hineingezogen, und daß die Allianzen nur zu Kriegszwecken abgeschlossen wurden, war jedermann selbstverständlich.

Dennoch brach Friedrich den Zweiten schlesischen Krieg nicht mutwillig vom Zaun. Was für die Ursachen des Siebenjährigen Krieges gilt, galt schon für den im August 1744 entfesselten Krieg: der König fühlte sich von Feinden umstellt und glaubte, es sei allemal richtiger, das Prävenire zu spielen, als „praevenieret zu werden". Der Vormarsch der Österreicher über den Rhein ins Elsaß ließ ihm, wie er glaubte, keine Wahl: das Bündnis mit Frankreich konnte nur dann Bestand haben, wenn Preußen den Franzosen deutlich sichtbar zur Seite trat. Daß Friedrich nach Böhmen einrückte, ohne sich der Neutralität der fünften großen Macht, nämlich Rußlands, vollkommen sicher sein zu können, läßt entweder auf Leichtsinn oder auf Verzweiflung schließen. In Wahrheit war es wohl eine Mischung aus beidem. Zuwarten war Sache des Königs nie.

Maria Theresia reagierte auf die neue Lage rasch und entschlossen. Indem sie den Feldzug am Rhein abbrach und sich erneut ganz auf die Wiedergewinnung Schlesiens konzentrierte, setzte sie Prioritäten, die das Königreich Preußen nun existentiell gefährden mußten, falls es Wien gelang, die noch zögernden Mächte gegen den Friedensbrecher von Potsdam zu mobilisieren. In der Quadrupelallianz vom 8. Januar 1745 schien Friedrichs Schicksal schon besiegelt – wie wollte er gegen Österreich, England, die Niederlande und Sachsen bestehen, zumal schon damals der Beitritt Rußlands zu dieser Allianz bei gleichzeitiger Abwendung des mit anderen Problemen voll ausgelasteten Frankreichs von Preußen nur eine Frage kurzer Zeit zu sein schien? Als gute vierzehn Tage später der unglückliche Karl VII. starb und der Nachfolger nichts Eiligeres zu tun hatte, als auf alle kaiserlichen Ansprüche zugunsten des Gemahls Maria Theresias zu verzichten, schien Friedrich einer Katastrophe entgegenzueilen.

In dieser Situation verließ sich der Roi Connétable wie noch niemals zuvor auf die blanke Gewalt – genauer: auf das preußische Heer. Die Schlacht von Hohenfriedberg war politisch gesehen etwas qualitativ ganz anderes als die vorhergegangenen Schlachten. Der König wollte und mußte seine militärische Macht allein in die Waagschale der Diplomatie und der großen Politik werfen; er wollte, mußte und konnte demonstrieren, daß die Kosten einer finalen Niederringung Preußens ungleich höher sein würden als zu Zeiten der manövrierenden Kabinettskriege. Maria Theresia verschloß sich dieser Einsicht, wenn auch zögernd, am Ende nicht. Ein zweiter spektakulärer Sieg der Preußen über die Sachsen bei Kesselsdorf ließ die Waage zugunsten des zweiten Friedens, besser: Waffenstillstandes sich neigen. Der österreichischen Politik wurde zwischen 1742 und 1745, als am 1. Weihnachtstag in Dresden der Frieden geschlossen wurde, drastisch klar gemacht, daß sie bisher zu kurzatmig gedacht und gehandelt hatte. Das Königreich Preußen erwies sich als furchteinflößende Militärmonarchie, die diplomatischen Schachzüge des preußischen Königs wirkten zwar noch ein wenig unsicher, aber keineswegs dilettantisch, die kleinen deutschen Verbündeten, dazu mußte man nach Kesselsdorf auch Sachsen zählen, wogen die großen Allianzen nicht auf, kurzum: Österreich bedurfte einer längeren Friedensperiode, um seine Kräfte neu zu ordnen, weiter zu entfalten, zweckgerichtet auf den Showdown mit dem Hohenzoller auszurichten.

Maria Theresia sollte in den kommenden Jahren die eigentliche Kriegstreiberin sein – aber besaß sie hierzu nicht alles moralische Recht? Man muß sich darüber klar sein, daß das 18. Jahrhundert noch keineswegs von der Frage berührt war, ob der Krieg überhaupt ein legitimes Mittel der Politik sein kann. Niemals zweifelte die Kaiserin an ihrem Recht, den Krieg vorzubereiten und im günstigen Moment zu wagen – in diesem Punkt wußte sie sich mit der überwältigenden Mehrheit ihrer Untertanen, auch der nichtdeutschen, einig. Das ihr angetane Unrecht schloß den Vielvölkerstaat enger zusammen, als alle verfassungsrechtlichen Regelungen es je vermocht hätten.

Der Friede von Dresden beendete den Krieg zwischen England und Frankreich freilich nicht. In den Jahren 1746 bis 1748 wurde zum ersten Mal die Funktion der deutschen Frage im

Konzert der großen Mächte sichtbar. Denn Österreich und Preußen, zusammen mit ihren deutschen Verbündeten, waren in den Jahren des Zweiten Schlesischen Krieges zu Agenten der beiden Großmächte geworden, die ihrem Selbstverständnis nach zur Weltreichsbildung in Übersee tendierten. Gerade in dem Moment, in dem Preußen in den Club der „großen Mächte“ eintrat – auf Dauer, wie sich später erweisen sollte –, differenzierte sich dieser Club: England und Frankreich, sehr bald auch Rußland wurden zu imperialen Weltmächten, Österreich und Preußen zu europäischen Kontinentalmächten. Später sollten sie zusammen gegen die drei ersteren stehen, zunächst blieben sie Antagonisten – was anderes wäre möglich gewesen, solange niemand wußte, wer am Ende Deutschland, diese große Länder- und Ressourcenmasse im Herzen des Kontinents, wirklich beherrschen würde. Nachdem Preußen aus dem Konflikt ausgeschieden schien, bemühte sich Maria Theresia um eine festere Gestaltung des von ihr und ihrem Staatskanzler Kaunitz, der bald zu der alles beherrschenden Figur auf dem diplomatischen Parkett Europas werden sollte, angestrebten Bündnisses. Wie schon lange vor 1740, erwog der Wiener Hof auch jetzt einen grundsätzlichen Bündniswechsel, genauer: man sondierte in Paris, ob der traditionelle habsburgisch-bourbonische Gegensatz nicht überwunden, damit ein völlig neues außenpolitisches System in Europa etabliert werden konnte. Hatte seit den Tagen Karls V. das Gespenst einer habsburgischen „Klammer“ die französische Europapolitik geleitet, so schien es seit dem erstaunlichen Machtanstieg Preußens in Wiener Augen nicht mehr absurd, in Frankreich nicht mehr so sehr den traditionellen Gegner, als den natürlichen Verbündeten des Hauses Österreich zu sehen. In den verschiedenen Anläufen, die Kaunitz unternahm, um die Tragfähigkeit einer eventuellen Brücke zwischen Paris und Wien zu testen, tauchte so wie von selbst die Vorstellung von einer denkbaren, ja wünschbaren „Einkreisung“ Preußens auf – freilich konnte sich aus derart vagen Spekulationen nur dann ein realistisches politisches Konzept ergeben, wenn die Rolle Rußlands klar definiert war. Preußen mußte eigentlich alles daransetzen, um dieses mächtige Reich für sich zu gewinnen – nur: was konnte Preußen Rußland bieten, das Österreich ihm nicht in viel reicherem Maße hätte bieten können?

Die Abtastversuche von 1746 bis 1848 führten noch zu keinem Ergebnis. Im Frieden von Aachen stellten sich die alten Konstellationen anscheinend wieder her: England und Frankreich schlossen einen halbherzigen Frieden, dem die Kaiserin widerwillig beitreten mußte, tief enttäuscht ob der englischen Haltung, die nicht das gehalten hatte, was sie einst versprochen zu haben schien. Es war folgerichtig, daß Österreich an dem 1746 mit Rußland geschlossenen Bündnis – zunächst einer bloßen Option auf eine noch ungewisse Zukunft – festhielt.

Auch nach dem Frieden von Aachen verfolgte Kaunitz, von der Kaiserin darin unterstützt, seinen großen Plan eines „renversement des alliances" weiter. Tatsächlich bot ein solcher Umsturz der Bündniskonstellationen die Chance, das Ergebnis von Dresden und Aachen doch noch zu verbessern. Kaunitz war klar, daß es nicht um eine bloße Wiedergewinnung von Schlesien ging. Preußen hatte nunmehr acht Jahre lang mit Erfolg allen Bemühungen der österreichischen Diplomatie und Kriegführung widerstanden; nachdem England und Frankreich ihre Interessensphären in Europa wie in Übersee vorübergehend abgesteckt hatten, war ein über bloße verbale Beteuerungen hinausgehendes Engagement Englands für Habsburg ebensowenig zu erwarten wie das Frankreichs für Preußen. Nur wenn die politischen Karten völlig neu gemischt wurden und der russische Joker zum Zuge kam, bestand Aussicht, daß aus dem renversement des alliances ein bouleversement de la Prusse, die Vernichtung Preußens als Großmacht resultierte: eben darum war es Maria Theresia zu tun. Schlesien war zwar vordergründig immer noch das Objekt, um das es ging, in Wahrheit rang sich die Wiener Hofburg zu dem Entschluß durch, die kaum noch recht formulierte „deutsche Frage" nach jener Methode zu lösen, die man wenig später dann auf Polen anwenden sollte.

Österreich wollte die Vernichtung Preußens, die Reduzierung des preußischen Königs auf den Status eines Markgrafen von Brandenburg, wenn überhaupt. Die Machtballung im Norden und Osten Deutschlands sollte rückgängig gemacht werden. In der österreichischen Propaganda erschien Preußens König als der Inbegriff des Bösen, das Königreich Preußen als ewiger Unruhestifter. Es galt, die Ruhe Europas wieder herzustellen, indem Preußen nach Möglichkeit von der Landkarte getilgt wurde.

Also keine Kompromisse. Kein Diskurs über Einheit und Vielfalt deutscher Politik im Herzen Europas. Je länger sich Friedrich im Besitz der schlesischen Beute befand, desto rigoroser verkündete die Kaiserin-Königin ihr „Carthaginem esse delendam".

Friedrich der Große wurde sich der Gefahren, die sich um ihn zusammenbrauten, nach und nach bewußt. Aus dem Zweiten schlesischen Krieg war er erschöpft nach Berlin zurückgekehrt, müde auf den Tod, wie er schrieb. Aber der Friede, den er eben geschlossen hatte, war nichts als eine Fata morgana. Seine grundsätzlich pessimistische Weltsicht bestärkte ihn in der Auffassung, daß in den anscheinend halkyonischen Jahren zwischen 1748 und 1756 der Aufmarsch der Feinde Brandenburgs in vollem Gange war. Man kann auch nicht erkennen, daß er dagegen etwas anderes unternommen hätte als eine Verstärkung des Heeres, eine immer strenger sich gebärdende Kriegsvorbereitung, ein immer zynischeres Räsonnieren über die Unvermeidlichkeit des Krieges. Seine beiden politischen Testamente, vor allem das von 1752, spiegeln diesen pessimistischen Grundzug, der freilich niemals in Resignation umschlug, sondern zu radikaler Aktion trieb. Fest davon überzeugt, daß der Wille des Menschen nicht frei sei, die Vorsehung – Friedrich glaubte an keinen persönlichen Gott – die Geschicke der Menschen bestimme, gab er sich einer Art von aktivem Fatalismus hin. Sein Briefwechsel mit Voltaire spiegelt ihn eindrucksvoll.

Der Krieg, der über Sein oder Nichtsein seines Staates entscheiden würde, zog unerbittlich herauf – so zumindest interpretierte Friedrich die diplomatischen Schachzüge von Graf Kaunitz, ohne doch ganz zu ermessen, welch fundamentales Problem Österreich doch auch zu lösen hatte. Vielleicht nur einmal in seinem Leben hatte Friedrich der Große seine Gegnerin unterschätzt: im Dezember 1740. Fortan neigte er dazu, die österreichischen Fähigkeiten eher zu überschätzen, und gerade das bestärkte ihn in seinem Rigorismus des Alles oder Nichts. Durchforscht man die Ursachen des Siebenjährigen Krieges, so ist weit und breit nichts von einem Bemühen um friedliche Lösungen, um einen Ausgleich, ein Krisenmanagement zu erkennen. Friedrich betonte zwar unermüdlich, daß er den Frieden wolle, „sans soucis", ohne Sorge wolle er leben, aber er war keinen Augenblick lang bereit, deswegen Schlesien fahren zu lassen. Zwar kann man nicht wissen, was die Herausgabe der Provinz bewirkt hätte, vielleicht wäre nicht alles auf jenen Abgrund zugetrieben, vor dem der große König wenige Jahre später schier unvermeidlich stehen sollte, dennoch wäre allein eine solche Entscheidung nötig gewesen, um den Makel zu tilgen, mit dem Friedrich II. 1756 erneut behaftet werden sollte: einen Angriffskrieg zu führen.

Es war ein lupenreiner Präventivkrieg, dennoch entschuldigt nichts seinen Einfall in Sachsen „mitten im Frieden". Wieder verletzte der König Völkerrechtsgrundsätze, auf die er in der prekären Lage, in der sich sein Land bald befinden sollte, am ehesten hoffen mußte. Die böse Tat vom Dezember 1740 gebar fortlaufend neue böse Taten. Wenn sie der König „eigentlich" nicht wollte, so könnte man sein Schicksal ins Tragische gewendet sehen. Er spielte auf dem Tiefpunkt seiner Existenz mit dem Gedanken an Selbstmord, vielleicht weist dies in die nämliche Richtung – vielleicht aber auch nicht; der König bleibt „als Ganzes ein Rätsel", wie es der französische Gesandte einmal lapidar ausdrückte.

Ursachen und Anlässe des Siebenjährigen Krieges lassen sich sauber scheiden. Im europäischen und im weltweiten Rahmen lagen sie in den ständigen Rivalitäten zwischen den werdenden Kolonialmächten England und Frankreich, im binnendeutschen in der Frage nach der Dominanz Preußens oder Österreichs in Mitteleuropa. Schlesien besaß nur noch die Funktion eines Testfalls: Behauptete es Preußen, war seine Großmacht etabliert, gewann Österreich es zurück, sank Preußen auf das Maß einer Mittelmacht herab. Da weder der Dresdner noch der Aachner Frieden diese Kernfrage des Jahrhunderts definitiv gelöst hatte, war eine erneute Kraftprobe vielleicht unvermeidlich – aber das nimmt den Protagonisten des Krieges nichts von ihrer Verantwortung vor der Geschichte.

In erster Linie ist hier Wenzel Anton Graf von Kaunitz zu nennen. Schon als österreichischer Vertreter beim Friedenskongreß in Aachen (1748) und als Gesandter in Paris hatte er sich um die neue Allianz bemüht. 1753 zum österreichischen Staatskanzler ernannt, nahm er seine alten Pläne energisch wieder auf. Dennoch weiß man nicht, ob sein großes Spiel Erfolg gehabt hätte, wären England und Frankreich 1754 nicht erneut in einen kolonialen Konflikt in Amerika hineingeschlittert, der beide Mächte automatisch die Frage nach den europäischen Festlandsdegen stellen ließ. Für England war es ein probates Mittel, den alten österreichischen Verbündeten deswegen zur Sicherung Hannovers aufzufordern. Gerade dort aber drohte Österreich unmittelbar mit Frankreich zusammenzustoßen, wenn sich dieses um eine norddeutsche Basis für einen unmittelbaren Angriff auf die britische Mutterinsel bemühte. Wie anders aber wäre England zu treffen gewesen? Die Franzosen wußten nur zu genau, daß England in Amerika wie auch in Indien am längeren Hebel saß; verfügte Frankreich jedoch über Hannover und die österreichischen Niederlande, so war sein Hebel gegen die Insel der längere.

Österreich stand vor der Frage, zugunsten eines uralten Prinzips ins Schlepptau Englands zu geraten oder aber die Pläne zu einem renversement des alliances wieder aufzunehmen. Die englische und die friderizianische Diplomatie bahnten ihm den Weg: nachdem William Pitt, der geniale englische Staatsmann, Friedrich den Großen aufforderte, Hannover zu sichern, zeichnete sich ein Brückenschlag von Berlin über Hannover nach London ab. Der König hatte kurz zuvor seinerseits Frankreich aufgefordert, Hannover zu besetzen, von Paris aber nur zur Antwort erhalten, diese Aktion möge er doch bitte selbst durchführen. Friedrich wußte, daß er damit nicht nur in das offene Messer Österreichs und Englands, sondern wahrscheinlich auch Rußlands gelaufen wäre, das ganz unverhüllt in London um die britische Gunst buhlte. Von Frankreich hatte er kaum etwas zu erwarten, Rußland und England mit seinem hannoverschen Stützpunkt aber konnten ihn von Westen und Osten, Österreich mit seinem sächsischen Verbündeten von Süden umfassen: die lange befürchtete Einkreisung Preußens wäre perfekt gewesen.

Man muß sich diese geopolitische Gesamtsituation vor Augen führen, will man den Vertrag von Westminster, der Preußen am 16. Januar 1756 endgültig ins englische Lager trieb, richtig würdigen. Gewiß: dieser Vertrag gab in Paris den letzten Ausschlag für das renversement des alliances, das Friedrich gleichwohl weder beabsichtigt noch gewollt hatte. Aber konnte der König abwarten, was aus den Kaunitzschen Verhandlungen würde, während England in Hannover ruhig aufmarschierte? Und durfte Friedrich sich darauf verlassen, daß Rußland und England am Ende doch nicht handelseinig wurden? Man hat dem König später Voreiligkeit und Panikreaktionen vorgeworfen – im Frühjahr 1756 glaubte er, der tödlich umklammernden Bedrohung nur entrinnen zu können, wenn er es zumindest mit England nicht verdarb.

Tatsächlich fehlte nicht viel, und seine Spekulation wäre aufgegangen. Denn der Versailler Vertrag zwischen Frankreich und Österreich vom 1. Mai war noch kein konkretes Kriegsbündnis, sondern nur eine Verteidigungsallianz. Hätte sich Preußen ruhig verhalten, es wäre fraglich gewesen, ob Frankreich den letzten Schritt über den Rubikon getan hätte.

Da verdarb der König mit seinem Überfall auf Sachsen am 29. August 1756 alles. Sein notorisches worst-case-Denken hielt das riskante diplomatische Pokerspiel, das Kaunitz wie Pitt meisterhaft beherrschten, psychologisch nicht aus. Friedrich malte sich vor seinem unheilvollen Entschluß zum Prävenire die Folgen der Einkreisung in den schwärzesten Farben aus. Wie in den Tagen der Julikrise von 1914 Bethmann Hollweg, verfiel auch der preußische König in einen Kriegsfatalismus, der eine Politik des angeblich „kalkulierten Risikos" als das geringere Übel erscheinen ließ. Wie 1914, so glaubte Friedrich 1756, die Einkreisung seines Reiches sei schon vollendet; wie Bethmann Hollweg beschwor aber auch Friedrich durch seinen völkerrechtswidrigen Angriff auf Sachsen gerade das herauf, was er am meisten gefürchtet hatte. Die erschreckenden historischen Parallelen zwischen dem 3. August 1914, als das Deutsche Reich das neutrale

Belgien überfiel und dem 29. August 1756, als Friedrich der Große in Sachsen einrückte, das keineswegs zu den formal mit Österreich verbündeten Staaten zählte, werfen die Frage nach der Zwangsläufigkeit deutscher Kontinentalpolitik in Krisenzeiten gleichsam automatisch auf. Das „Einkreisungs"-Syndrom von 1756 spiegelte ebenso wie das von 1914 in Wahrheit aber nur das komplizierte Gleichgewichtssystem in Europa. Bismarck hat nach 1871 sowohl in der politischen Praxis wie in zahlreichen theoretischen Erörterungen, deren Höhepunkt das „Kissinger Diktat" von 1877 sein sollte, die einzig mögliche Alternative zu jener Politik aufgezeigt, die Friedrich den Großen an den Rand des Abgrunds, Wilhelm II. und seine Reichsleitung in ihn führen sollte. Das Gegensatzpaar „Gleichgewicht oder Hegemonie" reicht freilich zur Lösung dieses fundamentalen deutschen Problems nicht aus; ob 1756 die preußische, 1914 die reichsdeutsche oder 1990 die gesamtdeutsche Politik: immer bleibt deutsches politisches Handeln eine Funktion des Denkens, Wollens und Handelns aller anderen großen Staaten im Konzert der Groß-, Welt- oder gar Supermächte. Das verhängnisvolle Denken in bloßen einander ausschließenden Alternativen, das in dem Diktum von Gleichgewicht oder Hegemonie steckt, verkennt die unendliche Komplexität des politischen Musters.

Kaunitz fiel es nach dem fait accompli des 29. August 1756 nicht mehr schwer, Ludwig XV. zum Abschluß eines Kriegsbündnisses zu bewegen. Genau ein Jahr nach dem 1. Versailler Vertrag wurde am 1. Mai 1757 der zweite Versailler Vertrag geschlossen, in dem sich Frankreich Österreich verpflichtete und Österreich die Abtretung seiner Niederlande an Frankreich in Aussicht stellte – gegen den Gewinn Schlesiens. Daß Kaunitz und Maria Theresia tatsächlich bereit waren, die österreichischen Positionen am Niederrhein zu räumen, weist noch einmal auf ein grundsätzliches Phänomen des Habsburgerstaates hin: dieser orientierte sich, wenn auch nicht immer zielstrebig und ohne Rückschläge, mehr und mehr nach Osten und Südosten, er driftete aus Zentraleuropa hinaus: dies war eine wichtige Grundentscheidung und präjudizierte schon die Lösung der „deutschen Frage" im 19. Jahrhundert.

Wieder konnte sich Österreich zudem in der moralisch besseren Position wiederfinden. Mit Ausnahme jener Reichsstände, die unmittelbar englischem Einfluß unterlagen, gelang es Wien, auch das Reich gegen Friedrich zu mobilisieren, und es fehlte nicht viel, daß der preußische König wie im finstersten Mittelalter formell in die Acht getan wurde. Der Krieg gegen ihn wurde als Reichsexekution geführt – so wie 110 Jahre später, als der Frankfurter Bundestag den Krieg gegen das abtrünnige Bundesmitglied Preußen beschloß. Auch in diesen an sich nur formalen Entschlüssen spiegelte sich das preußische Problem, und wenn man will, läßt sich eine Kette bilden, die von den Entschließungen der Reichskollegien von 1757 bis zu der des Reiches vom 20. Juli 1932 reicht. Preußen war offenbar doch nicht ein deutscher Staat wie jeder andere.

Der Siebenjährige Krieg spielte sich auf dem amerikanischen und dem asiatischen Kontinent ab, in Europa waren nahezu sämtliche Staaten mit Ausnahme Dänemarks, Hollands, der südeuropäischen Staaten und der Türkei in den Konflikt verwickelt. Später hat man oft davon gesprochen, daß die beiden deutschen Staaten nur die „Festlandsdegen" Englands bzw. Frankreichs gewesen seien – dahinter stand die Vermutung, England und Frankreich hätten Deutschland „mißbraucht", während Rußland sich in aller Ruhe die schönsten Stücke aus dem deutschen Kuchen herausschneiden sollte.

Natürlich war es so nicht, wie die späteren angeblichen „historischen Vergleiche", ein beliebtes Intellektuellenspiel während des Ersten und des Zweiten Weltkrieges, es wahrhaben wollten. So sehr es um überseeische Positionen ging, so sehr doch auch um den Stellenwert Englands und Frankreichs auf dem europäischen Kontinent selbst, und es wäre eine verfehlte Vorstellung, in Österreich und Preußen gleichsam nur die Marionetten Pitts oder Choiseuls, des französischen Staatskanzlers, zu sehen. Schließlich hatte Frankreich mit dem renversement des alliances eine kaum zu überschätzende Grundentscheidung getroffen, deren Nachwirkungen bis in die Tage des Krimkrieges und nach „Sadowa" reichten, und England wurde über sein Kurfürstentum Hannover, wenn anfangs auch eher widerwillig, unmittelbar in die deutschen Dinge hineingezogen – da war keine Spur von „splendid isolation" oder „no commitment" zu finden. Daß Preußen sich auch in den dunkelsten Jahren des Krieges mühsam erhalten konnte, ging wesentlich auch auf das englische Engagement in Hannover zurück. Noch in den Besatzungsjahren nach 1945 waren die Folgen in Hannover, ja in ganz Norddeutschland zu spüren: all das fing 1756 an.

Der Siebenjährige Krieg ist in die deutsche Geschichte als eine heroische Legende eingegangen und rückte Friedrich den Großen endgültig ins Pantheon der deutschen Heldenfiguren. Tatsächlich waren das oft höchst dramatische Auf und Ab, die Wechselfälle des militärischen Glücks und Unglücks nie enger in Zeit und Raum versammelt als zwischen 1756 und 1763. Mit Namen wie Prag, Kolin, Roßbach, Leuthen, Zorndorf, Hochkirch oder Kunersdorf verbanden sich bis 1945 für Generationen von Deutschen Größe und Tragik des größten preußischen Königs; noch Joseph Goebbels hat im letzten Jahr des Zweiten Weltkrieges immer wieder auf Fridericus Rex und dessen Siege und Niederlagen, vor allem aber auf das vermeintliche „Mirakel des Hauses Brandenburg" als Trost und Hoffnung für die unter dem Bombenterror leidenden Deutschen verwiesen, und dies durchaus mit Erfolg.

Friedrich der Große konnte für diesen Mißbrauch nichts, und es gehörte zu den fatalsten Geschichtsklitterungen des deutschen Chauvinismus, im Siebenjährigen Krieg schon einen ideologischen Nationalkrieg zu sehen. Friedrich II. war weit entfernt davon, sich als deutscher „Führer", als Nationalheld zu begreifen. Der schon nationalistisch eingefärbte Jubel nach der Schlacht von Roßbach, in der die Preußen einen Sieg über die „eilende Reichsarmee" (Treitschke) errangen, widerte den König eher an. Nicht Deutschland, Preußen und das Haus Hohenzollern waren die Pole, um die sein Denken und Handeln kreiste. Und von irgendeinem Haß gegen Frankreich oder Rußland findet man bei ihm nichts, niemals wäre der König wie später der Freiherr vom Stein auf die Idee verfallen, der Sprache „des scheußlichen Volkes der Franzosen" abzuschwören. Die Korrespondenz mit Voltaire und zahlreichen anderen Intellektuellen aus Frankreich schlief auch während des Krieges nicht ein, wie umgekehrt der König nicht nur in England als „Frederic the Great“, sondern auch in Frankreich und Rußland als großer Mann weiter verehrt blieb.

Solche noblen Gesten und Intentionen dürfen freilich nicht darüber hinwegtäuschen, wie sehr es in diesem Ringen tatsächlich um Sein oder Nichtsein der preußischen Monarchie ging. Eben dies unterschied Preußen von allen anderen gegnerischen großen Mächten: selbst wenn diese Niederlagen einstecken mußten, war ihre Existenz doch niemals ernsthaft gefährdet – nach Kolin war der König von Preußen jedoch davon überzeugt, daß es mit seinem Staat nun wirklich zu Ende sei.

Friedrich hat von Anfang an nicht mit einem blanken Sieg gerechnet. Ihn leiteten daher zwei Grundsätze: militärisch mußte in der Anfangsphase eine Strategie des Blitzkrieges die Basis erweitern: Friedrich rückt in Sachsen ein und stößt nach Böhmen vor; danach galt es die Gunst der inneren Linien zu nutzen und sich in der strategischen Defensive zu behaupten. Politisch mußte er versuchen, den Ring der Gegner zu sprengen. Gerade weil die Allianzen nicht ideologisch geprägt waren, schien dies nicht a priori aussichtslos, es galt also, die wohlverstandenen Interessen der Kriegführenden genau zu analysieren, um im gegebenen Moment dem einen oder anderen Gegner eine goldene Brücke ins eigene Lager, oder zumindest in die Neutralität zu bauen. Daß militärische Erfolge oder Mißerfolge zu solchen Entscheidungen wesentlich beitragen konnten, lag auf der Hand; jede gewonnene Schlacht ließ die politischen Chancen steigen, jede verlorene sinken.

Insgesamt eröffneten sich dem König freilich nur wenige echte politische Optionen. Maria Theresia konnte Rußland Ostpreußen als Siegespreis anbieten – was sollte der König dagegen bieten? In Amerika konnte England via Hannover ganz Kanada gewinnen, Frankreich die Ziele Ludwigs XIV. an der Rheinmündung. Preußen aber hatte nichts zu verschenken – es sei denn mit Schlesien genau das, worum es ging: seine europäische Großmachtstellung.

Mit dem Thronwechsel in England und dem Sturz William Pitts verlor Preußen nach und nach die tatkräftige Hilfe Englands, das war 1760. Bis dahin hatte sich der König in wechselvollen Feldzügen im wesentlichen behaupten können, selbst die vernichtende Niederlage von Kunersdorf (12. August 1759) wurde nicht, wie er befürchtete, zum Anfang vom Ende. Unter schwersten Opfern auch der breiten Bevölkerung behauptete sich sein Staat. Aber es war seit 1760 klar, daß das Durchhaltevermögen Preußens nicht unbegrenzt war. Die Gegner mußten eigentlich nur noch abwarten, bis das Königreich Preußen restlos erschöpft, sämtlicher Hilfen und Subsidien beraubt, militärisch ausgeblutet – was überhaupt war vom preußischen Adel noch übrig geblieben? – das Handtuch werfen mußte, Friedrich selbst sah es nicht anders.

Am 5. Januar 1762 stirbt die russische Zarin Elisabeth, ihr Nachfolger, der Holsteiner Peter III., ein glühender Verehrer Friedrichs des Großen, stellt die Kampfhandlungen ein, schließt mit dem freudig überraschten König gar ein Bündnis: das war, wie es Friedrich selbst formuliert, „das Mirakel des Hauses Brandenburg".

Ein Wunder, ein Glücksfall jenseits aller räsonnierenden Berechnungen. Oder war es das Glück des Tüchtigen?

Eben so wurde das „Mirakel" später gedeutet und ins Arsenal der deutschen Durchhaltesprüche von Wilhelm II. bis Adolf Hitler aufgenommen. Der Tod Roosevelts am 12. April 1945 wurde von der deutschen Propaganda sofort als ein zweites „Mirakel" des nunmehr „Dritten Reiches" eingestuft – nur daß die Geschichte am 7. Mai 1945 ganz anders ausging als am 15. Februar 1763, als auf dem Jagdschloß Hubertusburg bei Leipzig der Frieden zwischen Österreich und Preußen geschlossen wurde.

Natürlich war das „Mirakel" genau das, als was es der König selbst einstufte: ein sich rationalen Erwägungen entziehendes biologisches „Wunder". Es half Preußen aus der letzten Not, der König hatte daran nicht das mindeste Verdienst. Im Grunde war er schon geschlagen, im Grunde war es mit der preußischen Monarchie schon aus, im Grunde waren zumindest Ostpreußen und Schlesien, wahrscheinlich auch Pommern schon verloren. Der 5. Januar 1763 ist nur zu einer Deutung gut: daß es in der Geschichte nicht nur nach zwangsläufigen „Kausalitäten" geht und jede Geschichtsphilosophie- oder theorie, die das historische „Ganze" zu erfassen meint, nichts als bloße Wunschvorstellung bleibt.

Nach der Ermordung Peters III. lenkte Katharina II. nur halb ins alte Fahrwasser zurück: der Friede mit Preußen wurde bestätigt, das Bündnis annulliert. Dennoch gab Maria Theresia nun auf; anders als ihr Großvater 1713 machte sie sich keine Illusionen über die Möglichkeit einer isolierten Kriegsfortführung, nachdem nicht nur der russische Verbündete ausgeschieden war, sondern auch ein Arrangement zwischen Frankreich und England deren Interesse an einer Fortführung des europäischen Kontinentalkrieges auf Null sinken ließ. Fünf Tage nach dem Pariser Frieden zwischen England und Frankreich, der England ganz Kanada und die Dominanz in Nordamerika einbrachte, schlossen die deutschen Staaten Frieden. Selten ist nach einem so langen und blutigen Krieg von beiden Parteien weniger erreicht worden, selten aber auch mehr: Preußen behielt mit Schlesien seinen Großmachtstatus, Österreich mit der Anerkennung der Wahl Josephs II. zum Römischen König durch Friedrich den Großen die Herrschaft auch im Reich. Vom Ergebnis her gesehen könnte man den deutschen Siebenjährigen Krieg daher als ganz sinnlos einstufen – wann aber wären Kriege um Macht und Herrschaft je sinnvoll gewesen? Und hatte es nicht erst wirklich der Probe dieses Krieges bedurft, um die eigentlichen Dimensionen des deutschen Dualismus und der deutschen Frage in der Welt deutlich zu machen? Die Geschichte Deutschlands und Europas wurde im 19. Jahrhundert wesentlich von den Folgen dieses Krieges bestimmt, darüber darf auch der spektakuläre Einfluß der Französischen Revolution und der napoleonischen Kriege nicht hinwegtäuschen.

In nahezu zwei zeitlich gleiche Abschnitte läßt sich die Regierungszeit Friedrichs des Großen gliedern, der nach Hubertusburg im Gedächtnis der Deutschen mehr und mehr das bekannte Bild des „Alten Fritz" annahm; ein Bild, in dem Anerkennung, Bewunderung, auch ein wenig nationale Identifikation mitschwangen. Waren die ersten 23 Jahre seiner Regierung durch den Krieg bestimmt, in denen der Frieden nur einige kleine Inseln ausmachte, so bestimmte in den nachfolgenden 23 Jahren bis zu seinem Tod im Jahr 1786 ein leidlicher Frieden das Gesicht Preußens und Deutschlands. Freilich waren die Inseln des Krieges in ihnen größer, und es gab Zeiten, da verschwammen Krieg und Frieden im Dunst der heraufziehenden nationalen und ideologischen Leidenschaften, die von Frankreich nach Osten trieben.

Keiner der beiden deutschen Vormächte hatte verloren, beide konnten wähnen, gewonnen zu haben, in Preußen schien es mehr Lorbeeren zu geben als in Österreich, dort aber konnte Maria Theresia auch niemals jene absolutistische Machtfülle gewinnen, die der große Friedrich nach der Kriegszeit rücksichtslos ausspielte. Tatsächlich blieb Friedrich der „absolute" Herrscher; was bereits sein Vater auf den Weg gebracht hatte, verfolgte der Sohn zäh und konsequent weiter: Das 1723 gegründete „Generaldirektorium" konzentrierte nach dem Territorial- und dem Fachprinzip zugleich die Ressourcen der Gesamtmonarchie, vor allem für die Zwecke des Heeres, dessen Budget oft über 80 % der gesamten Staatsausgaben betrug. In den Provinzialdepartements erhielten sich die Relikte der einst recht unabhängigen Territorien der Monarchie, der König selbst hielt eisern am Prinzip fest, „aus dem Kabinett" heraus mit „Kabinettsordres" den Gang der Verwaltung, der Wirtschaft, des Finanz- und Heerwesens maßgeblich zu bestimmen. So modern und „aufgeklärt" sich der preußische Verwaltungsapparat auch ausnehmen mochte, so effizient er in den Krisenjahren während und nach dem Siebenjährigen Krieg auch erschien, so sehr er zur Nachahmung, vor allem in Österreich reizte – mit seinem starren Festhalten an merkantilistischen, kameralistischen Wirtschaftsmethoden, mit seiner tatsächlichen Unterdrückung der Bauern zugunsten des in den Kriegen schwer dezimierten Adels verpaßte Friedrich II. einen harmonischen Übergang vom aufgeklärten Absolutismus zu einem konstitutionellen Gemeinwesen. Was später oft pittoresk ausgemalt, liebevoll beschrieben wurde: Wie der Alte Fritz über Land fährt, sich von den Domänenpächtern noch über die letzte Kuh und das letzte Stück urbar gemachten Landes unterrichten läßt, spontan und mit höchstem Interesse auch an den geringsten

Dingen oft zur Verblüffung der „Bürokraten“ wahre Sattelentschlüsse trifft – das war, betrachtet man es nüchtern und verfassungsgeschichtlich, doch nichts anderes als vormoderne königliche Willkür, wenn gewiß auch wohlwollende. Auf diese Weise erzog man funktionstüchtige Untertanen, keine freien Bürger, schlimmer: eben weil der Alte Fritz ruhmumstrahlt, persönlich bis zur Selbstverleugnung bescheiden, fleißig und karg, rundum „volkstümlich“ wirkte, regte sich in preußischen Landen gar nicht oder erst viel später jenes gesunde bürgerliche oder auch bäuerliche Selbstbewußtsein, das sich nicht nur aus der Gutsuntertänigkeit, sondern aus dem Untertanengeist überhaupt zu befreien suchte. Es ist eben viel leichter, gegen offenbares Unrecht zu protestieren, als gegen die paternalistische Fürsorge eines Herrschers, für den das Volk immer nur „Canaille“ war, wie er es im kleinen Kreis und in seiner Korrespondenz mit Voltaire unverblümt ausdrückte.

Diese zynische Grundauffassung taucht auch Friedrichs Rechts- und Religionspolitik in ein zweifelhaftes Licht. In Berlin ließ er den Bau der katholischen Hedwigskirche zu und war bekanntlich bereit, auch Moscheen zu errichten; in Sachen religiöser Toleranz ließ er sich von niemandem übertreffen, auch hierin Maria Theresia, der naiven guten Katholikin, diametral entgegengesetzt. Aber weil er selbst areligiös war, betrachtete er seine Religionspolitik nur unter den Aspekten der Nützlichkeit für den Staat, ein fruchtbarer Dialog zwischen Staat und Kirche, wie er sogar im josephinischen Österreich und im Römischen Reich zustande kam, fehlte daher in Preußen völlig: aber eben dies war der Boden, auf dem wenig später die schönsten – und gefährlichsten – Blüten der deutschen Idealphilosophie aufbrechen konnten. Schön, denkt man an Kant und Schelling, gefährlich, erinnert man sich an Fichte und Hegel.

Die Religionen wurden zu staatlichen Instrumenten, wie sah es mit dem Recht aus? Friedrich gehörte zu jenen Menschen, die zutiefst davon überzeugt sind, immer recht zu haben; es gibt sattsam bekannte Beispiele – etwa den Fall des Müllers Arnold –, in denen der König dieses atavistische Rechtsverständnis durchaus praktizierte. In einem langwierigen Prozeß löste sich Friedrich vom Prinzip der Kabinettsjustiz, unter dem Einfluß des Justizministers Samuel von Cocceji trieb er eine Rechtsreform voran, die in Europa bald beispielhaft sein sollte. Vor allem die Anerkennung einer unabhängigen Rechtsprechung mit Revisionsinstanzen gestaltete die preußische Monarchie zu einem Rechtsstaat schon moderner Prägung um; das „Allgemeine Preußische Landrecht", das 1794 in Kraft trat, kann als Krönung dieser friderizianischen Rechtspolitik gelten. Allerdings stellte sich auch auf diesem Feld die Frage, was die richterliche Unabhängigkeit wert war, wenn die Idee des absolutistischen Staates immer noch und ganz bewußt auch über der preußischen Justiz schwebte.

Alles in allem verwandelte Friedrich II. in den letzten Jahren seiner Regierung das Königreich Preußen in einen Verwaltungsstaat, der mehr Antworten auf die Fragen der Vergangenheit und der Gegenwart denn auf die der Zukunft bot. Als der König 1786 starb, hielt sich die Trauer in Berlin durchaus in Grenzen. Zwar wurden die Leistungen des Königs in Krieg und Frieden nahezu von jedermann anerkannt, aber Preußen war auch in den Friedensjahren nicht wesentlich über die Ideale des alten europäischen Fürstenstaates hinausgelangt. Gerade weil die preußische Bürokratie und das preußische Heer so gut funktionierten, gab es für kühne, zukunftsweisende Experimente, wie sie zeitgleich Joseph II. in Österreich zumindest wagen sollte, keinen Raum. Deswegen steckt in dem bekannten Wort Napoleons sicherlich ein Körnchen Wahrheit, daß Preußen auf den Lorbeeren Friedrichs des Großen eingeschlafen sei. Dennoch – und das ist die andere Seite der Medaille – wäre das in höchster Not erzwungene Reformwerk der Stein und Hardenberg, zwanzig Jahre nach Friedrichs Tod, kaum erfolgreich gewesen, hätten die preußischen Beamten und Minister nicht auf dem aufbauen können, was im Zeitalter Friedrichs des Großen geschaffen worden war. Damit eine Reform erfolgreich ist, muß es eine Substanz geben, die zu reformieren sich lohnt, sonst hilft nichts mehr, es sei denn eine Revolution.

Was der Sohn Maria Theresias, als er endlich unumschränkt herrschen konnte, in den habsburgischen Ländern durchzusetzen suchte, kam einer solchen fast schon gleich, freilich einer Revolution von oben, aber auch gegen die wandten sich die empörten Untertanen in den Österreichischen Niederlanden, so daß Joseph II. nichts übrig blieb, als viele seiner Errungenschaften – oder das, was er dafür hielt – wieder rückgängig zu machen. Haftete der inneren Politik und Organisation in Preußen trotz aller Reformbemühungen ein Zug ins Konservative an, so schien sich Joseph an den sterilen Idealen eines aufgeklärten Absolutismus zu orientieren, der nur äußerlich fortschrittlich, in Wahrheit genau so gegen den Geist der Zeit gerichtet war wie vieles von dem, was sich in Preußen beobachten ließ. Weder Friedrich II. noch Maria Theresia und ihr Sohn Joseph ahnten auch nur im entferntesten, daß ein neues Zeitalter vor den Toren stand, in dem die Ratio gegen den enthusiasmierten Irrationalismus, das staatliche Regelwerk des Absolutismus gegen eine romantisch-radikale Vision vom bürgerlichen Nationalstaat keine Chance mehr haben sollten. Und dennoch stand alles schon wie ein Menetekel an der Wand geschrieben, noch als Friedrich und Maria lebten, ja im Zenit ihres Wirkens standen: 1776 ist das Geburtsjahr der amerikanischen Unabhängigkeitserklärung, das Jahr, in dem die Idee der Menschenrechte tatsächlich in die Geschichte hineingeboren wurde.

Weder in Berlin noch in Wien ahnte man, was sich jenseits des Atlantiks fortentwickelte. Wie so manches Reformwerk, war auch das theresianische zunächst nichts anderes als die hastige Antwort auf die staatliche Katastrophe von 1740. Wie wenig dogmatisch es dabei zuging, zeigen Haugwitzens Bemühungen, sich in wesentlichen Bereichen am preußischen Vorbild zu orientieren; das „Directorium in publicis et cameralibus“, 1749 aus der österreichischen und böhmischen Hofkanzlei hervorgegangen, lehnte sich an die Idee des „Generaldirektoriums“ preußischer Provenienz an. Auch Maria Theresia kam es darauf an, die Ressourcen der Gesamtmonarchie zu mobilisieren; daß die Tendenzen zur Vereinheitlichung gleichzeitig zum Rezept gegen das erwachende Nationalitätenbewußtsein in dem habsburgischen Vielvölkerstaat werden konnte, spielte dabei noch gar keine Rolle. Der zu Beginn der sechziger Jahre eingerichtete „Staatsrat“ läßt sich als erster Versuch deuten, ein oberstes Repräsentations-

und Koordinierungsorgan zu schaffen. Dieses aber war noch weit entfernt von jenen Einheitsstaatsträumen, die die Reformen Josephs II. eher berüchtigt denn berühmt machten. Der „Josephinismus" war in seiner Art konsequent: die rigorose Vereinheitlichung der gesamten Staatsverwaltung ohne Rücksicht auf die gewachsenen föderativen Prinzipien war die „klassische" Antwort der Physiokraten und Kameralisten auf die Herausforderung der schon viel weiter entwickelten Einheitsstaaten England und Frankreich. Das Scheitern der josephinischen Experimente machte jedoch deutlich, daß sich die Geschichte in Deutschland nicht überlisten oder gar vergewaltigen ließ. Auch in der Zukunft sollten alle einheitsstaatlichen Anläufe letztlich scheitern. Das galt für die Zeit der „Reichsregierung" von 1848/49 ebenso wie für die der Weimarer Republik, ganz zu schweigen von dem menschen- und geschichtsverachtenden Versuch der Nationalsozialisten, die Deutschen und ihre Geschichte „gleichzuschalten". Das Beispiel Josephs II. zeigt jedoch, wie schwer es den Verantwortlichen immer gefallen ist, das „Monströse" des deutschen „Partikularismus" nicht negativ, sondern letztlich positiv zu begreifen. Auch auf diesem Feld haben erst die schmerzlichen Erfahrungen des frühen zwanzigsten Jahrhunderts die Bahn für zukunftsweisende Lösungen in Europa freigemacht.

Die letzten Jahrzehnte des 18. Jahrhunderts werden in der allgemeinen historischen Erinnerung schon völlig durch die dramatischen Ereignisse im Gefolge der amerikanischen Unabhängigkeitserklärung, vor allem aber der heraufziehenden Französischen Revolution überschattet. Blickt man auf das Reich, auf Preußen und Österreich, so könnte man meinen, daß dort die Geschichte stillstand: das dauernde Hin- und Her des Allianzenschmiedens, der Geheimkonferenzen, der dynastischen Auseinandersetzungen geht unermüdlich fort, nach dem Tod seiner Mutter versucht Joseph II. es sogar noch einmal mit der Wiederherstellung der alten Reichsherrlichkeit – natürlich stößt er auf Widerstand, natürlich finden sich die anscheinend in ihrer „Libertät" bedrohten Reichsstände, diesmal unter Führung Friedrichs II. im deutschen „Fürstenbund" zusammen. Das war ein seltsam anachronistisches Spiel, ganz zu Unrecht hat man dem Preußenkönig später deutschnationale Ambitionen angedichtet. In Wirklichkeit verharrten alle Beteiligten in den alten Denkmustern – so wenn Joseph II. in der bayerischen Erbfolgefrage wieder einmal auf einen Ländertausch setzte (Bayern gegen die österreichische Niederlande), man noch einmal zusammen mit den Russen gegen die Türken losschlug – Belgrad wurde 1789 gewonnen – vor allem aber, wenn man nach den sattsam bekannten Beispielen sich auf Kosten Polens territorial gütlich tat – denn nichts anderes war die Räson des schändlichen „Vertrages" vom 5. August 1772, in dem Preußen sich das Ermland und Westpreußen (ohne Danzig und Thorn), Österreich Galizien, Rußland als größten Brocken die Territorien östlich der Düna und des Dnjepr einverleibten.

Diese „Erste polnische Teilung" war im Grunde nichts anderes als der Versuch, zwei säkulare Kernprobleme auf die lange Bank zu schieben. Zum einen war für Maria Theresia und ihren stürmischen Sohn Joseph II. mit Hubertusburg das Problem des deutschen Dualismus anscheinend noch keineswegs gelöst, zum anderen nahm der Druck Rußlands auf Preußen und Österreich ständig zu. In seinem politischen Testament von 1768 warnte Friedrich der Große vor der unberechenbaren russischen Macht, die unaufhaltsam nach Zentraleuropa hineindränge, gleichzeitig bedauerte er, daß dennoch für Preußen nichts anderes übrig bliebe, als sich gerade mit Rußland zu arrangieren, weil der österreichische Revisionismus sich in erster Linie immer noch gegen Preußen richte. Der deutsch-deutsche Gegensatz konnte ja tatsächlich Rußland zum lachenden Dritten machen. Solange sich Preußen und Österreich in rivalisierender Balance hielten, konnte Rußland verhältnismäßig unbekümmert auf Kosten der Türken nach Südosten expandieren. Schon in den siebziger Jahren des 18. Jahrhunderts war in den europäischen Kanzleien klar, worin das russische Endziel bestand: in der Wiedergewinnung der Hagia Sophia.

Wollte sich Preußen gegen Österreich behaupten, bedurfte es jedoch der zumindest wohlwollenden Neutralität Rußlands. Wenn Österreich die deutsche Frage erneut aufwerfen sollte, so war dies ebenfalls nur mit russischer Unterstützung erfolgversprechend. Keine der beiden deutschen Mächte konnte es sich daher erlauben, Rußland zu reizen, beide bemühten sich, die Geneigtheit des Zarenreiches zu gewinnen – und wenn dies mit eigenem Territorialzuwachs zu verknüpfen war: was eigentlich wäre anderes zu erwarten gewesen als eine Scheinlösung auf polnische Kosten?

Denn in Polen ging es drunter und drüber. Gleichsam gegen den Strom der Geschichte schwimmend, zerfiel die Adelsrepublik innerlich immer rascher. Die große polnische Ländermasse wurde porös, sie saugte die Machtinteressen ihrer Nachbarn förmlich auf, und als die Zarin ihren Freund Stanislaus Poniatowski auf dem polnischen Thron sehen wollte, stimmte Preußen eifrig zu, Österreich hatte nichts dagegen, und mit der Ersten polnischen Teilung erhielten alle drei Ostmächte ihren Lohn für die böse Tat.

Daß sie böse war, war schon den Zeitgenossen klar, selbst Maria Theresia sprach von der „Verletzung von allem, was bisher heilig und gerecht war". Es waren nicht die Staatsmänner, die diesen ersten Akt des tragischen Schurkenstückes bemäntelten, sondern die Aufklärer vom Schlage eines Voltaire. Der stimmte Katharina II. zu, wenn sie davon sprach, man müsse den Polen „Gesetze geben", und versuchte sich sogar an der Konstruktion eines Kampfwagens, mit dessen Hilfe sie besser durchsetzbar sein sollten.

Aufklärung und Gewalt begannen einander zuzuneigen: das war ein Phänomen, das sich wenige Jahre später in Frankreich als konstitutiv erweisen sollte. Daß auch die Türkenkriege, deren letzten Rußland im Bunde mit Österreich in jenen Jahren führte, als in Paris eine Welt in Trümmer ging und eine neue geboren wurde, als zivilisatorische Tat gepriesen wurde, verstand sich von selbst. Dabei war es doch so: nur solange es noch „verfügbare" Landmassen wie in Polen oder auf dem Balkan gab, ließ sich zwischen den drei „Ostmächten" Preußen, Österreich und Rußland ein komplizenhaftes Einvernehmen erzielen. Sollten solche billigen Kompensationen nicht mehr existieren, stießen die Machtinteressen dieser drei Staaten unmittelbar aneinander. Die Frage war, ob sich hieraus ein Kampf aller gegen alle oder am Ende vielleicht eine „Ménage à trois" ergeben konnte. Die drei schwarzen Adler waren Raubvögel, aber sie gehörten ins nämliche Gehege.

Was sich in Deutschland am Vorabend der Französischen Revolution so begab, wirkt im nachhinein als ausgesprochen kleinkariert. Das bunte und zugleich wirre Beziehungsgeflecht der Reichsstände untereinander und mit sämtlichen europäischen Nachbarn wurde dann freilich durch jenes Ereignis magnetisiert und ausgerichtet, das für das nächste halbe Jahrhundert im Mittelpunkt der europäischen Geschichte stehen sollte. Später meinten die Franzosen, es sei am 14. Juli 1789 ausgelöst worden. An diesem Tag wurde in Paris die Bastille gestürmt.

4. Modell Frankreich?
Die Große Revolution

Der Sturm auf die Bastille war keine heroische Tat. Man befreite sieben Ganoven und ermordete den braven Direktor des Staatsgefängnisses, das längst nicht mehr das war, was die leidenschaftlichsten Aufklärer immer noch behaupteten: die Zwingburg des menschenverachtenden Absolutismus.

Den gab es 1789 gar nicht mehr. Gerade deswegen konnte es der Pöbel von Paris wagen, das Symbol einer vergangenen Zeit so despektierlich zu behandeln. Der Fall der Bastille hatte mit der politischen Realität nichts zu tun, da fiel ein Popanz. Die revolutionären Franzosen selbst sahen es nicht anders: Was den 14. Juli 1789 zu einem weltbewegenden Tag machte, war die spätere Erinnerung, die Verklärung der Wirklichkeit.

Das war schon am 14. Juli 1790 zu spüren. Am ersten Jahrestag des Bastillesturms versammelten sich die Pariser in hellen Haufen auf dem Marsfeld: das Föderationsfest sollte zum Ausgangspunkt der neuen revolutionären Tradition werden, vom 14. Juli 1790 ab zählte die neue Zeit. Frankreich: das war, wie es die Verfassung festhalten sollte, „la nation une et indivisible", die einige, unteilbare Nation.

Auch das war an sich nichts Neues. Der Aufstieg Frankreichs zu einer europäischen Großmacht war ja nicht zuletzt Folge uralten salischen Rechts gewesen, das die Teilung des Landes, den Verzicht auf französische Provinzen schlichtweg verbot. Im Gegensatz zu den Entwicklungen im Reich hatte dies zu einer immer stärkeren Ausbildung des zentralistischen Einheitsstaates geführt. In den Auseinandersetzungen mit der Fronde hatten dann Richelieu, Mazarin und Ludwig XIV. den Grundstein für die absolutistische Einheitsmonarchie gelegt.

Daran wollten auch die wildesten Revolutionäre im Frankreich der Mirabeau und Robespierre festhalten. Die Einheit der Nation, die Unverletzlichkeit aller französischen Territorien: das war der größte gemeinsame Nenner der so unterschiedlichen politischen Richtungen. Was dieses Festhalten an den alten Prinzipien bedeutete, sollte die Geschichte im 19. und 20. Jahrhundert zeigen.

Die meisten Revolutionen in Europa und in Amerika wurden nicht von langer Hand und gleichsam generalstabsmäßig geplant und angezettelt. In den „bürgerlichen Revolutionen" ging es auch keineswegs a priori um einen Umsturz, eine Revolution im eigentlichen Sinne. Zumeist verwies man auf die guten alten Zeiten, das gute alte Recht. Nur das sollte wiederbelebt, wiederhergestellt werden. Revolutionen gewinnen ihre Legitimation am ehesten aus der Geschichte, nur selten aus einer Zukunftsvision. Die Französische Revolution gehorchte anfangs durchaus diesem Muster, und eigentlich überraschend war das, was sich zwischen dem Mai 1789, als die Generalstände seit 1614 zum ersten Mal von der Krone wieder einberufen wurden, und dem 4. August 1789, als das alte Feudalsystem Frankreichs in Trümmer ging, auch nicht. Dann freilich beschleunigte sich die Geschichte und geriet mehr und mehr außer Kontrolle. Erst damit wurde die Französische Revolution zu jenem Weltereignis, das auch zweihundert Jahre später nichts von seiner universalen Faszination verloren hat und deswegen zurecht am Anfang jener Epoche steht, die man in Frankreich „Historie contemporaine", in Deutschland „neueste Geschichte" nennt.

Wenn es zutrifft, daß die Revolution von 1789 auf dem Boden lange vorher wirksamer Reformbestrebungen entstand, stellt sich die Frage nach ihren Ursachen, nach ihren Gründen um so schärfer. Anders gewendet: Läßt sich die Französische Revolution als Abschluß oder doch eher als Beginn einer Entwicklung begreifen? Sind ihre Ursachen in der französischen Geschichte allein verankert, oder kann man sie nur im gesamteuropäischen, ja in einem universalen Rahmen begreifen? Wie „französisch" ist diese Revolution – und wie „europäisch"?

Seit dem Erscheinen der Burke'schen „Reflections on the Revolution in France" im Jahr 1790 ist die Ursachenforschung nicht zur Ruhe gekommen, zuletzt hat das zweihundertjährige Jubiläum der Revolution zu einem neuen Forschungsschub gewaltigen Ausmaßes und Umfanges geführt – dies just zu einer Zeit, die erneut in ganz Europa von revolutionären Erschütterungen und fundamentalen Umwälzungen gezeichnet ist. Wer sich mit dem Phänomen der Französischen Revolution auseinandersetzt, den treibt alles anderes, als bloßes antiquarisches Interesse. Die jüngste Vergangenheit hat deutlich gemacht, daß sich die Weltgeschichte und vor allem die Geschichte Europas immer noch in revolutionären Zuckungen fortentwickelt. Was also lehrt die Französische Revolution Europa und die Europäer am Ende des 20. Jahrhunderts?

Als Lehrstück haben schon die revolutionären Führer von 1789 ff. den Ablauf der Ereignisse begriffen. Der pädagogische Effekt der Revolution war ungeheuer, er prägte die gesamte Kultur Europas, die Frage nach der Revolution sollte zur Gretchenfrage des 19. Jahrhunderts werden, „Revolution" und „Gegenrevolution" wurden zu einem historisch-politischen Dioskurenpaar wie einst „Reformation" und „Gegenreformation". Tatsächlich wird man bis ins 16. Jahrhundert zurückgreifen müssen, will man die Wurzel des neuen „Weltanfanges" (Klopstock) wenigstens annäherungsweise verstehen.

Dennoch wird dieser Bogen nur zu einer von vielen Wurzeln reichen. In Wahrheit verzweigen sich die Ursachen der Revolution wie das Wurzelwerk eines mächtigen alten Baumes: in die Tiefe der Zeit und in die Weite des Raumes. Es ist sicherlich nicht zu viel behauptet, stellt man die These auf, daß die gesamte Geschichte Europas von den Ursachen und Folgen der Revolution

„eingefärbt" ist. Der tatsächliche Ablauf der Ereignisse gehorcht demgegenüber zwar nahezu allen Gesetzen ausgefeiltester Dramatik, bleibt jedoch sekundär. Man muß die „journées" der Revolution nicht mehr alle kennen, um die Revolution selbst zu erkennen, und nicht alle Protagonisten in diesem riesigen Pariser Spiel sind wie Danton oder Robespierre, Marat oder Charlotte Corday zu literarischen Figuren geworden.

Das weist schon auf die geistesgeschichtliche Dimension. Es ist gewiß mißlich, will man die Ursachen der Revolution katalogisieren und in „Bündel" zusammenfassen: allzu komplex, ja verwirrend war das, was sich in der historischen Wirklichkeit vollzog. Dennoch bleibt dem forschenden Geist am Ende nichts anderes übrig, als auch dieses Ereignis, dem ein unerklärbarer Rest ewig anhaften wird, mit jenen Kategorien zu erfassen, die auf die Geschichte insgesamt angewendet werden. Die Französische Revolution hatte also außen- und innenpolitische Ursachen, sie war Folge sozial- und geistesgeschichtlicher Entwicklungen, sie ist nicht ohne kirchlich-religiöse, nicht ohne ökonomische Faktoren zu deuten, sie reicht weit in die Vergangenheit zurück und ist zugleich Produkt purer Zufälle, großer Individuen, tragischer Helden, welthistorischer Schurken.

Ein recht plausibles Ursachenbündel läßt sich aus den Folgen des Siebenjährigen Krieges zwischen England und Frankreich, den innenpolitischen Entwicklungen in der Zeit der Regentschaft und der Reformministerien unter Ludwig XV. und Ludwig XVI. im Gefolge der weltpolitischen Erschütterungen auf dem neuen Kontinent schnüren. Man wird dann darauf hinweisen, wie sehr schon die Kriege Ludwigs XIV. das Land innerlich ausgeblutet, den Staatsschatz verbraucht, den Kredit erschüttert haben. Die allgemeine Überspannung der nationalen Kräfte Frankreichs hatte in den Jahrzehnten nach dem Tod des Sonnenkönigs zu einer Kette meist fehlgeschlagener Versuche geführt, durch bloßes Kurieren an den Symptomen der Staatskasse aufzuhelfen. Die Position des Königs war dabei lange nicht mehr das, was sie unter Ludwig XIV. gewesen war: Die beiden ihm folgenden Bourbonen waren leidliche, aber eher schwache Charaktere, Ludwig XV. umgab sich mit politisierenden Mätressen und willigen, aber nicht gerade genialen Helfern, sie wagten am Althergebrachten nicht zu rütteln und favorisierten doch das eine oder andere Reförmchen – an der zunehmend ungesunden Sozialstruktur der Gesellschaft änderte dies nichts.

Der Staat war schwach, die intelligenteren unter den Bürgern spürten und nutzten dies. Wie ein Wetterleuchten am Horizont hatte schon der erste unbeholfene wie riskante Versuch der Krone gewirkt mit Hilfe eines schottischen Finanzgenies die Staatsfinanzen spekulativ zu sanieren. Der Zusammenbruch des Law'schen Systems reduzierte zwar die Staatsschulden – jedoch auf Kosten einer gewaltigen Inflation, deren Folgen gerade die ärmeren Schichten der Bevölkerung zu tragen hatten. Auch das trug im weiteren Verlauf des Jahrhunderts zum schwindenden Ansehen des Hofes bei.

Der stand ohnehin in keinem guten Licht. Das Prinzip Ludwigs XIV., den frondierenden Adel an den Hof zu ziehen, ihn mit unnützem Hofleben von allen politischen Gedanken abzulenken, hatte seinerzeit seine subjektive Berechtigung gehabt. Die Folge war jedoch, daß der Wasserkopf Versailles gierig und unersättlich einen großen Teil der Staatseinnahmen aufsog, 23 % allein im Jahr 1788 – vielleicht schwerwiegender aber wurde es, daß die Bevölkerung allen Gerüchten von einer märchenhaften Verschwendung des Hofes um so williger Glauben schenkte, je schwieriger sich die ökonomischen Verhältnisse vor allem in Paris gestalteten.

Hier wuchs allmählich eine proletarische Unterschicht heran, die Folge einer einsetzenden Landflucht. Auf dem Land nämlich empfanden die Bauern alle Versuche, die ihnen auferlegten Abgabenlasten zu vergrößern, um den Staatshaushalt zu sanieren, als unmittelbaren Angriff auf ihre Existenz. Mit tiefem Mißtrauen begegneten sie dem Landadel, der seinerseits um Privilegien bangte, ohne im fiskalischen Bereich irgendwelche Zugeständnisse zu machen. Schließlich steigerte sich das Mißtrauen zu einer letztlich nur psychologisch zu deutenden „großen Furcht", die zu gewalttätigen Bauernaufständen, fast noch nach dem Muster des 16. Jahrhunderts führte.

Die „grande peur" vom Juli, August 1789 war aber auch schon

Folge der ersten revolutionären Ereignisse in der Hauptstadt. Zu diesem Zeitpunkt war der alten Regierung das Heft fast schon aus der Hand genommen, es war schon zu spät, um die Lawine aufzuhalten. Aber wann spätestens hätten energische Reformbemühungen einsetzen müssen, um die Kontrolle über Frankreich zu behalten? Im nachhinein wurde deutlich, daß sich der Knoten in den Jahren nach dem Siebenjährigen Krieg geschürzt hatte. Denn im Gegensatz zu den anderen großen Mächten kam Frankreich nicht dazu, der Kriegsperiode eine Phase des „Retablissements", der Erholung folgen zu lassen. Schon die Kriege Ludwigs XIV. hatten den Staat permanent überanstrengt, am Ende des letzten Ringens mit England stand Frankreich schwächer denn je da.

Dennoch wagte es Frankreich noch einmal. Die Abfallbewegung der amerikanischen Kolonien von England, mit der Unabhängigkeitserklärung von 1776 spektakulär eingeleitet, schien Frankreich ganz unverhofft eine neue Chance zu eröffnen. Entgegen mancher Warnungen besonnener Diplomaten und Politiker griff das Land seit 1777 in den Unabhängigkeitskrieg ein – erfolgreich, wie man weiß. Im Frieden von Paris erkannte England 1783 die Unabhängigkeit seiner amerikanischen Kolonien an. Ohne die Hilfe Frankreichs wäre dieser Erfolg so rasch nicht zustandegekommen. Die aufgeklärten Franzosen waren stolz auf diese Geburtshelferdienste, aber die französische Krone mußte sich am Ende eingestehen, daß man die letzten Ressourcen verbraucht, dafür jedoch nichts gewonnen hatte. Dieser vielleicht sympathischste Krieg Frankreichs gegen England läutete das Ende des Ancien Régime ein. Es gehört zu den merkwürdigen Zufällen in der Geschichte, daß die amerikanische „Bill of Rights", das Grundmuster aller zukünftigen Menschenrechtserklärungen, gerade in dem Jahr verkündet wurde, in dem die Französische Revolution ausbrach.

Der Zusammenhang zwischen der Amerikanischen und der Französischen Revolution liegt gewiß auf der Hand: Was als eine „Haupt- und Staatsaktion" 1777 begann, mündete in einer revolutionären Massenbewegung. Tatsächlich haben sich die Amerikaner der französischen Geburtshelferdienste immer dankbar erinnert: auf dem Höhepunkt der Revolution in Frankreich versucht Thomas Jefferson, die Ideen von 1776 in Paris zu propagieren; später konnte Frankreich sich immer dann auf die Vereinigten Staaten verlassen, wenn es um seine Existenz ging. Nicht nur zwischen der einstigen Mutterinsel und den abtrünnigen Kolonien in der neuen Welt entwickelte sich seit dem 19. Jahrhundert eine „special relationship", sondern eben auch zwischen den USA und Frankreich. Auf diese Weise wurde in den kritischen Jahren der amerikanischen und der französischen Revolution das Fundament zu jener westlichen atlantischen Allianz zwischen England, Frankreich und den USA gelegt, die wie wenige andere historische Phänomene für die Geschichte Gesamteuropas, vor allem aber die deutsche Geschichte maßgebend werden sollte.

Natürlich ahnten die Protagonisten der Revolution von 1789 von alledem noch nichts. Allerdings war den Intellektuellen in Paris sehr wohl der Zusammenhang zwischen der amerikanischen Unabhängigkeitsbewegung und den eigenen aufklärerischen Idealen bewußt, und damit wird schon ein zweites wichtiges „Ursachenbündel" der Revolution sichtbar. Es wurzelt in der Kritik am zunehmend unfähiger werdenden Absolutismus und in den Ideen der führenden Vertreter der französischen Aufklärung. In beiden Fällen dachten die „philosophes" durchaus nicht an eine Revolution, ganz im Gegenteil: Voltaires Kritik am Ancien régime zielte nur auf seine Fehler und Versäumnisse, keineswegs auf das System selbst, und Montesquieus Ideen prägten zwar die amerikanische Verfassung maßgeblich mit, waren jedoch alles andere als revolutionär, allein der Titel seines Bestsellers: „Vom Geist der Gesetze", verweist nicht auf Umsturz und Gewalt sondern auf das Recht. Trotz all der Fehler und all des Versagens Ludwigs XVI. ging es in den der Revolution unmittelbar voraufgehenden Jahren nie um die Propagierung einer totalen Umwälzung; selbst noch im Mai, Juni 1789, so haben später einige Historiker behauptet, hätte die Krone die Dinge noch in der Hand behalten, dem ganzen Spuk ein rasches Ende bereiten können – es fehlte am Willen des Königs, das Ancien régime fühlte sich subjektiv noch schwächer, als es objektiv war.

Resignation, gemischt mit einer gehörigen Portion Zynismus und Galgenhumor: die Stimmung in Versailles und in den Palästen des Adels kennzeichnet wohl nichts mehr als der frenetische Jubel, der Mozarts „Hochzeit des Figaro" entgegenschlug. Nicht daß man den revoltuionären Anhauch der Oper nicht begriffen hätte – ganz im Gegenteil. Aber war alles nicht nur ein Spiel, ein gewagtes und großartiges Spektakel? Jener irrationale Zug, der in den späteren Phasen der Revolution so merkwürdig berührt, war schon Signum dieses „fin de siècle" von 1789; der ungeheuere Einfluß der französischen Literaten verschmolz in unnachahmlicher Weise eine tatsächlich revolutionsreife ökonomische, demographische, gesellschaftliche Situation mit subtilen, geistreichen, teilweise aber auch schon radikalen theoretischen Welt- und Gesellschaftsentwürfen. Die Französische Revolution war auch ein philosophisches Phänomen. Denkt man an den Einfluß von Rousseau, dessen „Contrat social" nur resumierte, was in den Salons schon seit Jahrzehnten diskutiert worden war: die Idee der „Volonté genérale", der „Volonté des tous"; berücksichtigt man die schwer überschätzbaren Auswirkungen der enzyklopädischen Bewegung und erinnert man sich daran, wie die tatkräftigsten Revolutionäre später ihren Rousseau und ihren Diderot im Kopf hatten, um aus deren Geist Verfassungen und Gesetze zu entwerfen, so erscheint die Französische Revolution als eine realgeistige Melange, die ihresgleichen in der Weltgeschichte sucht.

Dennoch darf man sich nicht täuschen: war die Amerikanische Revolution Folge eines selbstbewußten neuen Bürgertums, dessen zunehmender Wohlstand mit seiner verfassungsrechtlichen Ohnmacht immer schärfer kontrastierte, bis nur noch eine Revolution die sich hieraus ergebenden Spannungen auflösen konnte, so wurzelte die Revolution in Frankreich nur zum geringen Teil im überschüssigen Luxus einer bürgerlichen Gesellschaftsschicht. Sicherlich, wie in einem System kommunizierender Röhren gewann der Adel sein politisches Selbstbewußtsein zurück, wenn das der Krone gleichzeitig sank, und das Großbürgertum hatte an den Kriegen und Krisen gut verdient, aber es gab doch auch das blanke Elend, es gab Hungerrevolten, Frankreich war nur für wenige ein reiches Land. Das geläufige Bild der Revolution wird eben nicht nur durch Typen wie Mirabeau, La Fayette, Sieyès bestimmt, sondern durch die Marktweiber von Paris, die „Sansculotten“ der „journées“, das Pariser Lumpenproletariat, das hohlwangige Elend auf dem Land. Viele Gewalttätigkeiten im Ablauf des revolutionären Prozesses lassen sich nur aus dieser Not erklären.

Natürlich waren diejenigen, denen es am schlechtesten ging, gerade nicht die revolutionären Antreiber, das ist immer so. Philantropen gab es unter den führenden Revolutionsfiguren ebenfalls nicht. Die „fraternité“ war zumeist bloßes Lippenbekenntnis, da genügt ein Blick in die Vendée oder nach Lyon. Gleichwohl verlieh die elende Masse der Revolution jene durchschlagende Dynamik, die sie immer weiter fortriß, bis hin in den Krieg, in den Terror, in den Bonapartismus.

Der Bilderbogen der Revolution: Zuerst mit begeistertem Staunen, dann mit wachsender Ungläubigkeit, am Ende mit erbittertem Haß verfolgte man außerhalb Europas das, was sich in Paris und den Provinzen zwischen 1789 und 1794 abspielte. Diese Jahre sind die eigentlichen Jahre der Revolution, wie in Zeitraffer spulte sich die Geschichte ab, bis sie in Frankreich der des übrigen Europa gleichsam meilenweit voran war. Hieraus ergaben sich all jene politischen und geistesgeschichtlichen Verwerfungen, welche die danach folgenden zwanzig Jahre prägen sollten.

Dabei wurde das Erdbeben durch einen Griff in die tiefste Vergangenenheit ausgelöst: Als die Krone sich entschließt, die seit 1614 suspendierten „Generalstände“ einzuberufen, um von ihnen eine Lösung des inzwischen hoffnungslosen Finanzproblems zu fordern, mußte dies fast schon wie eine Kapitulation wirken. Das von Amerika herüberhallende „no taxation without representation“ hätte den König warnen sollen, und als der Abbé Sieyès mit seiner Schrift: „Was ist der dritte Stand?“, eine bloß rhetorische Frage aufwirft – die mitgelieferte Antwort lautet: er ist nichts und er muß alles sein –, da sind die Weichen schon gestellt: hin zu einer liberal-bürgerlichen Revolution. Was folgt, ist folgerichtig: die Generalstände treten zusammen, Adel und

Geistlichkeit, die beiden ersten Stände, werden durch den dritten Stand förmlich überrollt, auf die Frage nach der Verdoppelung der bürgerlichen Repräsentanten und der nach dem Abstimmungsmodus – nach Ständen oder nach Köpfen – wird der „Ballhausschwur" zur Antwort: Die Vertreter des dritten Standes schwören, nicht eher auseinanderzugehen, bis eine Verfassung verabschiedet ist. Weil der König sich weigert, der dritte Stand sich stark fühlt, das Militär, obwohl um Paris zusammengezogen, nicht zum Einsatz kommt, sind die nächsten Schritte programmiert: Bastillesturm, Sturm auf die Adelssitze auf dem Land – in der denkwürdigen Nacht vom 4. zum 5. August 1789 wird das über tausend Jahre alte Feudalsystem abgeschafft: das war der schärfste Einschnitt in der Geschichte Frankreichs, das war die eigentliche Revolution, und nicht die wenig später verabschiedete Erklärung der Menschen- und Bürgerrechte.

Denn was die wert waren, mußte erst die politische Praxis erweisen. Schon die gewaltsame „Heimholung" des Königs aus der Versailler Ferne in das alte Pariser Stadtschloß der Tuilerien hatte etwas Gewalttätiges an sich, fortan tagt die Nationalversammlung unter dem ständig wachsenden Druck der Straße. Dennoch ist die erste Verfassung von freiheitlich-liberalen Grundsätzen bestimmt; dem Ende des Feudalsystems folgt das Ende der alten französischen Provinzen, die Einrichtung von „Departements", die Schaffung einer neuen Armee, der „Nationalgarde". Das Zunftwesen verschwindet – und der Kirchenbesitz.

Aber damit legten sich die Abgeordneten mit einer der mächtigsten Organisationen der alten Ständegesellschaft an. Schon zuvor hatte der Strom der adligen Emigranten eingesetzt, nun ging es in der „Constitution civile du clergé" um eine neue Kirchenverfassung, die sämtliche alten Privilegien und Rechte der katholischen Kirche beseitigte und die Priester zum Eid auf die neue Verfassung zwang. Es war eine Probe des Gewissens, rund die Hälfte der Priester bestand sie und verweigerte den Eid, um so rabiater reagierte der neue laizistische Staat: die Verfolgung Andersdenkender, von Eidverweigerern, von Menschen, die ihrem Gewissen mehr folgen als ihrem Interesse – die „liberale" Französische Revolution hat derlei im großen Stile eingeleitet.

Aber in Europa nahm man die Entwicklung in Paris zunächst mit Gelassenheit zur Kenntnis. Vor allem die protestantischen Staaten sahen sich nicht zu übermäßigen Reaktionen veranlaßt, in Deutschland tanzte man immer noch um die Freiheitsbäume, und der Freiherr vom Stein wünschte nichts sehnlicher, als eine Zeitlang unter dem so herrlich freiheitlichen Volk der Franzosen zu leben. Die ersten Emigranten, die über den Rhein flohen, stießen auf Skepsis, gemischt mit Verachtung.

All dies änderte sich schlagartig, als die Umstände des dramatischen Fluchtversuches Ludwigs XVI. bekannt wurden. Plötzlich erschienen die revolutionären Vorgänge in Paris nicht mehr als eine bloß interne Angelegenheit Frankreichs; die berühmt-berüchtigte „Pillnitzer Deklaration" Kaiser Leopolds II., des Bruders Marie-Antoinettes, vom 27. August 1791 wurde von den sich radikalisierenden revolutionären Massen als Fehdehandschuh begriffen. Tatsächlich läßt sich darüber streiten, ob die „Erklärung von Pillnitz" zugunsten des monarchischen Prinzips schon den Beginn der später so bedeutsamen „Interventions"- und „Legitimitäts"-Idee darstellte, entscheidend war doch, daß man es in Frankreich eben so auffaßte.

Fortan läßt sich die Revolution in Frankreich nicht mehr von der Entwicklung des internationalen Systems trennen: sie wird zur europäischen Herausforderung. Hatte die Aufklärungsliteratur ebenso euphorisch wie falsch ihre Hoffnungen auf moralische Eroberungen in ganz Europa gesetzt, so schlug nun alles ins Gewaltsame, Kriegerische um. Aber der Krieg des revolutionären Frankreich gegen die erste Koalition, mit wenigen Ausnahmen – unter ihnen Robespierre – von nahezu allen politischen Lagern Frankreichs begrüßt, besaß eine völlig andere Qualität als alle vorhergehenden Kriege zwischen den europäischen Staaten.

Diejenigen, die ihn willentlich herbeiführten, wußten dies sehr genau. Der König erhoffte sich eine rasche französische Niederlage und mit ihr eine vollkommene Restauration des Ancien régime. Die Girondisten wollten mit Hilfe des Krieges ihre Anhänger disziplinieren und die übrigen Völker Europas mit den Errungenschaften der Revolution beglücken. Die Jakobiner schließlich lernten den Krieg schätzen, weil er ihren radikalen Ambitionen Auftrieb verlieh: je größer die Furcht vor einem äußeren Gegner, je schlimmer die ökonomischen Folgen des Krieges, desto eher konnte eine radikale Partei Zulauf erwarten. Es ist dies ein aus der späteren Geschichte sattsam bekanntes Muster; Krieg und politischer Radikalismus bilden eine schier untrennbare Einheit.

Die ersten Ansätze zur Radikalisierung sind freilich schon vor Varennes erkennbar, der Fluchtversuch des Königs trieb alles entscheidend vorwärts. Das bisher führende bürgerliche Lager sah sich mit einer ständig an Einfluß zunehmenden linken Bewegung konfrontiert, der „Gironde" und dem „Jacobinerclub". Die Abschaffung der Monarchie, die Neuwahlen zum Konvent, die Septembermorde von 1792, in denen der Pöbel grausame Selbstjustiz übte, Prozeß und Hinrichtung des Königs (21. Januar 1793) – all das verantworten Danton und Robespierre, die beiden herausragendsten Politiker der Gironde und der Jacobiner noch gemeinsam (wenn es sich denn verantworten ließ). Mit Maximilien Robespierre, einem ebenso verklemmten wie genial-fanatischen Parteiführer tritt die Revolution dann in ihre terroristische Phase ein: Mit der Errichtung eines „Revolutionstribunals" und des „Wohlfahrtsausschusses" werden Terrororganisationen geschaffen, deren sich Danton, Marat, vor allem aber Robespierre selbst geschickt zu bedienen wissen. Der Nationalkonvent sinkt zu einem bloßen Akklamationsorgan herab, die Abgeordneten leben in ständiger Angst um ihr Leben, Demokratie und Freiheit, die Ideale von einst, werden zur Farce, die Guillotine auf der Place de la Concorde ist schauerliches Symbol abgrundtiefer Menschenverachtung.

Der Diktatur Robespierre fielen endlich auch Danton und die Gironde selbst zum Opfer, man weiß, wie die Revolution ihre Kinder zu fressen pflegt. Im Sommer 1794 erreichte der Terror seinen Höhepunkt – aber er dauerte doch nur drei Monate, genauer: vom 30. März bis zum 27. Juni 1794. Auf dem Höhepunkt des Entsetzens rafften sich Mitglieder der Revolutionsausschüsse, ständig um ihr eigenes Leben bangend, zum Komplott gegen den „Unbestechlichen" auf. In letzte Verzweiflung und in die finstersten Abgründe existentieller Furcht getrieben, erweist sich der Selbsterhaltungstrieb des Menschen als stärker: Verhaftung und Hinrichtung des „Monsters" Robespierre waren weniger eine sittliche Tat als Ausdruck schierer Angst und Ausweglosigkeit.

Angst und Schrecken: das war die Signatur des revolutionären Terrors. Und dennoch wird man das, was sich damals in Paris abspielte, nicht ohne weiteres mit anderen und späteren Terrordiktaturen vergleichen dürfen. Robespierre wußte genau, daß die Revolution nur dann eine Chance besaß, wenn sie die Vergangenheit so radikal wie nur möglich beseitigte. Denn daß eine Restauration kein bloßes Hirngespinst war, zeigte nicht nur der Krieg, sondern auch der royalistische Aufstand in der Vendée. Mit beispielloser Grausamkeit wurde diese Konterrevolution zerschlagen; sie zeigte, daß die Masse der Bauern inzwischen wieder monarchisch und konservativ dachte – eben gegen diese Erkenntnis richtete sich Robespierres Diktatur.

Dazu paßte, daß er auch ein zentrales Fundament der Gesellschaft umzuwandeln suchte: die Religion. Der „Kult des höchsten Wesens" war ja weniger Ausdruck blasphemischer Überheblichkeit als Konsequenz aus der Erkenntnis, daß irdische Paradiese nur dann verwirklicht werden können, wenn es keine Aussichten mehr auf himmlische gibt. Was Robespierre 1793 und 1794 in Notre Dame inszenierte, mag heute lächerlich wirken: es war gleichwohl die erste in einer langen Reihe utopischer Diesseitsverheißungen, wie sie später von Hegel, Marx und Engels, auch von Lenin, Stalin und Hitler formuliert werden sollten. Gerade der Umschlag der Französischen Revolution von der Idee der Freiheit zur Wirklichkeit der Diktatur bleibt ein historisches Lehrstück, das bis heute nichts von seiner Bedeutung verloren hat.

Die knapp fünf Jahre zwischen dem Sturz Robespierres und der Machtergreifung Napoleons werden in Frankreich durch den Versuch bestimmt, jenen Teil der revolutionären Errungenschaften zu konservieren, der den bürgerlichen Mittelschichten zugute gekommen war. Die Direktorialverfassung von 1795 ist ein merkwürdiges Zwittergebilde aus parlamentarisch-demokratischen und autoritär-feudalistischen Elementen. Dem Terror folgte kein „reinigendes Gewitter", man suchte sich vielmehr allenthalben zu arrangieren, eine tiefe Ernüchterung stellte alle hohen Werte der Revolution zur Disposition, ganz offensichtlich geht Eigennutz vor Gemeinnutz, Sansculottenaufstände werden brutal niedergeworfen, wieder verweist der mittlerweile höchst erfolgreich betriebene Krieg seine nützliche innenpolitische Funktion. Der Mann, der 1789 das vielleicht leuchtendste revolutionäre Fanal gesetzt hatte, trug entscheidend zum Ende der revolutionären Epoche bei: Aus Furcht vor den ständig erstarkenden Royalisten einerseits, den sich wieder sammelnden Jakobinern andererseits, das heißt: aus Furcht vor den unberechenbaren Folgen einer erneuten Radikalisierung nach links und rechts, zieht Sieyès mit dem Sieger von Italien einen politischen Joker eigener Art aus dem Ärmel: Napoléon Bonaparte. Am 9. November 1799, das war nach dem Revolutionskalender der 18. Brumaire, wird das Direktorium aufgelöst, an seine Stelle werden drei Konsuln berufen, deren erster Bonaparte ist.

Sieyès konnte zufrieden sein: Am 15. Dezember 1799 erklärte der Erste Konsul die Revolution für beendet.

5. Im Schatten Napoleons: Katastrophen und Reformen

Für die deutsche Geschichte ist es typisch, daß Napoleon nicht am Ende, sondern am Anfang stand (Nipperdey). Und es war tragisch, daß Deutschland die Französische Revolution zuerst als Angriffskrieg Frankreichs gegen das Reich und seine Glieder erfuhr. Wieder Krieg mit Frankreich, wieder Krieg am und um den Rhein, wieder das elende Marschieren, Kämpfen, Sterben. In tiefem Unfrieden war das Jahrhundert geschieden, das neue öffnete sich mit Mord: Friedrich Schillers Seufzer drückte aus, was wohl die meisten Menschen in deutschen Landen von den Wirren der französischen Revolutionskriege hielten.

Das war am Anfang ganz anders gewesen. Es gabe nahezu keinen Literaten, keinen Philosophen, keinen Künstler, der die Vorgänge von 1789 nicht als Morgenröte eines neuen Zeitalters begriffen hätte. Wer immer es sich leisten konnte, machte sich damals auf den Weg nach Paris, denn dort schien endlich die Synthese aus aufgeklärtem Denken und realer Politik zu gelingen, also genau das, was von oben diktiert notwendig scheitern mußte. Selbst diejenigen, die dem französischen Experiment nichts abgewinnen konnten, waren von ihm fasziniert und von der Furcht durchdrungen, daß es „ansteckend" sei, wie sich der Freiherr vom Stein ausdrückte. Zumindest in Mainz konnte er sich bestätigt fühlen: die dort etablierte „Republik" war ja tatsächlich nicht nur ein Satellitenstaat von französischen Gnaden, sondern der ernstgenommene und ernsthaft gewollte Versuch der „deutschen Jakobiner", das Reich der Freiheit, Gleichheit, Brüderlichkeit tatsächlich auf einem bestimmten Fleckchen Erde zu verwirklichen. Wenn die Mainzer Republik in der späteren historischen Erinnerung als finsteres Kapitel deutschen Landesverrates angeprangert wurde, so lag darin eine grundsätzliche Verkennung der eigentlichen Intentionen Georg Forsters und seiner Mannen: Ihnen ging es um die übernationalen Ideale der Revolution. Deren gewaltsame Ausbreitung freilich provozierte das genaue Gegenteil: ein alles Französische hassendes, zu gewaltsamer Aktion drängendes Nationalbewußtsein.

Es war Reaktion, es war aber auch Nachahmung: Mit der Levée en masse", die das diktatorische Regime der Danton und Robespierre in der Zeit höchster Gefahr (La patrie en danger!) lautstark propagiert hatte, wurde das doch nur erst langsam erwachende Nationalgefühl nicht nur des französischen, sondern auch des deutschen Volkes mächtig aufgeputscht, bald unnatürlich, krankhaft übersteigert.

Eben dies hat den Nationalismus bis zum heutigen Tage in den Augen vieler Menschen diskreditiert. Man kann gewiß lange darüber nachsinnen, ob der „Königsmord" in Frankreich, die gewaltsame Ausbreitung des revolutionären Gedankengutes vermittelst des Krieges, die Auswüchse des Terrors wie der Zynismus der Thermidorianer diese militaristische Variante des Nationalgefühls nicht unvermeidlich gebären mußten – die Völker Europas haben mit diesem Geburtsmakel des Nationalbewußtseins lange leben müssen, sie müssen es zum Teil noch heute. Die untrennbare Verflechtung zwischen Freiheit und Demokratie auf der einen, Nationalstolz und Aggressionsbereitschaft auf der anderen Seite sind eine schwere Hypothek der Französischen Revolution. Aber ihre Ideale selbst haben in den beiden folgenden Jahrhunderten immer wieder das notwendige Gegengewicht gebildet, und nur wenn sie vorübergehend verlorengingen – so in den Zeiten der nationalsozialistischen und der bolschewistischen Diktatur, nun im ehemaligen Jugoslawien –, konnte der Nationalismus zu einem umsichfressenden menschenvernichtenden Chauvinismus pervertieren.

Es ist einsichtig, daß die „Internationale der Könige" die Zeichen des erwachenden Nationalismus am spätesten begriff. Gerade das ließ sie in diesen revolutionären und militaristischen Zeiten oft so hilflos erscheinen. Schon Ludwig XVI. konnte einfach nicht verstehen, was die Massen auf die Plätze und Gassen und in die Parks von Versailles trieb; mit barem Unverständnis reagierte er auf seinen Prozeß. An den Höfen Europas war man nach der Enthauptung des Bourbonen mit Vergleichen denn auch rasch zur Hand: Das Beispiel Karls I. von England schien allzu plausibel – man verstand weder in Westminster noch Potsdam oder Wien, worin der Unterschied lag. Deswegen waren die gekrönten Häupter und deren engste Berater auch davon überzeugt, mit dem ganzen revolutionären Spuk ein rasches Ende machen zu können: Wie sollte ein hastig aus Nationalgardisten und halbverhungerten Freiwilligen zusammengewürfeltes Konventsheer den ruhmreichen Armeen der Marlboroughs und Prinz Eugens, der Seydlitz und Zieten, gar Friedrichs des Großen widerstehen? Mit Neugier und des baldigen siegreichen Einzuges in Paris sicher zog man mit den Armeen der ersten Koalition gen Frankreich, und ganz am Anfang schien das, was die Franzosen den absolutistischen Heeren entgegenzusetzen hatten, eher lächerlich. Man siegte, standesgemäß.

Und dann Valmy. Valmy war nichts Weltbewegendes. Dennoch sollte Goethe Recht behalten: von hier und heute, so formulierte er es später effektvoll, ging tatsächlich eine neue Epoche der Weltgeschichte aus. Zum ersten Mal hatte eine revolutionäre Armee widerstanden, genauer: sie war vor den fürstlichen Söldnern nicht davongelaufen. Das war unerhört, verbreitete sich in Paris wie ein Lauffeuer und ließ den Nationalstolz zum ersten Mal hell auflodern. Es dauerte nun nicht mehr lange, und die Franzosen standen am Rhein, überschritten ihn, eroberten die Niederlande – da zog es Preußen 1795 vor, die Koalition zu verlassen und sich in den Frieden von Basel zu retten, nachdem alle Bemühungen um einen allgemeinen Reichsfrieden zuschanden geworden waren. Von irgendeiner fürstlichen Solidarität war nichts mehr zu spüren, in Berlin regierte das nackte Eigeninteresse, aber das besaß einen Namen: Polen.

Die preußische Politik unter Friedrich Wilhelm II. ließ nichts mehr von der zupackenden Art Friedrichs des Großen spüren, die Zeiten, in denen dieses Land zum Primus eines deutschen Fürstenbundes werden konnte, waren vorbei. Aber der König war doch entschlossen, seinen Besitzstand zu wahren, und wenn Rußland, der Komplize von 1772, sich anschickte, die Landkarte im Osten Europas erneut zu seinen Gunsten zu verändern, durfte Preußen nicht abseits stehen. Die Vorgeschichte der sogenannten „Zweiten polnischen Teilung" zeigt, daß man auch aus Furcht expandieren kann; mit den Wölfen heulen und sich seinen Anteil an der Beute sichern: das war die Staatsräson Preußens. 1793 war es soweit: Bis dahin hatte eine ebenso geschickte wie skrupellose russische Einmischungspolitik alle Versuche des polnischen Königs und des polnischen Reichstages zunichte gemacht, die inneren Verhältnisse zu stabilisieren, Polen eine fortschrittliche, an aufgeklärten Idealen orientierte Verfassung zu geben. Als die Russen 1792 unter billigsten Vorwänden nach Polen einmarschierten, war Preußen aufs höchste alarmiert. Der Vorgang war noch geläufig: Man arrangierte sich erneut. Diesmal fielen an Rußland rund 236000 km^2, an Preußen 55000 km^2 polnischen Landes, darunter waren nicht nur Danzig und Thorn, sondern auch Gnesen: die Geburtsstadt Polens, der Sitz des polnischen Erzbischofes.

Vielleicht auch deswegen fügten die Polen sich diesmal nicht ins Unvermeidliche. Unter Tadeusz Kosciuszko standen sie gegen die Unterdrücker auf. Preußen und Rußland reagierten indigniert, aber es fiel schwer, die Rebellen zu Paaren zu treiben –

daher war es konsequent, Restpolen, diesen dauernden Unruheherd, diesen möglichen Agenten der verderblichen Revolutionsideen, endgültig von der politischen Landkarte zu tilgen, so wie dies Rußland und Österreich in einem Geheimvertrag schon Anfang Januar 1795 verabredet hatten. Die dritte polnische Teilung von 1795, im Jahr des Basler Friedens, an der sich Preußen nach russischer und österreichischer Aufforderung beteiligte, setzte der polnischen Geschichte anscheinend für immer ein Ende. Die Räuber von 1793 und 1795 konnten nicht ahnen, daß Polen dennoch nicht verloren war: Heute sieht man vom Kosciuszkohügel weit in die Ebene von Krakau, bis hin nach Nova Huta; ins Herz eines freien Polens.

Der Basler Frieden bescherte Norddeutschland ein Jahrzehnt trügerischer, „halkyonischer" Stille, wie es Leopold von Ranke genannt hat. Dabei war keines der großen Probleme, die durch die Französische Revolution und den Machtanstieg Napoleons aufgeworfen worden waren, tatsächlich gelöst worden. Längst hatte sich der französische Verteidigungskrieg zu einem Eroberungskrieg verwandelt, die spektakulären Erfolge Napoleons in Italien, die zur Bildung einer Reihe französischer Satellitenstaaten auf der Apenninenhalbinsel führten, bedrohten Österreich von Süden so unmittelbar wie der Vormarsch der französischen Heere an und über den Rhein. Im Frieden von Campo Formio mußte Österreich 1797 sämtliche Besitzungen am Rhein, einschließlich Belgiens, Frankreich überlassen; was Ludwig XIV. und seine Nachfolger vergeblich angestrebt hatten, erreichte das revolutionäre Frankreich: die Gewinnung der Rheingrenze und, viel wichtiger noch, der niederländischen Gebiete, also der Gegenküste Englands.

Natürlich reagierte England gerade deswegen so, wie füglich zu erwarten: Es konnte nicht angehen, daß ein expansiv-aggressives Frankreich das europäische Gleichgewicht zerstörte und mit der Gewinnung der Kanalküste das englische Mutterland sogar unmittelbar bedrohte. Die Prinzipien von Utrecht und die Wilhelms von Oranien galten ja immer noch – Frankreich mußte wissen, daß es die Ruhe Europas und das Gleichgewicht der Mächte nicht ungestraft erschüttern durfte. Von da aus gesehen stellt sich die Frage nach der Vermeidbarkeit oder der Unvermeidbarkeit der folgenden 16 Kriegsjahre gar nicht. Ebenso töricht wäre es, in Napoleon, dem „Vollstrecker der Revolution", wie er sich gern selbst titulierte, nur den wider Willen vorwärts Getriebenen zu sehen, der am Ende Moskau erobern mußte, um Frankreich zu retten. Napoleon bleibt auch unter Berücksichtigung der Zwangslagen, in die er sich selbst und oft ganz bewußt hineinmanövrieren sollte, die „Eroberungsbestie": So hat ihn nicht nur später Heinrich von Treitschke tituliert, das war gängige Meinung im Lager der Gegner Napoleons.

Der siegreiche General legte der Französischen Republik 1797 seine rheinische und italienische Beute vor die Füße. Was sie wert war, konnte freilich nur die Entscheidung gegen den stärksten Gegner erweisen: gegen England. Mit William Pitt d.J. verfügte dieses Land wie so oft in seiner Geschichte genau in dem Augenblick über eine überragende charismatische Führerpersönlichkeit, in dem die französische Herausforderung am gefährlichsten erschien.

Und England besann sich auf die Quellen seiner Macht. Schon im Siebenjährigen Krieg hatte die englische Flotte in Übersee die Entscheidung gegen das kontinental gebundene Frankreich herbeigeführt, jetzt konzentrierte sich Pitt ganz konsequent auf die entscheidenden seestrategischen Positionen, die Napoleon entweder angreifen und erobern oder durch eine kontinentale Blockbildung bisher unerhörten Ausmaßes neutralisieren mußte.

Damit hatte er anfänglich durchaus Erfolg. Zwar gelang es ihm nicht, den Seeweg Englands durch das Mittelmeer mit Hilfe seines ägyptischen Feldzuges abzuschneiden – die für England siegreiche Seeschlacht von Abukir zwang den Korsen unter Zurücklassung seines Heeres in Ägypten zur schleunigen Rückkehr nach Paris – aber als England den günstigen Moment nützen will und die 2. Koalition gegen Napoleon, an der sich Rußland, Österreich, Portugal, Neapel und die Türkei beteiligen, tatsächlich zustande bringt, reicht diese Machtballung doch nicht aus: Alliierte Siege im Mittelmeerraum werden durch große Landsiege Napoleons bei Marengo und Hohenlinden mehr als aufgewogen; als Rußland, dessen maritime Interessen im Mittelmeer schon seit den Tagen Katharinas II. englische Besorgnisse auslösten, die Allianz verläßt, nachdem Großbritannien das strategisch wichtige Malta besetzt, kann Napoleon triumphieren. Im Frieden von Lunéville wird 1801 der Friede von Campo Formio wesentlich bestätigt. Im Jahr darauf kann Napoleon im Frieden von Amiens England sogar zur Rückgabe überseeischer Kolonien bewegen, England ist hochzufrieden, daß es Ägypten behält – das war ein Wechsel auf die Zukunft und zugleich der Kristallisationskern für den säkularen Gegensatz zwischen England und Rußland im 19. Jahrhundert. Denn Rußland sah seine Ambitionen im östlichen Mittelmeer nun buchstäblich von denen Englands durchkreuzt. Die Landbrücke vom Mittelmeer nach Indien, mitten hindurch durch das türkische Reich: das wird der Krisenherd der Weltgeschichte im 19. Jahrhundert.

Daran wenigstens war Napoleon nicht unmittelbar „schuld". Ihm kam es nach Amiens vielmehr darauf an, das Gewonnene zu konsolidieren und die Dominanz Frankreichs auf dem europäischen Kontinent sicherzustellen. Daß Amiens für England wieder nur ein Waffenstillstand sein konnte, war ihm bewußt. Die Chancen, die englische Frage „endgültig" zu lösen, standen freilich niemals so gut wie in dem Amiens folgenden Jahr. Mit Nachdruck (der russischen Unterstützung sicher) forderte der Erste Konsul die Herausgabe Maltas an den Orden, womit die gerade gewonnene Ostmittelmeerposition Englands schon wieder fraglich werden mußte, und ganz unverhüllt ging er daran, eine Invasion gegen die britische Mutterinsel vorzubereiten. Gewiß kann man über die Intentionen Napoleons streiten: Wollte er England nur die Zwecklosigkeit eines neuen kriegerischen Versuchs demonstrieren, oder plante er schon eiskalt eine künftige französische „Universalmonarchie"? Das Beispiel der Hitlerschen Politik nach dem siegreichen Frankreichfeldzug von 1940 zeigt, wie schwierig es ist, die kurz- von den langfristigen Perspektiven zu trennen. Auch für Napoleon gilt, daß er vielleicht über ein „Programm" verfügte, dennoch von den Wechselfällen der Zeit und den um ihn herum doch auch agierenden Staaten und Staatsmännern abhängig war.

Vor allem blieb ihm bewußt, daß sein Thron nicht auf Dauer nur auf den Spitzen der Bajonette ruhen konnte. Napoleon war nicht nur ein genialer Feldherr und Schlachtenlenker, sondern ein geschickter Organisator und Verwaltungsfachmann. Das zeigt sein innenpolitischer Aufstieg in Frankreich selbst, der ihn zuerst an die Spitze des Konsulats, dann nach Notre Dame als „Kaiser der Franzosen" gelangen ließ, das beweisen auch seine Bemühungen um eine fundamentale Neuordnung Zentraleuropas. Nicht seine Kriege haben die Spur von seinen Erdentagen bis heute tief eingegraben, sondern seine administrativen Entscheidungen.

Natürlich waren diese Folge seiner Kriege, genauer: der Einverleibung der rechtsrheinischen Gebiete des Heiligen Römischen Reiches deutscher Nation in die Französische Republik, später das französische Kaiserreich. Der Vorgang war ja tatsächlich ungeheuerlich: Der Kaiser schließt in Campo Formio mit dem Korsen einen Friedensvertrag, ohne die Institutionen des Reiches auch nur zu fragen: Das war ein unglaublicher „Verfassungsbruch", vor allem wenn man bedenkt, daß die vornehmsten Reichsstände – darunter die Kurfürsten von Trier, Mainz und Köln – hier im Kern ihrer Existenz getroffen wurden.

Ein nach Rastatt einberufener Gesandtenkongreß, das Produkt eines offensichtlich schlechten kaiserlichen Gewissens, erwies sich bald als Farce, im Frieden von Lunéville wurden die schwärzesten Befürchtungen der linksrheinischen Reichsstände traurige Wirklichkeit: Mit der Abtretung des gesamten linken Rheinufers an Frankreich war das Römische Reich praktisch schon zerstört, die Aussicht auf Entschädigung der erblichen Fürsten links des Rheines änderte daran nichts, im Gegenteil, denn zum einen war keine Rede davon, die geistlichen Fürsten zu entschädigen, zum anderen mußten alle Entschädigungen rechts des Rheins liegen, damit stand der bunte Fleckerlteppich des Heiligen Römischen Reiches zur Disposition, also das Reich selbst.

Das aber konnte nicht Sache der Deutschen und ihrer Fürsten allein sein. Die unmittelbare Vorgeschichte des sogenannten „Reichsdeputationshauptschlusses", der 1803 die Landkarte

Deutschlands grundlegend umgestaltete und mit dem Prinzip der Säkularisation der geistlichen Fürstentümer zum vielleicht wichtigsten geistig-religiösen Einschnitt in der deutschen Geschichte seit dem Augsburger Religionsfrieden von 1555 werden sollte, zeigt geradezu beispielhaft, wie eng alle deutsche Politik mit den Interessen der großen europäischen Mächte verknüpft war. So sehr sich die Könige und Fürsten aller Art in diesen wirren Jahren schadlos zu halten, große Spekulationsgewinne zu machen suchten – die Grundentscheidungen fielen in Paris und unter massiver Einwirkung der anderen Flügelmacht: Rußland. Ähnlich wie in der Phase des Westfälischen Friedens wurde Deutschland zwischen 1802 und 1806 zum Spielball zweier großer Mächte, dabei hatte Rußland gleichsam das Erbe Schwedens angetreten.

Was dem Reichstag 1803 als „Vorschlag" des Zaren Alexanders I. und Napoleons vorgelegt wurde, war von einem Diktat kaum zu unterscheiden. Aber das Reich hatte keine Kraft mehr, auch nur eigenständige politische Positionen zu formulieren. Entscheidend dabei war, daß alle Betroffenen ein möglichst großes Stück aus dem alten Reichskuchen für sich selbst herauszuschneiden suchten; wer am besten bei Napoleon zu antichambrieren verstand, hatte die größten Chancen, von irgendwelchen moralischen und nationalen Skrupeln war nichts zu spüren, der Kaiser selbst hatte in Campo Formio und bei den nachfolgenden Abmachungen eine Politik des sacro egoismo verfolgt, oft gewiß aus purer Angst und Schwäche, oft aber auch im Hinblick auf die eigene Verwandtschaft – in diesem Punkt so unähnlich nicht der napoleonischen Politik, die seinen Brüdern, Schwägern und Neffen ganze Königreiche und hübsche Fürstentümer zu verschaffen wußte.

Die Reichsdeputation von 1803 billigte also, was man in Paris beschlossen hatte: 112 Reichsstände rechts des Rheines verschwanden, fast alle geistlichen Herrschaften wurde säkularisiert, die Entschädigung der rechtsrheinischen Fürsten planierte die alten Ländergrenzen im Römischen Reich ein, die Großen schluckten die Kleinen, das nannte man „Mediatisierung". Am Ende gewannen Baden, Bayern, Preußen und Württemberg am meisten, die Kurfürstentümer Trier und Köln verschwanden, dafür gab es vier neue Kuren: Baden, Hessen-Kassel, Salzburg und Württemberg. Mit einem Schlag war das Reich laisiert und mehrheitlich evangelisch geworden: Davon hat sich der deutsche Katholizismus nie mehr erholt, sieht man von der kurzen Episode der bundesrepublikanischen Geschichte von 1949–1990 einmal ab.

Diese grundlegende territoriale und verfassungsrechtliche Umgestaltung von 1803 hätte dennoch zum Ausgangspunkt einer neuen Phase der Reichsgeschichte werden können, denn neben den negativen Auswirkungen dieses politischen Erdbebens gab es auch positive. Tatsächlich waren die unzähligen kleinen reichsunmittelbaren Territorien, bis hinab zu den „Reichsdörfern", schon lange zu einem Anachronismus geworden, zum größten Hemmschuh jedes sozialen und ökonomischen Fortschritts; vor allem die geistlichen Fürstentümer waren mit der Aufgabe der Modernisierung von Staat und Gesellschaft, wie die Folgen der Französischen Revolution sie gebieterisch auch in Deutschland erzwangen, hoffnungslos überfordert. Die Einführung des Code Napoleon in den von Frankreich annektierten und beherrschten Territorien hätte tatsächlich zu einer brauchbaren Reformgrundlage werden können, die Vergrößerung der jetzt noch existierenden Reichsstände machte diese erst auf Dauer lebensfähig. Wenn das Experiment von 1803 von Anfang an aussichtslos blieb, so war dies in erster Linie Konsequenz der großen europäischen Politik, genauer: der dritten „Runde" im Kampf der Koalition gegen Frankreich.

Diesmal schienen die Aussichten besser zu sein: Neben Österreich ließ auch wieder Rußland sich zur Wende gegen Napoleon bestimmen. Nur Preußen blieb immer noch neutral, lavierte und fürchtete sich – sehr zu Recht, wie sich bald zeigen sollte.

Furcht beherrschte auch die meisten süddeutschen Staaten, die Napoleon bisher so viel zu verdanken hatten. Außerdem wurde in Bayern noch immer der alte antihabsburgische Affekt gepflegt. Von Wien erwarteten die Bayern nie etwas Gutes, Napoleon hingegen lockte mit Gewinnen – auf österreichische Kosten, versteht sich.

Österreich selbst fühlte sich nicht nur durch die reale französische Macht bedroht, sondern auch durch die Selbsterhebung Napoleons zum Kaiser der Franzosen. Betrachtet man die Verhältnisse im Reich nüchtern, so mußte Wien mit dem Versuch Napoleons rechnen, sein Kaisertum auf das des Reiches selbst auszudehnen – keine abwegige Vorstellung, denkt man an Franz I. oder Ludwig XIV. Ein „Kaisertum Österreich" sollte dem vorbeugen: Selbst wenn das Römische Reich nicht mehr existierte, konnte der Habsburger „Kaiser" bleiben und damit Napoleon gegenüber „gleichberechtigt" – was immer das in diesen wirren Zeiten heißen mochte. Für das gesamte napoleonische Zeitalter war das Gefühl einer ständigen latenten Bedrohung typisch. Als William Pitt, der über den eher unrühmlichen Frieden von Amiens gestürzt war, 1804 erneut die Geschicke Englands in die Hand nahm, wurde diese Bedrohung ganz akut: Napoleon sammelte Truppen und Schiffe im Lager von Boulogne, das uralte Gespenst einer Invasion ließ England kaum eine andere Wahl, als dem Korsen auf dem Kontinent erneut entgegenzutreten. Österreich tat nur unwillig mit, was man auf der anderen Seite nur von Württemberg, nicht aber von Bayern und Baden sagen konnte. Der Krieg der 3. Koalition ähnelte dem vergangenen: England errang mit Trafalgar einen spektakulären Seesieg, der für das nächste Jahrhundert die englische maritime Präponderanz sicherstellte, Napoleon den nicht minder fulminanten Sieg in der „Dreikaiserschlacht" von Austerlitz. Alexander I., der russische Kaiser, zog sich danach frustriert zurück, der österreichische, dem es nicht gelang, den preußischen König, seit 1797 Friedrich Wilhelm III., doch noch zum Eingreifen auf seiten der Koalition zu bewegen, mußte in den höchst unvorteilhaften Frieden von Preßburg einwilligen. Er verdrängte den österreichischen Einfluß aus Italien, und noch weiter aus Deutschland. Nun konnte Napoleon mächtig über den Rhein ins Herz des alten Reiches hineinwirken: Die Gründung des Rheinbundes läutete dann das Ende des Reiches selbst ein.

Der Rheinbund, oft auch der „2. Rheinbund" genannt in Erinnerung an den ersten zu Zeiten Ludwigs XIV., war anders als damals ein pures französisches Machtinstrument, das folgerichtig

1806 in Paris geschmiedet wurde. 16 Reichsfürsten sagten sich vom Reich los, nahezu ganz Süd- und Westdeutschland sank zu einem französischen Satellitensystem herab, der Römische Kaiser Franz II. war ohnmächtig. Mit der Würde des Reichsoberhauptes ließ sich dieser Abfall nun wirklich nicht mehr vereinbaren; daß der triumphierende französische Kaiser Franz II. ultimativ zur Niederlegung der Kaiserkrone aufforderte, paßte ins Bild. Der Römische Kaiser kapitulierte, entband am 6. August 1806 die Reichsstände von ihren Pflichten: Das Heilige Römische Reich deutscher Nation war erloschen.

Es gab neunmalkluge Juristen, die das anders sahen: Hatte der Kaiser überhaupt das verfassungsmäßige Recht, das Reich erlöschen zu lassen? Bestand das Reich theoretisch nicht doch noch fort? Über solche Spitzfindigkeiten, ganz ähnlich jenen, die hundertfünfzig Jahre später nach dem Ende des „Dritten Reiches" diskutiert wurden, ging die Geschichte hinweg, 1806 noch viel brutaler als 1945.

Die Menschen in Deutschland nahmen das Ende einer tausendjährigen Geschichte mit erstaunlicher Gelassenheit zur Kenntnis. Goethes bekannte Tagebuchnotiz, daß der Streit der Kutscher auf dem Bock für die Passagiere interessanter gewesen sei als die Nachricht vom Ende des Heiligen Römischen Reiches, ist gewiß pointiert, trifft jedoch den Kern des Problems. Tatsächlich hatte die Demontage des Reiches ja schon seit Jahrhunderten ihren stetigen Fortgang genommen, Napoleon, so schien es den meisten, räumte nur die Trümmer beiseite. Mit dem nun auch formellen Ende des Reiches wuchs den einzelnen ehemaligen Reichsgliedern die letzte Verantwortung zu: Das war neu, daran mußten sie sich gewöhnen.

Dieser Wechsel in der Verantwortung für das Ganze vom Kaiser auf die einzelnen Staaten geschah in einem Moment, in dem die Frage nach der politischen Verantwortung überhaupt schärfer denn je gestellt wurde. Waren es überhaupt noch die Staaten und ihre Oberhäupter, die über das Schicksal ihrer Völker zu bestimmen hatten? Oder war die Verantwortung dafür nicht auf die Nation selbst zurückgefallen? Selbst der anscheinend unumschränkt herrschende Franzosenkaiser war sorgfältig darauf bedacht, immer noch als Vollstrecker des Willens seiner Nation zu erscheinen, diese Legitimation gründete nicht auf alten dynastischen Rechten und Verträgen, sie war auch nicht abhängig von irgendwelchem „Gottesgnadentum", sie war vom Volk selbst verliehen worden. Dieser „Bonapartismus" war die Synthese aus der Revolution und der Staatsmacht, der „Kaiser der Franzosen" blieb so betrachtet auch in Hermelin gewandet der große Sohn des Volkes, und sein Führer zugleich, er bedurfte durchaus der Akklamation seiner Franzosen.

Und nun die deutschen Klein- und Duodezfürsten! Denen weinte niemand eine Träne nach, als sie 1803 sang- und klanglos aus der Geschichte verschwanden. Aber selbst die großen Könige – inzwischen waren dank Napoleon noch die von Bayern und Württemberg dazugekommen – mußten sich fragen, was sie der napoleonischen Ideologie überhaupt noch entgegenzusetzen hatten. Der Rheinbund blieb auch nach 1806 durchaus attraktiv, er wuchs bis 1811 ständig an, und die Menschen lernten so manche fortschrittliche administrative Segnung französischer Provenienz durchaus zu schätzen. Sie fühlten sich im Königreich Jérômes, des „Königs Lustick", durchaus nicht unglücklich. Hätte es Napoleon nur verstanden, Frieden zu halten, man weiß nicht, ob sich aus der Phantasmagorie eines großen französischen Empires nicht doch mehr ergeben hätte, als es dann tatsächlich der Fall sein sollte. Es kann jedenfalls keine Rede davon sein, daß ganz Deutschland unter Napoleon geächzt und dann wie ein Mann gegen ihn aufgestanden sei.

So wollte es freilich später die preußisch-deutsche Legende. Sie blieb bis in die letzten Tage des „Dritten Reiches" hinein ungeheuer geschichtsmächtig, sie sollte das deutsche Nationalbewußtsein, besser: Gefühl maßgeblich mitbestimmen – sie wurde grundlegend für die Generationen hindurch behauptete „Erbfeindschaft" zwischen Deutschen und Franzosen.

Nun wäre es gewiß falsch, wollte man die Brutalitäten und Gemeinheiten Napoleons und seiner Paladine verharmlosen. Die Entführung des Duc d'Enghien, die Hinrichtung des Nürnberger Buchhändlers Palm – das waren Einzelfälle. Die rücksichtslose Eintreibung von Kontributionen, die erzwungene Rekrutierung deutscher Soldaten für seine Eroberungsfeldzüge trafen weite Bevölkerungsschichten. Da konnte Ruhe nicht immer die erste Bürgerpflicht sein, in den Jahren 1807 bis 1812 sammelten sich die deutschen Patrioten, wie man sie nannte, auch unter dem Eindruck der menschenverachtenden französischen Besatzungspolitik. Es war tatsächlich, wie es Fontane genannt hat, die Ruhe „vor dem Sturm".

Unmittelbar nach Preßburg wiegte sich die preußische Politik unter den letztlich doch wohl unfähigen Kabinettsräten Haugwitz und Lombard noch in der Hoffnung, das trügerische Glück von Basel länger erhalten zu können. Aber mit wachsender Sorge hatte man den Zusammenbruch ganzer Welten um sich herum verfolgen müssen; daß die Preußen dennoch nicht schossen, machte sie nachgerade verächtlich – vor allem in Wien, aber auch in England. Friedrich Wilhelm III. rang sich in einem schweren inneren Prozeß nach und nach zu der Ansicht durch, daß das dauernde Lavieren und Antichambrieren am Ende auch zu dem führen mußte, was man unbedingt verhindern wollte: von Gnaden Napoleons abhängig zu werden. Auch wenn man es so wohl nicht formulierte: Immer mehr gute Preußen verfielen auf den Gedanken, daß ein Ende mit Schrecken vielleicht doch einem Schrecken ohne Ende vorzuziehen sei.

Auf der anderen Seite fühlte man sich noch stark. Hatte Preußen seine Eigenständigkeit nicht auch deswegen wahren können, weil es niemand mit der Armee Friedrichs des Großen aufzunehmen wagte? Hatte Preußen nicht 1793 und 1795 in Polen, 1803 beim Reichsdeputationsschluß, ohne die Knochen eines pommerschen Grenadiers zu riskieren, größere Landgewinne gemacht als Friedrich der Große je in seinem Leben? Sollte das Staatsschiff den Sturm über Europa abwettern oder alles in ihm riskieren?

Der Entschluß, einer Entscheidung während des 3. Koalitionskrieges tunlichst aus dem Wege zu gehen, ließ sich ebenso rechtfertigen wie der vom 9. August 1806, das Heer zu mobilisieren. Dem war ein wirres diplomatisches Zwischenspiel voraufgegangen, in dem Preußen mit und gegen England, mit und gegen Rußland, mit und gegen Frankreich stand. Entscheidend war am

Ende, daß Alexander I. eine neue Front gegen Frankreich zu errichten suchte, in die diesmal auch Preußen einbezogen werden sollte. Als Napoleon demgegenüber Fühler nach England ausstreckte und in Berlin das Gerücht die Runde machte, Frankreich werde England das jüngst erst preußisch gewordene Hannover anbieten, geriet man in Berlin in Panik. Noch bevor eine irgendwie solide Allianz mit England und Rußland abgeschlossen sein konnte, trat Friedrich Wilhelm III. die Flucht nach vorne an – denn schon damals bedeutete die Mobilisierung praktisch den Krieg.

Napoleon hatte es so weit wirklich nicht kommen lassen wollen. Aber nun zeigte sich, daß die schiere militärische Macht auch zu Aktionen verlockte, an die politisch noch gar nicht gedacht worden war.

Der Krieg gegen Preußen war kurz und schmerzlich. Selten ist eine europäische Großmacht dramatischer und vollkommener zusammengebrochen als das alte Preußen. Jena und Auerstedt haben sich dem historischen Gedächtnis bis heute als Tiefpunkte der preußischen Geschichte eingegraben. Dennoch gereichte es dem preußischen König zur Ehre, daß er selbst in hoffnungsloser Lage – schon hatten die Franzosen Berlin besetzt, der Hof war nach Königsberg geflohen – dem nun ins helle Licht der Geschichte tretenden Freiherrn vom Stein folgte und die Fortsetzung des Krieges an russischer Seite beschloß. Das Unentschieden von Preußisch-Eylau war ein freilich nur sehr schmaler Silberstreifen am ansonsten düsteren Horizont; die vernichtende Niederlage von Friedland machte nicht nur den Zaren friedensgeneigt, sondern besiegelte das preußische Schicksal: der Frieden von Tilsit war ein bloßes Diktat, er hatte nichts mehr mit jenen fein ausgehandelten Friedensverträgen zu tun, die für die Zeit der Kabinettskriege so typisch gewesen waren.

Preußen war jetzt da, wo Maria Theresia es schon im Siebenjährigen Krieg hatte haben wollen: reduziert zu einer deutschen Mittelmacht, beschränkt auf Brandenburg, Pommern, Preußen und Schlesien. Es fehlte nicht viel daran, und Napoleon hätte dem Staat Friedrichs des Großen das Schicksal Polens von 1795 bereitet – nur Alexander I. verhinderte dies, und den wollte Napoleon nun endlich zum großen Komplizen gegen seinen eigentlichen Feind machen: England. Die Verhängung der „Kontinentalsperre“ versprach nur dann Erfolg, wenn Rußland mitmachte. Der Zar war einverstanden, wenigstens zunächst.

Nach Tilsit sah die Landkarte Deutschlands und Europas noch einmal vollkommen verändert aus. Das Übergewicht Frankreichs war nun derart, daß man in Wien und Berlin ernsthaft fürchtete, zu bloßen Satrapen einer Universalmonarchie geradezu altrömischen Zuschnitts herabzusinken. Napoleon selbst probte sich schon in der Rolle des neuen Cäsars. Natürlich war alles auf Sand gebaut, solange England nicht wirklich besiegt war, aber wie im Juli 1940, konnte auch in den Jahren zwischen 1808 und 1812 niemand wissen, wie die Geschichte weiterlaufen würde. Denn politische Theoreme wie jenes von „Gleichgewicht und Hegemonie“ sind zwar wohlfeil, aber die Geschichte ist immer nach vorne offen und für Überraschungen gut: Es gibt kein höheres historisches Gesetz, das den Sturz einer Universaldiktatur unausweichlich machen würde.

Gerade deswegen verließen sich die preußischen und österreichischen Patrioten auch nicht auf den langen Atem der Geschichte, der die Dinge schon wieder in Ordnung bringen würde. Tua res agitur: Das wurde zu einem Grundmotiv der Steinschen Politik und der Reformen, die er vor allem zusammen mit dem späteren Staatskanzler Hardenberg unmittelbar nach der Katastrophe von Tilsit energisch voranzutreiben suchte.

Tatsächlich hatten die Reformen schon vor Jena und Auerstedt begonnen. Die Heeresreorganisationskommission unter Stein und Scharnhorst wurde in ihrer Arbeit durch den Krieg nur unterbrochen. Daß es mit der schwächlichen „Kabinettspolitik“ nicht weitergehen konnte, war schon vor der Niederlage ein in den Berliner Salons heiß diskutiertes Thema. Sieht man genauer hin, so läßt sich tatsächlich eine stetige Reformbewegung von den Tagen Friedrichs des Großen über die Bemühungen von Svarez, die zum „Allgemeinen Preußischen Landrecht“ führten, bis in die ersten Regierungsjahre Friedrich Wilhelms III. erkennen.

Der Freiherr vom Stein legte größten Wert auf diese Tradition: Sie legitimierte seine eigenen Bemühungen und die seiner zahlreichen Mitarbeiter, die zwar oft in den Details gegensätzlich aber in der Sache einmütig Preußen von Fuß bis Kopf reformieren wollten. Auf nichts legte Stein mehr Wert als auf die Behauptung, daß die preußischen Reformen nichts, aber auch rein gar nichts mit der Französischen Revolution zu tun hätten. Sie sind nicht, so seine These, die „Antwort" auf 1789, sondern die kraftvolle Fortentwicklung der altdeutschen Verfassung. Nicht Montesquieu und Rousseau – den er herzlich verachtete – sind die Vorbilder der Reform, sondern Männer wie Pufendorf, Seckendorff, Möser, Friedrich der Große selbst. Nur ein gutes Jahr konnte Karl Freiherr vom Stein als Leitender Minister seine Reformideen verantwortlich auf den Weg bringen. Er war nie unumstritten und tat seinerseits fast alles, um sich Feinde in Hülle und Fülle zu schaffen. Schließlich stürzte er aber doch über den vornehmsten von ihnen: Napoleon.

Stein und der Franzosenkaiser waren einander kongeniale, wenn auch diametral entgegengesetzte Persönlichkeiten. Gerade der unnachsichtige Haß, mit dem Napoleon noch den gestürzten, im böhmischen Exil sich versteckenden Stein verfolgte, zeigt, daß er dessen Geist und Charisma keineswegs unterschätzte. Auch auf dem Höhepunkt des französisch-russischen Krieges war Stein der ständig vorwärtstreibende Geist, die Seele des Widerstandes, der den oft zögernden Alexander mit sich riß.

Man muß diese Charaktereigenschaften Steins in Rechnung stellen, will man Umfang, Tragweite, Erfolg oder Mißerfolg seines Reformwerkes verstehen. Sicherlich war nicht alles seinem Geist entsprungen, ohne Männer wie Hardenberg, Humboldt, Scharnhorst oder Schön, Staegemann, Frey, die „ostpreußischen Liberalen" (Hubatsch), wäre nur wenig zu erreichen gewesen. Aber schon die berühmte „Nassauer Denkschrift" vom Frühjahr 1807 zeigt, wie sehr es Stein darauf ankam, alle Reformen miteinander in Beziehung zu setzen, um den Staat so mächtig zu machen, daß er sich aus den Fesseln der Niederlage befreien konnte. Dazu bedurfte es nicht nur einer gründlichen Verwaltungsreform, angefangen von der Regierung über die Provinzen bis hinab zu den Städten und Gemeinden, sondern auch einer grundlegenden sozialen Reform, die die Klassenunterschiede einebnen, aus Untertanen freie Bürger machen sollte. Wenn Stein vielleicht auch nicht selbst, so haben viele seiner Mitstreiter dabei doch das französische Beispiel vor Augen gehabt. Es war aber nicht die Bewunderung der französischen Freiheiten, die sie leitete, sondern einzig und allein der Respekt für die durch sie entbundenen gewaltigen nationalen und militärischen Kräfte. Die Reformen gingen nicht von einem allgemeinen Humanitätsideal aus, geschweige denn von Ideen, wie sie in Amerika lebendig waren, sondern von reinen Zweckmäßigkeitserwägungen. Das relativiert ihre Bedeutung, will man die Frage beantworten, wo die Wurzeln unseres freiheitlich-demokratischen Rechtsstaates zu finden sind.

Anstelle des Generaldirektoriums traten die fünf klassisch gewordenen Fachministerien. In den Provinzen standen nun Oberpräsidenten an der Spitze der Verwaltung. Das Prinzip der Selbstverwaltung wurde mit der Städteordnung von 1808 eingeführt – die vielleicht folgenschwerste Reform, bis heute nachwirkend. Nicht minder bedeutsam war die Bauernbefreiung von 1807. Auch wenn sie praktisch am Ende scheiterte (woran es neuerdings einige Zweifel gibt), sicherte sie doch das Prinzip des freien Bauern auf freier Scholle. Ganz auch die Handschrift des Freiherrn trug die Heeresreform – vielleicht kam es ihm auf sie am meisten an, denn Stein wußte, daß nur ein modernen Ansprüchen genügendes Volksheer es mit den Heeren Napoleons würde aufnehmen können – und um nichts ging es ihm mehr. Sub specie des Revanchekrieges gegen Frankreich ist das gesamte Reformwerk Steins zu sehen, selbst die von Humboldt vorangetriebene Universitätsreform, und nur weil dieses Ziel letztlich erreicht wurde, hielt man an den Reformen, wenn oft auch arg verstümmelt, auch nach 1815 fest.

Es war logisch, wenn die Reformer auch über Preußen hinausdachten – ganz ähnlich wie die weniger erfolgreichen Reformer in Österreich auch. Das Ende des Reiches warf die Frage nach einem möglichen „Ersatz" automatisch auf. Schon vor 1806 hatten sich zahlreiche Völker- und Staatsrechtler Gedanken über eine neue Reichsverfassung, ein neues geeintes Deutschland gemacht – nun schossen solche Pläne wie Pilze aus dem Boden. Stein,

Europa im Zeitalter Napoleons

reußen
Ghzm. Warschau
Ksr. Rußland
r. Österreich
Osmanisches Reich
el
1812
Rheinbundes

Hardenberg, Humboldt, um nur einige zu nennen, beteiligten sich an solchen Gedankenspielen, es lag auf der Hand, daß die Idee eines machtvollen geeinten Deutschland gerade in den Jahren der größten deutschen Ohnmacht ungeheuer attraktiv war. Als die napoleonische Bedrohung abgeklungen war, ließ man es folgerichtig mit der deutschen Einheit langsamer angehen – sehr zum Mißvergnügen Steins, der den von ihm mit geweckten patriotisch-nationalen Volksgeist besser einzuschätzen verstand als die Diplomaten des Restaurationszeitalters.

Die preußischen Reformen erwiesen sich als angemessene Antwort auf die Französische Revolution und die napoleonische Herausforderung zugleich. Sie trugen wesentlich dazu bei, den historischen Rückstand der alten absolutistischen Staaten gegenüber Frankreich aufzuholen. Natürlich gelang dies nicht vollkommen, und es kam, als die Gefahr gebannt, zu sehr ärgerlichen Rückfällen, die die erste Hälfte des 19. Jahrhunderts mitprägen sollten. Es gelang jedoch zwischen 1807 und 1813, eine neue Basis zu schaffen, von der aus die von Napoleon unterjochten Völker mit Aussicht auf Erfolg zurückschlagen konnten. Sie umfaßte auch das Institut der Allgemeinen Wehrpflicht und die Burschenschaftsbewegung; nie gingen Geist und Macht enger zusammen als in den Jahren preußischer Not und Erneuerung.

Napoleon versuchte nach Tilsit Europa zu pazifizieren, indem er England mit Hilfe der Kontinentalsperre von jeder weiteren politischen Einmischung abzuschneiden suchte. Solange der Zar diese Politik mittrug, konnte Napoleon auf dem Kontinent nahezu beliebig schalten und walten. Aber es zeigte sich rasch, daß Rußland andere Interessen verfolgte als Napoleon; an einer Art europäischen „Kondominimus" war Alexander nicht gelegen, Rußland war potentiell stärker.

Daß auch Napoleon seine Probleme hatte, erwiesen seit 1808 die Vorgänge in Spanien. Auch hier fiel es dem Kaiser schwer, die Lücken in der Kontinentalsperre zu stopfen, und ziemlich hilflos reagierten seine Generäle auf den von England geschürten und geschickt inszenierten Guerillakrieg in Spanien. Die Iberische Halbinsel entwickelte sich zu einer schwärenden Wunde am französischen Großreich.

Auch dies war einer der Gründe, warum Österreich 1809 erneut den Krieg gegen Napoleon wagte. Zu diesem Zeitpunkt schäumte allerorten in Deutschland, vor allem aber in Preußen, der Patriotismus hoch, allzu leichtfertig glaubte man in Wien hochgemuten Versprechungen, ganz Deutschland, und natürlich Preußen würde sich auf das Signal des österreichischen Kriegsmanifestes hin gegen Napoleon erheben.

Diese Illusionspolitik war ehren- und verhängnisvoll. Als man losschlug, rührte sich fast nichts, sieht man von so tollkühnen Burschen wie dem Major von Schill oder Andreas Hofer ab, die ihren Patriotismus mit dem Leben bezahlen mußten. Zwar siegten die Österreicher unter dem Erzherzog Karl bei Aspern zum ersten Mal über Napoleon, aber in der Schlacht von Wagram wurde das österreichische Heer geschlagen – ein Sieg schien nun aussichtslos, Österreich mußte um Frieden bitten, in Schönbrunn wurde er am 14. Oktober 1809 unterzeichnet: nun war auch das stolze Österreich, die Hoffnung aller deutschen Patrioten, auf eine unbedeutende europäische Mittelmacht herabgebracht.

Dennoch hat dieser erste fehlgeschlagene Versuch zur Befreiung seine Auswirkungen gehabt: Zum einen zugunsten Napoleons, denn nun konnte dieser ohne viel Mühe sowohl Preußen als auch Österreich an sich binden, als er seinen Krieg gegen Alexander I. plante. Zum anderen zugunsten der Geschlagenen: Von nun an konnten sie die Dimensionen der Aufgabe ermessen, die ihnen gestellt war. Tatsächlich wird die Politik sowohl Preußens unter Hardenberg wie Österreichs, bald unter der klugen und nüchternen Leitung des Staatskanzlers Metternich, von nun an überlegt, professionell, effektiv auf das eigentliche Ziel ausgerichtet. Man läßt sich nicht mehr von Stimmungen hinreißen, von nun an wird die Befreiung geplant.

Und dies selbst in jenen Momenten, in denen die Deutschen mit der „Grande Armée" gegen Rußland ziehen mußten. Sowohl Österreich wie Preußen, ganz zu schweigen von den Rheinbundstaaten, hatten in entsprechenden Militärkonventionen Napoleon Unterstützung gewähren müssen. Dem Kaiser der Franzosen standen somit sämtliche Ressourcen Kontinentaleuropas zur

Verfügung. Von daher ist es die Frage, ob dieser Feldzug wirklich nur eine „Flucht nach vorne" war, um England endgültig auszuschalten. Das napoleonische Unternehmen erinnert in manchem doch sehr an das alexandrische Vorbild, vielleicht auch an das Karls XII. von Schweden. Daß der Versuch, die unendlichen Weiten des Zarenreiches zu beherrschen, notwendig scheitern mußte, ist bloß eine post-festum-Feststellung; nicht die Einnahme von Moskau war überraschend, sondern der Umstand, daß der Zar dem Sieger auch dann den Frieden schlichtweg verweigerte.

Man weiß, wie alles kam, man weiß, wie Preußen sich aus der Verstrickung zu befreien und mit der Konvention von Tauroggen, dann dem russisch-preußischen Bündnis von Kalisch, die entscheidende Wende einzuleiten wußte. Mit der Kriegserklärung Preußens, der die österreichische bald folgte, war der Augenblick der Wahrheit gekommen. Nun mußte sich zeigen, wie weit die Reformen trugen, wie weit der von den deutschen Denkern und Dichtern geschürte und heißen Herzens propagierte Patriotismus reichte. Mit seinem Aufruf „An mein Volk" hat Friedrich Wilhelm III., mehr getrieben denn freiwillig, den Appell an den deutschen Patriotismus gewagt, sein Erfolg war allerdings weniger grandios, als es die spätere Legende wahrhaben wollte. Gewiß, es gab nationale Begeisterung, sie ging nicht zuletzt von den Burschenschaften aus, deren Führer, der Turnvater Jahn, zu den glühendsten Franzosenhassern zählte, aber sie blieb doch bedingt und war nicht so einmütig, wie von Stein und seinen Freunden erhofft. Man tat eher seine vaterländische Pflicht: Aber war dies nicht schon viel? Genügte das nicht?

Und war diese Haltung nicht berechtigt? Sehr bald sollte sich zeigen, wie wenig die deutschen Fürstlichkeiten in Wahrheit bereit waren, die Konsequenzen aus der Vaterlands- und Freiheitsliebe des Volkes zu ziehen: Hartnäckig hielten sie wie ihre konservativen Gefolgsleute später am Begriff des „Befreiungskrieges" fest; ein „Freiheitskrieg" aber hatte nach den Vorstellungen der deutschen Patrioten der Kampf gegen Napoleon doch auch sein sollen. Die Feldzüge von 1813 und 1814 erscheinen daher zwiespältig: Auf der einen Seite wurden mit Landwehr und Landsturm wichtige Prinzipien der Heeresreform, wie sie Scharnhorst, Gneisenau und Clausewitz vorangetrieben hatten, verwirklicht, auf der anderen blieben es doch die alten Linienarmeen der Verbündeten, die die Entscheidung herbeizwangen, vor allem die größte von ihnen: die „Völkerschlacht" von Leipzig. Sie war der Anfang vom Ende der napoleonischen Herrschaft in Europa.

Seit dem Neujahrstag des Jahres 1814, als Blücher bei Kaub über den Rhein setzte, dann auch in Frankreich selbst. Der Vormarsch der Alliierten war nicht mehr aufzuhalten, am 31. März 1814 fiel Paris, am 6. April dankte Napoleon ab, am 30. Mai wurde in Paris der Friede unterzeichnet. Der napoleonische Albtraum war zu Ende, der Korse wurde nach Elba verbannt, die Völker atmeten auf, die Diplomaten und Staatsmänner begaben sich auf die Reise. Zuerst nach London, dann nach Wien: in der alten Kaiserstadt sollte wie einst in Münster und Osnabrück ein großer europäischer Kongreß die seit 1789 so sehr aus den Fugen geratene europäische Welt wieder neu ordnen und den Frieden fortan garantieren: eine fürwahr säkulare Aufgabe.

Zeittafel

von Rüdiger Wenzel

Spuren ins Mittelalter

113–101 v. Chr.	Kämpfe der Römer mit Kimbern und Teutonen.
58 v. Chr.	Sieg Caesars über die Sweben.
12–9 v. Chr.	Germanenkriege des Drusus.
4–6 n. Chr.	Germanenkriege des Tiberius.
9	Schlacht im Teuteburger Wald.
ab ca. 90	Bau des Limes.
um 98	Tacitus „Germania“.
166–175 u. 177–180	Markomanenkrieg Mark Aurels.
375	Hunneneinbruch, Beginn der Völkerwanderung.
410	Plünderung Roms durch die Westgoten.
451	Schlacht auf den Katalaunischen Feldern.
453	Tod Attilas.
476	Absetzung des letzten weströmischen Kaisers.
482–511	Chlodwig König der Franken.
493–526	Theoderich d. Gr. Ostgotenkönig in Italien.
507	Verdrängung der Westgoten aus Gallien durch Chlodwig.
531	Vernichtung des Thüringerreichs durch die Franken.
534	Vernichtung des Burgunderreiches durch die Franken und des Vandalenreichs durch Byzanz.
vor 590	Bischof Gregor von Tours schreibt seine Frankengeschichte.
687–714	Pippin II. regiert als Hausmeier von seinen Stammlanden an Maas und Mosel das fränkische Reich.
714–741	Hausmeier Karl Martell (Hammer).
732	Zwischen Tours und Poitiers Sieg Karls über die Araber.
741–751	Teilung des Reiches unter Karls Söhne, Hausmeier Karlmann, der 747 ins Kloster geht und Pippin d. J., ab 747 Alleinherrscher.

Die Karolinger

751–768	Der fränkische Hausmeier Pippin d. J. verbannt den letzten Merowingerkönig in ein Kloster und wird bei Soissons zum König aller Franken gewählt..

771–814	Karl d. G. (747–814) Alleinherrscher im gesamtfränkischen Reich.
772	Karl d. Gr. eröffnet die Sachsenkriege: 782 wurden im Blutgericht von Verden mehr als 4500 aufständische Sachsen hingerichtet.
782	Einführung der Grafschaftsverfassung in Sachsen.
800	Karl d. Gr. wird am 25. Dezember in Rom vom Papst Leo III. zum Kaiser gekrönt.
810	Eingliederung von Nordalbingien in das Fränkische Reich. Errichtung einer Grenzlinie zwischen sächsischem und slawischem Siedlungsraum (Limes Saxoniae).
814–840	Ludwig d. Fromme.
817	Ordinatio Imperii (Reichsteilungsgesetz) sichert dem ältesten Sohn die Kaiserwürde, leitet den Zerfall des fränkischen Universalreiches ein.
842	Straßburger Eide, wichtigste Sprachdenkmäler des Altfranzösischen und Althochdeutschen, zugleich Ausdruck der sprachlichen Trennung zwischen Ost- und Westfranken.
843–876	König Ludwig II., der Deutsche.
843	Vertrag von Verdun: das Frankenreich wird in ein West-, Mittel- und Ostreich geteilt.
870	Vertrag zu Meerssen: Nach dem Tod Kaiser Lothars II. wird das Mittelreich aufgeteilt, die Trennungslinie zwischen Ost- und Westreich fällt weitgehend mit der Sprachgrenze zusammen.
880	Vertrag von Ribémont: West-Lothringen fällt an das Ostreich, die so festgelegte Grenze bleibt im wesentlichen das ganze Mittelalter hindurch die Grenze zwischen Deutschland und Frankreich.
910	Gründung der Abtei Cluny, die zum Zentrum einer monastischen Reform auf der Grundlage der Regeln von Benedikt von Aniane wird.
911	Erlöschen der ostfränkischen Linie der Karolinger, Franken und Sachsen wählen Konrad I. von Franken zum König: Die Idee der gesamtfränkischen Reichseinheit ist damit gescheitert.
911–918	Konrad I.

Die Ottonen

919–936	Zum Nachfolger Konrads I. wird auf seinen Vorschlag sein mächtigster Gegner, Heinrich I. von Sachsen, zum König gewählt.

921	Vertrag zu Bonn: Heinrich I. schließt mit dem Westfrankenkönig Karl dem Einfältigen nahe Bonn einen Freundschaftsvertrag, damit Anerkennung der Unabhängigkeit von Ost- und Westfranken.
928/29	Slawenfeldzüge Heinrichs I.
929	Quedlinburger Hausordnung: in Abweichung von der karolingischen Praxis verfügt Heinrich die Nachfolge seines ältesten Sohnes Otto I. und legt damit die Unteilbarkeit der deutschen Königsherrschaft fest.
936–973	Otto I. der Große (936 König, 963 Kaiser), Ausbildung des Reichskirchensystems, Sicherung der östlichen Reichsgrenze durch Einrichtung von Marken.
951/52	I. Italienzug: Otto I. d. Gr. nimmt den langobardischen Königstitel und die Huldigung der italienischen Großen an.
954	Reichstag von Arnstadt: Nach dem Scheitern des Systems der Amtsherzöge – Vergabe der Stammesherzogtümer an Verwandte – schwenkt Otto zur Reichskirchenpolitik über: Geistliche werden Träger höchster Reichsgewalt, die Kirche wird damit Träger der Reichseinheit.
955	Entscheidender Sieg Otto I. d. Gr. über die Ungarn auf dem Lechfeld stärkt das zentrale Königtum und bildet wesentliche Voraussetzung für das Kaisertum Ottos.
962	Otto I. d. Gr. Krönung durch Papst Johannes XII. in der Peterskirche erneuert die römische Kaiserwürde, der (west-)römische Kaisertitel bleibt fortan dem deutschen König vorbehalten.
973–983	Otto II. (961 Mitkönig, 967 Mitkaiser).
980–983	Italienzug: Regelung der Römischen Verhältnisse und Versuch der Eroberung Süditaliens.
982/983	Vernichtung des politischen und kirchlichen Aufbauwerks im Nord-Osten durch Erhebung der Dänen und Slawen, die Reichshoheit wird auf die Elbe-Linie zurückgeschoben.
983–1002	Otto III. (983 König, 996 Kaiser). Sein früher Tod setzt seinen Plänen einer Renovatio Imperii Romanorum ein jähes Ende.
1002–1024	Heinrich II. (1002 König, 1014 Kaiser) Schwerpunkte seines Wirkens: Renovatio Regni Francorum und Ausbau des Reichskirchentums.

Die Salier

1024–1039	Konrad II. (1024 König, 1027 Kaiser).
um 1030	Die Eider wird Südgrenze des dänischen Reiches.
1033	Konrads II. Erhebung zum burgundischen König, das

	Kaisertum ruht jetzt auf der dreifachen Königswürde des Deutschen Reichs, Italiens und Burgunds.
1039–1056	Heinrich III. (1028 König, 1046 Kaiser).
1046/47	1. Italienzug: durch Übertragung der Würde eines „patricius Romanorum“ entscheidende Rechte bei der Papstwahl
1054	Morgenländisches Schisma, endgültiger Bruch zwischen griechisch-orthodoxer und römisch-katholischer Kirche.
1056–1106	Heinrich IV. (1053 König, 1084 Kaiser).
1059	Papstwahldekret: dreistufiger Wahlgang, damit Ausschaltung der Stadtrömer.
1073	Aufstand der Sachsen, die erst 1075 unterworfen werden.
1075	Im Dictatus Papae bezeichnet sich Papst Gregor VII. als unumschränkten Leiter der Universalkirche und alleinigen Träger der Herrschaftsinsignien, unmißverständlich wird der weltlich-politische Primat des Papstes über den Kaiser gefordert.
1076	Auf der Synode von Worms erklärt Heinrich IV. Papst Gregor VII. für abgesetzt: Gregor antwortet mit Bann, Exkommunikation und Entbindung der Untertanen von Gehorsamseid gegenüber Heinrich. Die Fürstenopposition zwingt Heinrich zur Lösung des Bannes binnen Jahresfrist.
1077	Heinrich IV. unterwirft sich auf Burg Canossa dem Papst und erzwingt so die Lösung des Bannes. Canossa bedeutet damit einen momentanen politischen Erfolg Heinrichs IV., verletzt jedoch entscheidend die sakral-theokratische Königsidee. Ungeachtet Canossas wählt die Fürstenopposition einen Gegenkönig, der 1080 geschlagen wird.
1096	„Kreuzzug der Armen“. Unter Führung des Eremiten Petrus von Amiens setzt sich ein bunt zusammengewürfelter Haufen meist verarmter Bauern in Bewegung und wird von den Seldschuken vernichtet. Beim Durchzug durchs Rheinland kommt es zu Judenpogromen.
1098	1. Kreuzzug unter Gottfried von Boullion führt zur Gründung des Kreuzfahrerstaates Edessa, 1099 des christlichen Königreichs Jerusalem.
1105	Erhebung Heinrichs V. gegen seinen Vater wegen dessen fürsten- und papstfeindlicher Politik.
1106–1125	Heinrich V. (1098 König, 1111 Kaiser) hält am königlichen Investiturrecht fest und lenkt auch innenpolitisch in die Bahn seines Vaters.
1111	Vertrag von Turri: Der Papst soll auf alle Reichsgüter verzichten, der Kaiser will dafür ihm die Investitur überlassen, die Abmachung scheitert am Widerspruch der Bischöfe und Fürsten.

1122	Wormser Konkordat: Beendigung des Investiturstreits in Deutschland und Reichsitalien, der Kaiser verzichtet auf Investitur mit Ring und Stab, behält jedoch das Recht der Regalieninvestitur.
1122	Mit dem Tod Heinrichs V. erlöscht die Salier-Dynastie, zum König wird der Sachsenherzog Lothar gewählt.
1122–1137	Lothar III. (1125 König, 1133 Kaiser).
1127	Verschärfung des Konflikts zwischen Staufen und Welfen, Ausrufung eines Gegenkönigs, des späteren Konrad II., der Konflikt wird auf dem Hoftag von Merseburg 1135 beigelegt.

Die Staufer

1138–1152	Konrad II. (1138 König) gewählt durch eine Minderheit der Fürsten, Heinrich der Stolze, der Nächstberechtigte wird nach Verweigerung der Huldigung geächtet und abgesetzt.
1142	Friede von Frankfurt zwischen Staufen und Welfen. Heinrich der Löwe erhält Sachsen.
1147	Verkündigung eines allgemeinen Reichsfriedens.
1147–1149	2. Kreuzzug, er scheitert vor Damaskus.
1152–1190	Friedrich I. (Barbarossa; 1152 König, 1155 Kaiser). Erneuerung der Königsgewalt auf der Grundlage des Ausgleichs mit den Fürsten.
1154	Heinrich der Löwe erhält Bayern.
1156	Die Babenberger erhalten das zum Herzogtum erhobene Österreich (Privilegium minus).
1156–1167	Rainald von Dassel Erzbischof von Köln und Hofkanzler bestimmt Barbarossas Politik der Restauratio imperii.
1158	Gründung Münchens und Wiedergründung Lübecks durch Heinrich den Löwen.
1176	Heinrich der Löwe verweigert die von Barbarossa erbetene Waffenhilfe, der daraufhin dem Lombardischen Städtebund unterliegt.
1177	In radikalem Wechsel seiner Politik versöhnt sich Barbarossa mit Papst Alexander II. und schließt mit den Lombarden einen Waffenstillstand auf 6 Jahre.
1180	In zwei unterschiedlichen Verfahren wird Heinrich der Löwe geächtet und seiner Reichslehen für verlustig erklärt.
1189–1192	3. Kreuzzug, der mit der Eroberung Akkos 1191 und der Einnahme des Küstenstreifens zwischen Jaffa und Tyros endet, der Kaiser ertrinkt im Fluß Saleph.
1190–1197	Heinrich VI. (1169 König, 1191 Kaiser).
1192	Welfischer Aufstand gegen Heinrich VI. bricht nach der Gefangennahme des englischen Königs zusammen.

1194	Heinrich VI. erobert das Normannenreich und erhält die sizilianische Krone.
1197	Mit dem Tod Heinrichs VI. zerfällt das staufische Großreich. Deutschland wird nach der Doppelwahl von 1198 durch den staufisch-welfischen Thronstreit zerrissen.
1198–1208	Philipp von Schwaben (1198 König).
1198–1215	Otto IV. (1198 König, 1209 Kaiser).
1201	Im Vertrag von Neuß verzichtet Otto IV. auf die vom Papst rekuperierten Gebiete.
1202–1204	4. Kreuzzug; Eroberung Konstantinopels durch die Kreuzfahrer.
1209	Vertrag zu Speyer: Bestätigung des Vertrages von Neuß und Verzicht auf alle aus dem Wormser Konkordat erwachsenen Rechte.
1211	Wahl Friedrichs II. zum (Gegen-) König und futuris imperator.
1212–1250	Friedrich II. (1196/1212 König, 1220 Kaiser).
1212	Kinderkreuzzug.
1213	Goldene Bulle von Eger: Friedrich II. bestätigt die Verträge von Neuß und Speyer.
1214	Friedrich II. verzichtet auf die Gebiete nördlich der Elbe.
1215	4. Laterankonzil.
1217–1221	5. Kreuzzug; drei erfolglose Expeditionen gegen die Sarazenen, im Nildelta wird kurzfristig Damiette erobert.
1220	Confoederatio cum principibus eclesiasticis: Verzicht Friedrichs II. zugunsten der geistlichen Reichsfürsten auf das Spolienrecht (Anspruch auf bewegliches Erbe eines Geistlichen) und alle wichtigen Regale (Markt-, Münz-, Zollrecht, Gerichtsbarkeit u. a.).
1226	Herzog Konrad von Masowien ruft den Deutschen Orden gegen die heidnischen Pruzzen ins Land, in der Goldenen Bulle von Rimini bestätigt Friedrich II. dem Deutschen Orden die Herrschaft über das Kulmerland.
1227	Schlacht von Bornhöved: Zusammenbruch des dänischen Ostseeimperiums.
1228/29	Kreuzzug Kaiser Friedrichs II. nach Ausbruch einer Seuche abgebrochen, dann wieder aufgenommen, vertraglich werden Jerusalem, Bethlehem und Nazareth zurückgewonnen.
1231/32	Statutum in favorem principum: die weltlichen Fürsten erhalten fast dieselben Rechte wie die geistlichen Reichsfürsten.
1235	Mainzer Landfriede.
1245	1. Konzil von Lyon erklärt Friedrich II. für abgesetzt. Wahl von Heinrich Raspe 1246 zum Gegenkönig.

1248	6. Kreuzzug.
1250	Tod Kaiser Friedrichs II. und Beginn des Interregnums in Deutschland.
1250–1254	Konrad IV. (1237 König).

Das sogenannte Interregnum

1247–1256	Wilhelm von Holland (1247/1252 König) mit päpstlicher Hilfe zum Gegenkönig erhoben, nach dem Tod Konrads IV. alleiniger Herrscher.
1254–1257	Erster Rheinischer Städtebund.
1257	Doppelwahl von Richard von Cornwall und Alfons X. von Kastilien. Bei der Wahl setzt sich das Kurfürstenkolleg als wahlentscheidend durch. Beide Herrscher verfügen über keine Hausmacht, bleiben auf Bündnisse angewiesen und können sich nicht durchsetzen.
1265	Einberufung des ersten Ständeparlaments: Geburtsstunde des englischen Unterhauses.
1270	7. Kreuzzug.

Könige aus den Häusern Habsburg, Nassau, Wittelsbach und Luxemburg

1273–1291	Rudolf I. von Habsburg (1273 König), Ende des Interregnums nach der einmütigen Wahl durch die Kurfürsten.
1274	2. Konzil von Lyon.
1282	Dänische Magna Charta: Der König muß zur Gesetzgebung alljährlich den Danehof einberufen.
1283	Abschluß der Eroberung Preußens durch den Deutschen Orden, seit 1309 ist Hauptsitz die Marienburg.
1291	Entstehung der Schweizer Eidgenossenschaft: Ewiger Bund der Urkantone Uri, Schwyz und Unterwalden zur Abwehr territorialstaatlicher Absichten der Habsburger.
1292–1298	Adolf von Nassau (1292 König, 1298 von den Kurfürsten abgesetzt).
1298–1308	Albrecht I. von Habsburg (1298 König).
1308–1313	Heinrich VII. von Luxemburg (1308 König, 1312 Kaiser).
1309–1377	Exil des Papsttums in Avignon.
1311/12	Konzil von Vie.
1314	Doppelwahl von Ludwig IV. von Bayern und Friedrich dem Schönen (1314 König, 1322 von Ludwig IV. gefangengesetzt).
1314–1347	Ludwig IV. von Bayern (1314 König, 1328 Kaiser).

1338	Kurverein von Rhens: Der von den Kurfürsten gewählte Römische König bedarf nicht der Approbation durch den Hl. Stuhl; Reichsgesetz Licet iuris: die Königswahl allein begründet Rechte, ja Titel des Kaisers.
1339–1453	Hunderjähriger Krieg zwischen England und Frankreich.
1346–1547	Oberlausitzer Städtebund.
1346/47–1378	Karl IV. von Luxemburg (1346 zum Gegenkönig gewählt, 1347 aber erst anerkannt, 1355 Kaiser).
1348	Gründung der Universität Prag.
1354–1673/1678	Elsässer Zehnstädtebund.
1356	Erlaß der Goldenen Bulle, das wichtigste „Grundgesetz", das die Nachfolge im Königtum für die Zukunft regelt und die Rechte der sieben Kurfürsten letztgültig bestimmt.
1370	Frieden von Stralsund, Sieg der Hansestädte über Dänemark. Die Hanse befindet sich auf dem Höhepunkt ihrer Macht und beherrscht den Ostseeraum.
1376–1389	Erster Schwäbischer Städtebund.
1378	Das Große Abendländische Schisma spaltet Europa für ein knappes halbes Jahrhundert in Obödienzen.
1378–1400	Wenzel von Luxemburg (1376 König, 1400 abgesetzt).
1381–1389	Zweiter Rheinischer Städtebund.
1389	Reichslandfrieden zu Eger: Die Städte müssen unter dem Druck der Territorialherren vorerst ihre Bünde auflösen.
1397	Kalmarer Union: Dänemark, Schweden-Finnland und Norwegen-Island in Personalunion unter Königin Margreth I. verbunden.
1400–1410	Ruprecht von Wittelsbach (1400 König).
1409	Konzil zu Pisa.
1410	Schlacht bei Tannenberg: Die vernichtende Niederlage des Deutschordensheeres leitet den Niedergang des Ordensstaates ein.
1411	Erster Thorner Friede.
1410	Doppelwahl: Sigismund von Luxemburg setzt sich gegen Jobst von Mähren (1410 König) durch und erhält nach dessen Tod 1411 bei der Neuwahl alle Stimmen.
1410–1437	Sigismund von Luxemburg (seit 1387 König von Ungarn, 1410 König, 1433 Kaiser).
1414–1418	Konzil von Konstanz: Behandlung der 3 Hauptfragen kirchlicher Existenz: das Papstproblem (causa unionis), das Reformproblem (causa reformationis) und die Hus-Frage (causa fidei).
1415	In der causa fidei Verurteilung und Hinrichtung von Hus trotz eines Geleitbriefes des Kaisers; sein Tod löst die Hussitenkriege aus.
1419–1434	Hussitenkriege.

1422	Tag von Nürnberg: Erstmalige Festlegung der militärischen Leistungen aller Reichsglieder.
1427	Tag von Frankfurt a. M.: Verabschiedung einer Kriegssteuer, der ersten allgemeinen Steuer im deutschen Spätmittelalter.
1431–1449	Konzil von Basel.
1438–1439	Albrecht II. von Habsburg (1438 König).
1440–1493	Friedrich III. von Habsburg (1440 König, 1452 Kaiser, letzte Kaiserkrönung in Rom).
1445	Erfindung des Buchdrucks mit beweglichen Metallettern durch Johannes Gutenberg.
1448	Das Wiener Konkordat bestimmt die Beziehungen zwischen Reich und Kirche bis 1806 und regelt die Besetzungsrechte kirchlicher Ämter zwischen Papst und Kapiteln bzw. Landesherren; das Landeskirchentum der Reformationszeit kündigt sich an.
1453	Einnahme Konstantinopels durch die Osmanen: Ende des Byzantinischen Reiches.
1460	Wahl König Christians I. von Dänemark zum Landesherren von Schleswig und Holstein. In der Wahlurkunde, dem Ripener Freiheitsbrief, wird die Unteilbarkeit Schleswigs und Holsteins festgelegt.
1471	Reichstag zu Regensburg unter dem Druck der Türkennot.
1492	Entdeckung Amerikas durch den Genuesen Christoph Kolumbus.
1483–1546	Martin Luther.
1484–1531	Huldrych Zwingli.
um 1490–1525	Thomas Müntzer.
1493–1519	Maximilian I. von Habsburg (1486 erwählter Römischer König, 1508 Kaiser).
1494	Vertrag von Tordesillas.
1495	Reichstag zu Worms: Verkündung des „Ewigen Landfriedens“, Errichtung des ständigen Reichskammergerichts, Erhebung des Gemeinen Pfennigs.
1497–1499	Afrika-Umseglung des Portugiesen Vasco da Gama.
1509–1564	Johannes Calvin.

Das Reformationszeitalter

1517	Beginn der Reformation, Martin Luther veröffentlicht 95 Thesen gegen den Mißbrauch des Ablasses.
1519–1522	Erste Weltumseglung von Ferdinand Magellan.
1519–1556	Karl V. von Habsburg (1516 regierender König der vereinten spanischen Königreiche, 1519 deutscher König und

	Kaiser sowie Herr der österreichischen Erblande, 1555/56 Abdankung).
1521	Reichstag zu Worms: Reichshilfe für den bevorstehenden Krieg gegen Frankreich, Ächtung Luthers und seiner Anhänger.
1521–1526	Erster Krieg Karl V. gegen Franz I. von Frankreich. Franz I. wird geschlagen.
1524/25	Deutscher Bauernkrieg: Eine Summe von lokalen und regionalen Unruhen und Aufständen in Salzburg, Tirol, Allgäu, Schwaben, Oberrhein, Franken und Thüringen macht den Bauernkrieg aus, dessen rechtlich wirtschaftliche, soziale und reformatorische Forderungen in den „12 Artikeln der Bauernschaft in Schwaben" niedergelegt sind.
1525	Säkularisierung des Deutschordensstaates, der letzte Hochmeister Albrecht von Brandenburg stellt Preußen unter Lehenshoheit des polnischen Königs.
1526–1529	Zweiter Krieg Karl V. gegen Franz I..
1526	Erster Reichstag zu Speyer: das Wormser Edikt wird weitgehend außer Kraft gesetzt.
1527	Sacco di Roma durch kaiserliche Landsknechte.
1529	Zweiter Reichstag zu Speyer: Protest der evangelischen Reichsstände, das Wormser Edikt voll in Kraft zu setzen.
1529	Erste Belagerung Wiens durch ein türkisches Heer.
1530	Reichstag zu Augsburg: Vorlage des Augsburger Bekenntnisses (Confessio Augustana, verfaßt von Melanchthon), in dem die entscheidenden Punkte des neuen Glaubens klar zum Ausdruck gebracht werden, die katholische Gegenerklärung (Confutatio) führt nicht zur Unterwerfung. In Abwesenheit der Protestanten wird das Wormser Edikt erneut in Kraft gesetzt.
1531	Schmalkaldischer Bund: Protestantische Verteidigungsgemeinschaft gegen den Kaiser mit eigener Kasse und Truppen
1534	Gründung der Gesellschaft Jesu (Societas Jesu, S. J.).
1534	Der englische König Heinrich VIII. wird durch Suprematsakte Oberhaupt der anglikanischen Kirche, die sich von Rom trennt.
1534/35	Wiedertäuferreich von Münster.
1536–1538	Dritter Krieg Karls V. gegen Franz I..
1542–1544	Vierter Krieg Karls V. gegen Franz I..
1545–1563	Konzil zu Trient, das wichtige Lehr- und Reformbeschlüsse verabschiedet.
1546/47	Schmalkaldischer Krieg endet mit der Zerschlagung des protestantischen Bündnisses. Auf dem „Geharnischten Reichstag" zu Augsburg versucht Karl V. seine Ziele, Einheit der Kirche (Augsburger Interim) und Reichsreform,

	durchzusetzen, erweckt aber Widerstand bei allen Reichsständen.
1552	Deutsche Fürstenrevolution: Sammlung der antikaiserlichen Kräfte unter Moritz von Sachsen, im Vertrag zu Passau wird das Interim aufgehoben.
1555	Augsburger Religionsfrieden: Die Protestanten des Augsburger Bekenntnisses werden den Katholiken gleichgestellt.

Das Zeitalter der Gegenreformation

1555/56	Karl V. dankt in mehreren Schritten ab.
1556–1564	Ferdinand I. von Habsburg (1531 deutscher König, 1558 Kaiser).
1562–1598	französische Hugenottenkriege.
1564–1576	Maximilian II. von Habsburg (1562 Römischer König, 1563 König von Ungarn, 1564 Kaiser).
1571	Der Seesieg bei Lepanto leitet den Niedergang der türkischen Vorherrschaft im Mittelmeer ein.
1572	Bartholomäusnacht in Frankreich.
1567–1612	Rudolf II. von Habsburg (1576 Kaiser).
1582	Einführung des Gregorianischen Kalenders von Papst Gregor XIII. (1572–1585).
1588	Niederlage der spanischen Armada, Englands Aufstieg als Seemacht beginnt.
1608	Reichstag zu Regensburg: Reichsacht gegen Donauwörth.
1608	Gründung der Protestantischen Union.
1609	Gründung der Katholischen Liga.
1609–1614	Jülich-Klevescher Erbfolgestreit.
1612–1619	Matthias von Habsburg (1612 Römischer König und Kaiser).

Dreißigjähriger Krieg

1618–1648	Dreißigjähriger Krieg. Phasen: 1618–1623 Böhmischer Krieg, 1625–1629 Dänisch-niederländischer Krieg, 1630–1635 Schwedischer Krieg, 1635–1648 Schwedisch-französischer Krieg.
1618	Prager Fenstersturz am 23. Mai.
1619–1637	Ferdinand II. von Habsburg (1619 Kaiser).
1620	Schlacht am Weißen Berg bei Prag, das böhmische Heer wird geschlagen.

1624–1642	Frankreich wird unter der politischen Führung von Kardinal Richelieu zur absolutistisch regierten Großmacht.
1626	Sieg der Liga unter Johann von Tilly am Barenberg und Sieg Albrecht von Wallensteins bei Dessau, Norddeutschland wird unterworfen.
1629	Restitutionsedikt.
1630	Eingreifen des protestantischen schwedischen Königs Gustav II. Adolf; Entlassung von Wallenstein auf dem Kurfürstentag zu Regensburg.
1631	Sieg der Schweden bei Breitenfeld über die Liga.
1632	Vorstoß der Schweden nach Süddeutschland, Tod Tillys in der Schlacht bei Rain am Lech. Tod Gustav II. Adolfs.
1634	Absetzung und Ermordung Wallensteins am 25. Februar in Eger; bei Nördlingen wird der protestantische Heilbronner Bund geschlagen und löst sich auf.
1635	Frieden zu Prag zwischen Kaiser und Kursachsen, fast alle Reichstände schließen sich nach und nach dem Frieden an, die folgende internationale Ausdehnung des Krieges zielt auf die Schwächung des Hauses Habsburg.
1637–1657	Ferdinand III. von Habsburg (1625 Ungarischer, 1627 Böhmischer, 1636 Römischer König, 1637 Kaiser).
1644	Eröffnung der Friedensverhandlungen von Kaiser und Reich mit Schweden in Osnabrück und Frankreich in Münster.
1648	Westfälischer Friede.

Das Zeitalter des Absolutismus

1640–1688	Friedrich Wilhelm von Brandenburg, der Große Kurfürst, schafft die Grundlage für den Aufstieg Brandenburg-Preußens.
1643–1715	Ludwig XIV., König von Frankreich. Höhepunkt des absolutistischen Herrschaftssystems.
1654	„Jüngster Reichsabschied", danach nur noch Reichsschlüsse des ab 1663 ständig tagenden sog. „Immerwährenden Reichstages".
1658–1705	Kaiser Leopold I..
1663–1664	Türkenkrieg.
1665	Mit der Lex Regia wird der absolutistische Staat in Dänemark festgeschrieben.
1668	Auflösung des Rheinbundes.
1675	Der Große Kurfürst siegt über die Schweden bei Fehrbellin und erobert Schwedisch-Pommern, das aber im Frieden von Saint-Germain-en-Laye 1679 wieder zurückgegeben werden muß.

1679	Frieden von Nimwegen: Bestätigung der französischen Vormachtstellung.
1679–1684	Französische Reunionspolitik, Straßburg erkennt 1682 die französische Oberhoheit an.
1683–1699	Türkenkrieg, 1683 zweite Belagerung Wiens.
1685	Edikt von Potsdam.
1688	Declaration of Rights des englischen Parlaments bringt konstitutionelle Beschränkung des Königtums, die Bill of Rights verhindert Aufhebung von Gesetzen und Steuererhöhungen ohne Parlamentsbewilligung.
1688–1697	Pfälzischer Krieg, beendet durch den Frieden von Rijswijk.
1689–1725	Zar Peter I. Alexejewitsch, der Große, Durchführung von tiefgreifenden Reformen in Rußland.
1699	Friede von Karlowitz, die habsburgische Herrschaft wird über Ungarn, Siebenbürgen und große Teile Sloweniens und Kroatiens bestätigt: Österreich ist Großmacht.
1700–1721	Zweiter Nordischer Krieg um die Vorherrschaft im Ostseeraum, Schweden verliert seine Großmachtstellung.
1701–1713	König Friedrich I. in Preußen.
1701–1714	Spanischer Erbfolgekrieg.
1705–1711	Kaiser Joseph I..
1711–1740	Kaiser Karl VI..
1713	Pragmatische Sanktion, Friede von Utrecht.
1713–1740	Friedrich Wilhelm I., König in Preußen.
1714	Friede von Rastatt, beendet die letzten Kämpfe des Spanischen Erbfolgekrieges am Oberrhein.
1716–1718	Türkenkrieg, Prinz Eugen erobert 1717 Belgrad.
1733–1735	Polnischer Thronfolgekrieg.
1739	Friede von Belgrad, Österreich verliert Belgrad und Serbien.
1740–1786	Friedrich II., der Große, preußischer König.
1740–1780	Maria Theresia, Erzherzogin von Österreich, Königin seit 1740, Kaiserin 1745–1765. Übernahm 1740 gemäß der Pragmatischen Sanktion die Gesamtherrschaft des Hauses Österreich.
1740–1748	Österreichischer Erbfolgekrieg, ausgelöst durch den Einmarsch Friedrichs II. in Schlesien.
1740–1742	Erster Schlesischer Krieg, Friedrich II. besetzt Schlesien.
1742–1745	Kaiser Karl VII. von Bayern.
1744/45	Zweiter Schlesischer Krieg. Im Frieden von Dresden wird Friedrich II. der Besitz von Schlesien bestätigt.
1745–1765	Kaiser Franz I. Stephan.
1748	Friede von Aachen zwischen Frankreich und den Seemächten.
1756–1763	Siebenjähriger Krieg.

1763	Friede von Hubertusburg: Preußen behält Schlesien und erneuert seine Stellung als Großmacht.
1765–1790	Kaiser Joseph II..
1769	Erfindung der Spinnmaschine (Richard Arkwright) und einer ökonomisch einsetzbaren Dampfmaschine (James Watt).
1772	Erste Teilung Polens zwischen Österreich, Rußland und Preußen.
1774–1792	Ludwig XVI. König von Frankreich.
1775–1783	Nordamerikanischer Unabhängigkeitskrieg.
1776	Amerikanische Unabhängigkeitserklärung.
1778/79	Bayerischer Erbfolgekrieg.
1785	Erfindung des Mechanischen Webstuhls (Edmund Cartwright).
1786–1797	Friedrich Wilhelm II. preußischer König.
1787–1792	Letzter Türkenkrieg Österreichs.

Die Französische Revolution und das Zeitalter Napoleons

1789	14. Juli Erstürmung der Bastille.
1789–1799	Französische Revolution mit den Phasen: die liberale Revolution 1789–1792, die Konventsherrschaft 1792–1794, die Thermidorianer und das Direktorium 1794–1799.
1790–1792	Kaiser Leopold II..
1792	Erster Koalitionskrieg gegen Frankreich.
1792–1806	Kaiser Franz II., 1804–1835 Kaiser von Österreich.
1793	Zweite Teilung Polens.
1793	Hinrichtung des französischen Königs Ludwig XVI..
1794	Allgemeines Landrecht für die preußischen Staaten tritt in Kraft.
1794	Sturz und Hinrichtung Robespierres am 27. Juni (= 9. Termidor).
1795	Dritte Teilung Polens.
1797	Friede von Campoformio zwischen Frankreich und Österreich bestätigt die Annexion des linken Rheinufers.
1797–1840	König Friedrich Wilhelm III. von Preußen.
1799–1802	Zweiter Koalitionskrieg gegen Frankreich unter Teilnahme von Österreich, Preußen ist neutral.
1799	Staatsstreich vom 18. Brumaire (9. November). Napoleon Bonaparte tritt als erster von 3 Konsuln an die Spitze der Regierung.
1803	Erfindung der Lokomotive (Richard Trevithick).
1803	Reichsdeputationshauptschluß: Entschädigung der durch

	die Abtretung des linken Rheinufers an Frankreich betroffenen weltlichen Fürsten, fast alle geistlichen Herrschaften werden säkularisiert, 112 Reichsstände werden aufgehoben.
1804	Napoleon krönt sich zum Kaiser der Franzosen.
1804–1810	Durch die Kodifizierung eines egalitären, die individuelle Rechtsphäre und das Privateigentum schützenden Rechtssystems bleiben Errungenschaften der Revolution erhalten (1804 Code Napoleon).
1805	Dritter Koalitionskrieg gegen Frankreich.
1806	Schlachten von Jena und Auerstedt – Zusammenbruch Preußens.
1806	Napoleon installiert den Rheinbund, Kaiser Franz II. legt die römisch-deutsche Kaiserwürde nieder: Ende des Heiligen Römischen Reiches deutscher Nation.
1807	Erfindung des Dampfschiffes (Robert Fulton).
1807	Friede von Tilsit: Der preußische Staat wird auf Preußen, Brandenburg, Pommern und Schlesien beschränkt.
1807/08	Reichsfreiherr vom Stein führt in Preußen Reformen durch.
1807–1811	Staats- und Verwaltungsreform in den Rheinbundstaaten.
1808	Ein allgemeiner Volksaufstand gegen die französische Besetzung leitet den spanischen Unabhängigkeitskrieg ein.
1809	Erfindung des elektrischen Telegraphen (Samuel Thomas Sömmering).
1809	Fünfter Koalitionskrieg gegen Frankreich von Österreich als Auftakt einer deutschen Erhebung geplant. Durch den Frieden von Schönbrunn verliert Österreich seine Großmachtrolle.
1810	Wilhelm von Humboldt gründet die Universität Berlin.
1811/12	Reformen Hardenbergs in Preußen.
1812	Feldzug Napoleons gegen Rußland endet mit der Vernichtung der „Großen Armee“, 16.–19. Oktober „Völkerschlacht“ bei Leipzig.
1814	Napoleon wird am 2. April abgesetzt und ihm Elba zugewiesen, in Frankreich mit der Einsetzung von Ludwig XVIII. das Haus Bourbon restauriert.
1814/15	Wiener Kongreß der europäischen Monarchen und Staatsmänner zur Regelung der politischen und sozialen Neuordnung Europas.
1815	Herrschaft der Hundert Tage Napoleons durch die Niederlage bei Waterloo beendet, Napoleon wird nach St. Helena verbannt.

Register

Buchanzeigen

Deutsche Geschichte im Überblick

Rainer Beck (Hrsg.)
Deutschland
Ein historisches Lesebuch
Mit einem Vorwort von Gordon A. Craig.
1990. 446 Seiten mit 7 Abbildungen. Paperback
Beck'sche Reihe Band 420

Gordon Alexander Craig
Über die Deutschen
Übersetzung aus dem Englischen von Hermann Stiehl, Frankfurt.
1991. 392 Seiten.
Leinen

Alexander Demandt (Hrsg.)
Deutschlands Grenzen in der Geschichte
Unter Mitarbeit von Reimer Hansen, Ilja Mieck, Josef Riedmann, Hans-Dietrich Schultz, Helmut Wagner und Klaus Zernack
2. verbesserte und erweiterte Auflage. 1991. 304 Seiten.
Leinen

Gerhard Köbler
Historisches Lexikon der deutschen Länder
Die deutschen Territorien vom Mittelalter bis zur Gegenwart
4., vollständig überarbeitete Auflage. 1992. XXXVI, 775 Seiten.
Leinen

Otto Dann
Nation und Nationalismus in Deutschland 1770–1990
1992. 263 Seiten mit 7 Karten und 9 Tabellen. Paperback
Beck'sche Reihe Band 494

Verlag C. H. Beck München